大国治理

大智慧与大视野

人民论坛 编

北京联合出版公司
Beijing United Publishing Co.,Ltd.

图书在版编目（CIP）数据

大国治理：大智慧与大视野 / 人民论坛编. -- 北京：北京联合出版公司，2015.3

ISBN 978-7-5502-4779-6

Ⅰ. ①大… Ⅱ. ①人… Ⅲ. ①国家－行政管理－研究－中国 Ⅳ. ①D630.1

中国版本图书馆CIP数据核字（2015）第035362号

大国治理：大智慧与大视野

作　　者：人民论坛

总 发 行：北京时代华语图书股份有限公司

责任编辑：刘　凯

封面设计：张合涛

版式设计：胡玉冰

责任校对：陈昌才

北京联合出版公司出版

（北京市西城区德外大街83号楼9层　100088）

三河市兴达印务有限公司　新华书店经销

字数450千字　700毫米×1000毫米　1/16　30印张

2015年4月第1版　2015年4月第1次印刷

ISBN：978-7-5502-4779-6

定价：98.00元

本书若有质量问题，请与本社图书销售中心联系调换。电话：010-63783806

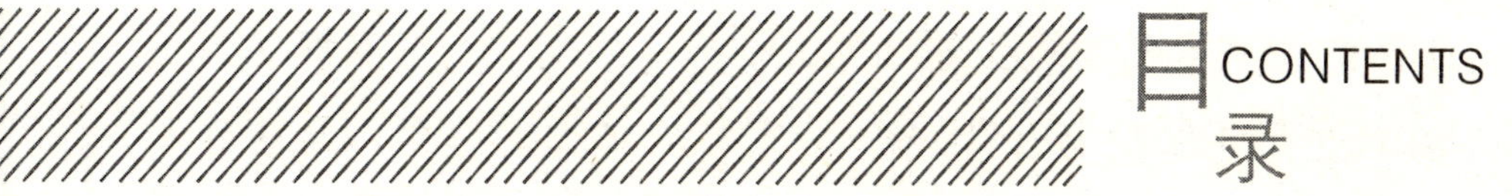

目录 CONTENTS

第一章　民族复兴的逻辑和大国崛起密码

中国是一个具有5000年历史且从未中断过灿烂文明的泱泱大国，以“四大发明”为代表的科学技术，曾经为人类文明的进步和发展作出过巨大贡献，促进了世界文明的发展。在中华民族文明的发展过程中，曾经出现过世界历史上少有的辉煌时期，如文景之治、贞观之治、康乾盛世等。汉朝距今已有2000多年，现在世界上把中国的语言文字称作汉语，把中国学称作汉学，足见它的影响。唐代是中国封建社会发展的鼎盛时期，呈现出时清海宴、文怀远人、和睦万邦的景象。毛泽东描绘了这几个时期的强大，认为是治国的理想境界。但是，近代以后由于封建统治者以“天朝”自居对外界事物无知，再加上外国列强对中国的欺凌和掠夺，使得中国渐渐积贫积弱，经济社会发展长期停滞。1949年新中国成立，中国共产党人代表最广大人民群众根本利益，成为“中国崛起”的“脊梁”。

“中国崛起”是一个“进行”时，中国从1949年至1978年用了30年时间，进入“崛起准备期”，再从1979年至2020年用40年时间，真正进入了“崛起起飞期”。

第二章　全面深化改革的宣言书

整个中华民族已经产生了一种问题意识：国家的发展已经到了关键期。30多年改革开放、20多年市场经济，打造出了一个翻天覆地的中国。但这种发展模式带来了新的矛盾冲突。这些矛盾不解决，将会导致红利越派越少，问题越积越多。近年来中国内外环境的深刻变革，固有模式弊端的全面凸显、矛盾的深刻化和阻碍势力的体制化，都已是不争的事实。从这个意义上讲，关键期并非人造，政府必须面对挑战，进行毅然决然的综合变革。

人们对于全面深化改革的最大期待，在于新一代领导层成为求变的最积极的造势者。习近平用“深水区”形容改革的境地，用“硬骨头”表达改革的决心。李克强用“甩开膀子”来形容改革的迫切性，此后，他又提到要用“壮士断腕”的勇气来推进变革。

第三章　一“破”一“立”见新政

当前，我国面临的经济形势错综复杂，正处于增速换挡期、结构调整阵痛期和前期刺激政策消化期这三期叠加阶段，支撑经济两位数高速增长的要素条件已不复存在，经济增长速度已经换挡。高速增长过程中积累的一些结构性矛盾开始凸显，粗放型发展方式难以为继，传统增长模式面临挑战。现在已经到了必须加快转变经济发展方式和调整经济结构的关键时期。

只要宏观上审慎决策、微观上灵活应对，解决和化解好这个时期的各种问题和风险隐患，那么，增速换挡的压力、转型调整的阵痛都是可以承受的，今后一个时期经济稳定健康增长是可以预期的。

第四章　抓住善治的关键：法治

法律是治国之利器，良法是善治之前提。要保证法成为良法，就要做到科学立法、严格执法、公正司法、全民守法。

法律的生命力在于实施，法律的权威也在于实施。坚持依法治国、依法执政、依法行政共同推进。依法行政，既要重视治官、治权力，亦要重视依法实现权利保障。要“推动全社会树立法治意识”，重视二者之间的辩证关系，重视公权力和私权利的均衡，重视私法关系对于公权力运作的重要意义，同时也重视公权力对私法领域的影响和制约作用。唯有如此，才能最终实现“法治国家、法治政府、法治社会一体建设”，实现全面推进依法治国的总体目标。

第五章　由文明内核构建文化软实力

一个国家综合实力最核心的是文化软实力，这事关精气神的凝聚，我们要坚定理论自信、道路自信、制度自信，最根本的是文化自信。

中华民族优秀传统文化是中华民族的优势，是我们最深厚的文化软实力。在文化建设已经上升为国家战略的今天，如何通过扎扎实实的努力来提升我国的文化软实力，夯实民族文化自信的社会基础，让中国文化真正走向世界，这是我们的历史课题。要"讲好中国故事，传播好中国声音，阐释好中国特色"。提高我国文化软实力要从四个方向努力：夯实国家文化软实力根基、传播当代中国价值观念、展示中华文化独特魅力和获得国际话语权。

第六章　蓝天、绿地、清水

人类在近现代200多年的工业化进程中，形成了发达的生产力，创造了巨大的物质财富，但也消耗了大量的地球能源和不可再生资源。大规模的开发扰乱了原有的自然秩序，造成土壤、河流污染，形成面状污染，并引发食品与饮用水安全等严峻问题。

如何走出这种窘境，走向发展与环保共赢？解铃还须系铃人。要解决经济发展与环境保护两难问题，力挽人类危机，人类自身必须树立绿色发展理念，发展智慧经济，做好顶层设计。

第七章　构建国家安全新模式

当前我国国家安全的内涵和外延比历史上任何时候都要丰富，时空领域比历史上任何时候都要宽广，内外因素比历史上任何时候都要复杂。我们必须既重视外部安全，又重视内部安全；既重视国土安全，又重视国民安全；既重视传统安全，又重视非传统安全。要构建集政治安全、国土安全、军事安全、经济安全、文化安全、社会安全、科技安全、信息安全、生态安全、资源安全、核安全等于一体的国家安全体系。

中国的总体安全以人民安全为宗旨，以政治安全为根本，以经济安全为基础，以军事、文化、社会安全为保障，以促进国际安全为使命，要走出一条中国特色国家安全的道路。

第八章 把权力关进制度的笼子里

加强对权力运行的制约和监督，把权力关进制度的笼子里。这是对权力与制度关系的形象概括，是马克思主义权力观的生动写照。把权力关进制度的笼子里，就是要把权力运行纳入制度轨道，用制度监督、规范、约束、制衡权力，保证权力正确行使而不被滥用。

制度主要应该由法律提供。按照法治的基本原理，围绕制约公权保障私权所形成的国家法律制度体系，加强权力制约与监督，才能有效地把权力关进制度的笼子里。

第一章

民族复兴的逻辑和大国崛起密码

中国是一个具有5000年历史且从未中断过灿烂文明的泱泱大国，以“四大发明”为代表的科学技术，曾经为人类文明的进步和发展作出过巨大贡献，促进了世界文明的发展。在中华民族文明的发展过程中，曾经出现过世界历史上少有的辉煌时期，如文景之治、贞观之治、康乾盛世等。汉朝距今已有2000多年，现在世界上把中国的语言文字称作汉语，把中国学称作汉学，足见它的影响。唐代是中国封建社会发展的鼎盛时期，呈现出时清海宴、文怀远人、和睦万邦的景象。毛泽东描绘了这几个时期的强大，认为是治国的理想境界。但是，近代以后由于封建统治者以“天朝”自居对外界事物无知，再加上外国列强对中国的欺凌和掠夺，使得中国渐渐积贫积弱，经济社会发展长期停滞。1949年新中国成立，中国共产党人代表最广大人民群众根本利益，成为“中国崛起”的“脊梁”。

“中国崛起”是一个“进行”时，中国从1949年至1978年用了30年时间，进入“崛起准备期”，再从1979年至2020年用40年时间，真正进入了“崛起起飞期”。

“中国崛起”的内在逻辑与领袖抉择

唐任伍

20 世纪 80 年代，西方学者保罗·肯尼迪提出“中国崛起”这个命题，习近平总书记于 2012 年提出国家富强、民族振兴、人民幸福、实现中华民族伟大复兴的“中国梦”，将“中国崛起”赋予了新的时代涵义。“中国崛起”成为精神火炬，成为历史的必然。面对着“中国崛起”的机遇与挑战，选择一条正确的崛起道路，有一个能力和魅力出类拔萃、能够举重若轻、“镇得住”、“玩得转”的领袖，这是“中国崛起”的核心

中国崛起，不容回避的现实

“中国崛起”，不是一个“要不要”的问题，而是一个如何崛起、怎样崛起的现实问题。早在 20 世纪 80 年代，西方战略家们就开始思考中国崛起的历史轨迹。保罗·肯尼迪在其代表作《大国的兴衰》一书中，就开始讨论中国崛起的起点和条件。他指出：“中国是主要大国中最穷的一个，同时所处的战略地位也许最不

好。”这是中国崛起的两大制约因素，我们也可以把它确定为中国崛起的两大指标体系，即经济实力和战略地位。但是，保罗·肯尼迪又极其深刻地预见到中国崛起的两大条件：一是中国领导人形成了“一个宏伟的、思想连贯和富于远见的战略，这方面将胜过莫斯科、华盛顿和东京，更不必说西欧了”；二是中国将“保持经济发展持续上升，这个国家可望在几十年内发生巨大变化”。保罗·肯尼迪不愧是一个富有远见的战略家，在几十年前就明确地道出了中国崛起的内在逻辑。

自保罗·肯尼迪比较详细地提出“中国崛起”这个命题以后，有关中国崛起的讨论频频问世。奥弗霍尔特的《中国的崛起》一书，极大地冲击了人们的常规思考方式，严谨而又实事求是地正面论证了这个重大命题，他认为中国崛起“是历史上独一无二的现象”，并预测“中国崛起”将“改变亚洲的经济态势”，“改变中国的政治”，“并使全世界的政治改观”。然而，也有一些对中国不怀好意的人戴着有色眼镜，散布“中国威胁论”或“中国崩溃论”，企图阻挠“中国崛起”。相对来说，中国学者以“韬光养晦”心态，对21世纪“中国崛起”这一重大课题显得谨慎、冷静得多。

2012年11月29日，履新不久的新一届中央领导集体来到国家博物馆参观《复兴之路》展览，习近平总书记抚今追昔，展望未来，提出了国家富强、民族振兴、人民幸福、实现中华民族伟大复兴的“中国梦”，将“中国崛起”这一现实赋予了新的时代涵义。从此，“中国梦”成为“中国崛起”最通俗、最全面的概括和阐发，它像一支精神火炬迅速照耀和温暖了全球炎黄子孙，激发和凝聚了磅礴的中国力量，显示出了巨大的包容性、鲜明的人民性、深厚的人文性、强烈的时代性，引领着中国人的美好理想。

中国崛起，历史的必然

中国是一个具有5000年历史且灿烂文明从未中断过的泱泱大国，以“四大发明”为代表的科学技术，曾经为人类文明的进步和发展作出过巨大的贡献，推动了世界文明的发展。在中华民族文明的发展过程中，曾经出现过世界历史上少有的辉煌期，如文景之治、贞观之治、康乾盛世等。汉朝距今已有2000多年，现在世界上还把中国的语言文字称作汉语，把中国学称作汉学，足见它的影响。唐代是中国封建社会发展的鼎盛时期，呈现出一幅时清海宴、文怀远人、和睦万邦的景象。毛泽东描绘这一时期强大而可亲，是治国的理想境界。从公元6世纪到17世纪初，在世界重大科技成果中，中国所占的比例一直在54%以上，只是到了19世纪才剧降到只占0.4%。在1800年左右，中国的经济总量占世界的30%。据《世界经济千年史》作者麦迪森的计算，中国经济总量占世界经济的比重，1000年为22.7%，1500年为25%，1600年为29.2%，1700年为22.3%，1820年为32.9%，1870年为17.2%，1913年为8.9%，1950年为4.5%，1973年为4.6%，1998年为11.5%。1500年到1820年，中国农业文明和农业经济达到高峰；18 世纪末，中国在世界制造业总量中所占的份额超过整个欧洲总和的 5 个百分点，约相当英国的 8 倍，俄国的 6 倍，日本的 9 倍。那时美国刚刚建国，中国 GDP 在世界总份额中占到将近 1/3，其地位比今天美国在世界上的地位还要高。德国人贡德·弗兰克曾经说过，直到 19 世纪之前，作为中央之国的中国，不仅是东亚纳贡贸易体系的中心，而且在整个世界经济中即使不是中心，也占据支配地位。

但是，由于封建统治者以“天朝”自居的狂妄骄傲心理和闭关锁国的封闭意识，对外界事物愚昧无知，再加上外国列强对中国的欺凌和掠夺，使得中国渐渐积贫积弱，经济社会发展长期停滞。1820 年到 1949 年，中国农业文明进入迅速衰落期，国力衰微，陷入“落后就要挨打”的悲惨境地。中国的重新崛起，成为近代一百多年来无数志士仁人的梦想。

英国历史学家汤因比研究过 21 种在历史上曾经出现过、后来相继消亡的文明，结论是这些文明死亡的原因，无一例外不是他杀，而是自杀。他们失去了创新的活力，被历史淘汰出局。1949 年新中国成立，代表最广大人民群众根本利益的中国共产党人，成为“中国崛起”的“脊梁”，领导中国人民，万众一心，同仇敌忾，开始了“中国崛起”的艰难历程。俗话说，人心齐，泰山移，中国重新崛起成为历史的必然，只是时间早晚问题。

如何崛起，中国的抉择

“中国崛起”是一个“正在进行”时，其核心是中国在国际体系和世界市场中的地位和作用，包括适应性、相关性、影响力和创造力。由于中国人口占世界总人口 1/5，因此“中国崛起”与西方和日本崛起的特点不同，“中国崛起”的过程必然是从人口大国到综合国力强国的转型过程，其崛起模式及崛起方式，不仅影响中国自身发展，而且也会影响世界的发展进程。

选择崛起的道路，首先要清楚是一种什么样的崛起。中国不是通过战争崛起，而是和平崛起；不是旧殖民主义或新殖民主义方式崛起，而是合作与援助崛起；不是资本主义国家的崛起，而是社会主义国家的崛起。因此，分析自身的优势和劣势，了解“中国崛起”面临的机遇和障碍是非常重要的。

不可否认，中国从 1949 年至 1978 年用了 30 年时间，进入“崛起准备期”，再从 1979 年至 2020 年用 40 年时间，才真正进入“崛起起飞期”。中国正在崛起成为不争的事实，而且这种崛起是迅速崛起、全面崛起、全方位崛起，但又是不平衡崛起、不协调崛起、不匹配崛起，因此，期间积累了大量矛盾。

从国内来看，财富的急剧增加却加速了贫富的两极分化；经济的高速增长的同时，也带来资源环境的日益脆弱；市场经济发育与法治社会、民主政治发育但并不配套，这导致腐败严重，权力和资源交易成为惯性；人口红利逐渐消失，老龄化社会到来；改革已经进入深水区、攻坚期，每前进一步受到的阻力加大，改革成本大幅度提高，社会矛盾日益尖锐，恶性案件频发；恐怖主义、极端势力不断制造事端，社会治安形势严峻；经济下行的压力加大，民生改善任务繁重……

从国际来看，中国是世界上唯一一个领土尚未完全统一的大国，西方敌对势力不愿意看到“中国崛起”，千方百计以台湾问题、西藏问题、疆独问题干扰中国的发展，挑战中国的底线；周边的日本、菲律宾、越南等国家，在东海钓鱼岛、南海等地制造事端；美国借口战略东移，拉帮结伙，频频在中国周边进行军事演习，企图对中国形成半月形包围圈，遏制“中国崛起”……

尽管我国面临着重新崛起的重重障碍，然而“中国崛起”趋势不可阻挡，中国作为大国的稳定性、增长潜力、开放度和抗波动能力都是其他转型和发展中经济体所不具备的。一是中国已经积蓄了“中国崛起”的能量，已成为世界第二大经济体、第一大外汇储备国、第一大能源生产国、第一大贸易国，国家财政收入突破 12 万亿元，这一巨大能量的释放，有能力促使“中国崛起”。二是已经建立起了“中国崛起”的理论、制度和道路。实践证明，这种理论、道路和制度的自信，在相当长的时期内具有很强的生命力，既能发挥市场经济这只“看不见的手”的作用，有效地利用全球资源，又能够高效地发挥政府这只“看得见的手”的作用，集中资源应对风险、化解矛盾，这是“中国崛起”的制度保障。三是“中国崛起”的过程中，凝聚了整个民族的力量，焕发了民族自尊心、自豪感、自信力，这是“中国崛起”的精神支柱和软实力。四是“中国崛起”的社会结构已具雏形，中产者成为社会主流，文明程度大幅提升，构建起了“两头小中间大”的橄榄形社会结构，能够经得起社会变化的风浪，这是“中国崛起”的社会基础。五是“中国崛起”的产业结构和市场潜力逐渐形成，中国在新一轮国际竞争中，形成了以信息、航空航天、生物医药、新材料为代表的高新技术产业，服务业、旅游业、文化产业、高端制造业等也表现出了较强的竞争力，消费市场巨大，这是“中国崛起”的内生力量。六是国际舞台上，中国的话语权越来越大，强大的综合国力、政治力、军事力以及中华文化的亲和力，坚持和平共处的五项原则，中国的声音正越来越被大多数国家的人们所接受。

正如国家主席习近平在巴黎举行的中法建交50周年纪念大会上所说的，中国梦是追求和平的梦。历经苦难的中国人民珍惜和平。拿破仑说过，中国是一头沉睡的狮子，当这头睡狮醒来时，世界都会为之发抖。中国这头狮子已经醒了，但这是一只和平的、可亲的、文明的狮子。中国人已经选择了一条“中国崛起”的正确道路，那就是既不能沿袭传统的高能耗、高污染、低效率的苏联式的重工业化模式，也不能模仿和采用高消费、高消耗、高排放的发达国家早期的现代化模式，而是一条适合中国国情的发展模式，充分利用丰富的人力资源，有效利用和节约稀缺的自然资源，大力引进和开发知识资源，有较高的人文发展指标水平和居民生活质量，逐步实现共同富裕，消除生活贫困和知识贫困，走绿色发展道路，建立资源节约型的国民经济体系和适度消费、公平消费、绿色消费的生活体系，确保增长的可持续性和公平性，实现充分就业，促进人类发展。

中国崛起，一个有权威的领导核心和领袖人物至关重要

大国崛起需要科技、人才、军事实力和综合国力的支撑，科技是“中国崛起”之基，创新是“中国崛起”之魂。但是，“中国崛起”是一个长期持续的动态发展过程，不仅是经济总量、贸易总量和综合国力的崛起，还是一种新的发展模式的探索、创新和展示，它必然对现存制度带来巨大的压力，因此，一个有权威的领导核心和领袖人物至关重要，他是“中国崛起”的核心要素。

纵观古今中外，但凡一个国家、一个时代的中兴和崛起，必然有一个出色的领袖人物。汉代中兴得益于汉武帝的雄才大略；唐贞观之治来自于唐太宗李世民的高瞻远瞩；康乾盛世与康熙乾隆等英主不无关系。当然，历史不是这些封建帝王创造的，也不是所谓的英雄创造的。但是，一个国家在崛起进程中，雄才大略的领袖人物的作用至关重要。实际上，世界上很多国家在崛起时，领袖人物发挥了核心作用。美国南北战争时期，如果没有林肯的胆略和气魄，可能就没有今天美国的强大；第二次世界大战期间，如果没有罗斯福的非凡领导，恐怕就没有今天美国在世界上的霸权。

中国是个发展中大国，面临的国内外环境复杂，尤其需要一个坚强的领导核心，有一个能力和魅力出类拔萃，能够举重若轻、“镇得住”、“玩得转”的领导人物来完成“中国崛起”这一伟大历史使命。

领袖人物的个人素质关系到“中国崛起”的方向和速度。“中国崛起”需要这样的领袖人物：一要个性鲜明，自身具有强大的凝聚力、向心力和亲和力，在关系到祖国命运前途的关键问题上，要敢于担当；二要有战略思维能力。战略性的决策成功是最大的成功，战略性的决策失误是最大的失误。“中国崛起”需要强大的战略决策能力，要站得高、看得远，有全局观、大局观，在关乎国家前途、民族命运、人民幸福的大是大非面前，信仰坚定，行动果敢，既不走封闭僵化的老路，也不走改旗易帜的邪路，而是坚定不移地驾驭和掌舵中国这艘“超级航母”，沿着中国特色社会主义这条正路“和平崛起”；三要具有影响世界的“软实力”。领袖代表着国家的形象，一言一行、一举一动，都引导着世界对中国的看法和认知，影响着“中国崛起”进程中青年人的方向，因为青年一代的价值观更具有世界性，其思维的开放性和多元性是“中国崛起”发生历史性变化的体现，对于中国崛起是积极因素，在未来中国的发展进程中可以减少中国与外部世界的摩擦，成为推动“中国崛起”内部变革的力量；四是领袖人物必须既具有宽广的国际视野，又有深厚的传统文化涵养。“中国崛起”是一个伟大的系统工程，作为领袖必须及时洞察世界风云变化，对世界的发展、国际的动向了然于心，这样才能在喧嚣的舆论风云中站得稳，才不致落入诸如“民主陷阱”、“中等收入陷阱”等圈套中。“中国崛起”是在中国的昨天、今天的基础上崛起，因此，领袖必须熟知中国的国情和文化，立足于中国的文化基础实现“中国崛起”。

领袖的魅力是“中国崛起”的核心元素之一。习近平作为这个领导集体中的“领袖”，具备了带领中国人民实现“中国崛起”的“中国梦”所需要的所有潜质和特征。今天，我们比历史上任何时期都更接近中华民族伟大复兴的目标，比历史上任何时期都更有信心、有能力实现“中国崛起”。

（作者为北京师范大学政府管理研究院院长、教授、博导）

大国“后发赶超”的核心密码

房　宁

没有核心会怎样？没有核心就意味着高层权力者的地位完全平等。其好处是权力主体之间的制衡，但缺点是会导致权力主体的权力扩张倾向，导致权力竞争

国家权力的集中统一保证国家的战略性发展

周素丽：治理中国这样一个大国，实现社会主义现代化，为什么要有领导核心？

房宁：我这些年一直在做政治发展的比较研究，对这个问题有了一些新的认识和思考。中国的现代化事业为什么要有“领导核心”？这是历史条件使然，是中国现代化道路所必需的。

过去我们认为，很多国家发展经济、实现现代化是因为搞了市场经济，似乎一搞市场，经济就上去了，但实际上并不尽然。市场经济在政治上的含义就是保障人民的权利，使社会形成一个稳定的经济预期，人民可以去追求自己美好幸福的生活，人与人

是平等的，付出努力之后会有收获。这样就调动社会的积极性，为国家现代化建设提供了发展动力。

中国经济发展得很好，我曾经写过一篇文章，认为这是人类历史上最成功的工业化。我国资源禀赋并不丰厚，人口众多，基础薄弱，又没有对外的扩张掠夺。中国主要靠自己的力量，在改革开放的推动下高速增长30多年，基本上实现了国家工业化，这是世所罕见的。从国外的经验看，有的国家资源禀赋比较好，有的国家人口比较少，有的国家基础比较好，有的国家靠对外侵略。我们国家这四个条件都没有，主要靠自己的力量。

我们国家成功实现工业化，除了市场经济之外，还有一个重要因素就是我们国家权力的集中统一。集中国家权力，用于战略性发展，用于均衡可持续发展，用于调节社会关系、缓解社会矛盾。

先谈谈“战略性发展”。战略性发展包括四个方面：第一，制定发展规划，如我们国家的五年计划。第二，初始资本投入。工业化都要有原始积累，原始积累又慢又痛苦，仅靠农业剩余的提取，工业化的初始资金很难聚集，后续的发展势头就很难保持。国家集中权力，有利于筹集资金，启动工业化进程。第三，基础设施建设。国家投入基础设施建设可以促成工业化、城镇化的集约发展，形成发展的高速度、高效率，中国在这方面堪称世界最佳。第四，软实力建设，即国家为工业化、经济社会发展提供政治、法律制度的保障，发展科教文卫事业支持经济建设和发展。

中国是后发国家，后发国家的历史地位和发展环境决定了后发国家工业化、现代化道路的独特性，后发国家必须探索走出一种在不利的世界经济政治秩序和环境中实现国家发展的特殊方式。十分幸运的是中国找到了，这就是中国特色社会主义道路。从发展策略的角度看中国道路，这条道路的特殊性在于它是两个轮子推动，即市场经济和国家主导。市场经济起到了释放社会积极性、提供发展动力的作用；国家主导起到了科学合理规划和促进集约化、弥补市场失灵的作用。“战略性发展”就是后发国家工业化策略中国家主导作用的突出表现。

国家主导，除了“战略性发展”以外还有进一步的保持均衡可持续发展，以及调节社会关系、缓解社会矛盾这两方面的作用。

工业化、现代化发展会产生新的问题，发展不平衡、不协调、不可持续是十分普遍和突出的问题。发展导致不均衡是发展中的绝对现象，不均衡本是发展的动力，但不均衡发展到一定程度，就会反过来阻碍发展，因此，就需要调节。经济与社会自发的调节很迟很慢，国家自觉的调节效果就会更有效率。例如进入新世纪，我国为协调20多年发展带来的不均衡，开始了“西部大开发”，统筹兼顾国家发展的总体平衡。这在发达国家都是很难做到的事情。

发展还会产生社会差距、社会分化和社会矛盾。市场经济必然要带来差距的扩大，差距扩大到一定程度就会变成消极因素，甚至不稳定因素。减小差距，减缓分化，化解矛盾，这就要靠国家，靠宏观调控和社会政策。这是中国道路的重要特色。

由此可见，中国的发展离不开国家的核心作用。中国作为一个后发国家，实现了工业化，靠两个因素推动，一方面搞市场经济调动了人民的积极性、主动性、创造力，为社会发展提供动力；另一方面是国家核心作用，集中民智民力，实行战略性发展，统筹协调，化解矛盾，实现快速、均衡、可持续的发展。这是我们中国作为后发国家的成功经验。

共产党内部也需要领导核心

周素丽：中国共产党是我们国家现代化事业的领导核心，那么为什么共产党内部也一定要有核心呢？

房宁：我们党的体制是民主集中制，什么叫民主集中制？就是在充分吸收各方面的意见的基础上，最后要得出一个结论，形成一个决定，而且作出决定之后，大家都要遵守。这就是当年列宁等人确定的民主集中制。

具体说来，民主集中制有三层含义：第一，各方面都可以发表意见，表达利益诉求和主张，可以提出各种解决方案，这叫“民主”。第二，什么叫“集中”呢？首先是将各方面意见和众多解决方案变成一个决定、一个方案。共产党和社会主义国家并不是一开始就这样做的。当年俄共开代表大会，经常有两个报告，一个主报告，一个副报告，有时候两个报告都是对立的。党内意见不统一怎么办？就不作出决定，这样事情就拖着，无法解决。到了实行民主集中制，重大问题就必须要作出决定。第三，也是最重要的，一旦作出决定，党组织成员必须服从和执行，这就是党的纪律的中心含义，是民主集中制的最核心的意思。如果共产党组织作出决定得不到执行，大家还各行其是，那就不是“民主集中制”了，那样的党实际上就是一个政治俱乐部。

民主集中制决策过程的关键环节是要作出决定。那么决定如何作出呢？例如有十个人讨论，大家意见不一致，怎么办呢？这就涉及到民主集中制的决策机制。一般的原则是少数服从多数，但是如果意见比较分散，没有明显的多数意见，或意见比较对立，怎么办呢？这时候就要取决于“核心”，所谓“核心”就是在领导集体中最后作出决定的那个人。在中国共产党的历史中，据我了解，第一次明确这个“核心”是在遵义会议上。遵义会议是党的历史上一次转折性的重要会议，形成了最高决策团体“三人团”，执掌最高权力。同时遵义会议决议中有专门规定，“三人团”中周恩来为“下最后决心者”，这就是“核心”。

少数服从多数是普遍的原则，但有许多情况是复杂的，不是依靠原则就可以解决问题的。这种情况下就必须有“核心”，“核心”是在党的最高领导层的集体领导成员中地位略高于其他成员的领袖人物。他既起到集中集体智慧、整合集体意见、团结凝聚集体的作用，又要在意见分歧、难于取得一致的情况下，起最后的决定作用。领导集体中的“核心”的价值和作用，就在于保证权力体系决策机制的完整性，保证在任何情况下都能作出决定而不致于停滞，甚至分裂。

没有核心会怎样？没有核心就意味着高层权力者的地位完全平等。其好处是权力主体之间的制衡，但缺点是会导致权力主体的权力扩张倾向，导致权力竞争。各权力主体为了争取更多的资源，都极力想扩大自己的权力。而权力主体的扩张倾向，最终会导致整体权力的分散化。例如越南共产党上层权力结构缺乏核心，最高权威呈现扁平化，党的总书记、总理、国家主席、国会主席都不是“一把手”，基本上是一个平等者之间的竞争。其自然的演变，就导致权力水平分散或者纵向分散。所以，与中国共产党相比，越南共产党的社会控制力明显偏弱。

民主集中制是防止党的权力分散、组织涣散的保证。有了权力核心之后，可以遏制最主要的权力主体扩张其权力的倾向，保证领导集体内部的稳定和统一。

（作者为中国社会科学院政治学所所长）

实现中国梦的基石：重树中国制度文明

徐晓冬

中国梦是中华民族近代以来最伟大的梦想，中国要维系经济的持续发展，要实现中华民族伟大复兴的中国梦，要能够在很大程度上参与全球体制、机制和制度框架的设计，重树中国制度文明就成为现实的紧迫课题。

中国历史上的制度文明

在西方资本主义制度出现之前，中国历史上建立于农业文明基础上的封建制度曾经是当时人类制度史的高峰，其中，以科举制度、儒学教育、乡村绅士治理、台谏制、军队轮换制、保甲制等一大批智慧的制度设计，为中华民族的辉煌历史奠定了制度基础。中国之所以成为四大文明古国中唯一的幸存者，并能够孕育出博大精深的中华文化，中国制度文明是其坚实的基础。除了清末以来的一百多年，中国经济从来就是全球第一。就是到了1820年前后，中国GDP占全球的比重仍高达30%以上。

但是，一千多年的成功却损害了中国，从技术的角度看历史，中国明清时代简单地以道德评价笼罩一切，维护落后的农业而抑制商业和金融，加之腐败的帝国官僚制度，以及逐步成为负担的血缘关系和礼仪制度，等等，使得中国由盛转衰。中国共产党经过 90 多年的探索，中国特色社会主义制度逐步完善，特别是 30 多年的改革开放，中国制度更是以其高水平的效率取得了举世瞩目的历史性成就，中国重新回到了世界舞台的中心。

邓小平同志在 1992 年视察南方重要谈话中指出："恐怕再有三十年的时间（1992—2022 年），我们才会在各方面形成一整套更加成熟、更加定型的制度。" 习近平同志指出："中国特色社会主义制度是特色鲜明、富有效率的，但还不是尽善尽美、成熟定型的。"李克强同志提出"改革是中国最大的红利"。在此基础上，进一步完善中国制度，重树中国制度文明，是中华民族伟大复兴、实现中国梦的战略基石。制度文明具有相对独立性，是一切社会文明的关键内核和基石。它包含经济制度文明、政治制度文明、文化制度文明，以及社会制度文明。制度文明是人类在改造客观世界过程中，在从事物质资料和文化产品生产过程中产生于一定的空间范围内并适应其社会发展变化的各种规范秩序，进而细化至每个领域所形成的规则，这些不同领域的规则所体现的状态，就是制度文明。它的功能可以从不同的空间范围体现出来，它具有根本性、全局性、稳定性和长期性。

重树中国制度文明：科学定位，明确方向，顶层设计

中国要在国家崛起过程中走出近代一百多年积贫积弱的历史阴影，重新树立制度文明，需要一批高度自信、心胸宽阔、有全球视野、有历史远见和政治智慧、认同中国道路、能够把汲取人类成功经验和走中国道路相融合的学者，做三件事。

第一，对中国制度的过去和今天进行系统性分析和科学定位。对中国制度的现实和改革方向在历史和逻辑的坐标中进行定位、对中国制度的特质进行技术解构、对中国制度的效率在国际制度竞争和比较中进行客观评价、对中国制度的成绩和转型中出现的问题进行理性总结。如果进一步从特殊性中探索找到普遍性的东西，将中国制度发展和转型过程中的艰难曲折、酸甜苦辣客观地告诉世界，探索中国制度的世界意义，将是中国对人类文明做出的贡献。

第二，对中国制度未来的改革方向和思想理念作出科学性回答。要解决中国制度实践中逐步显现的有待完善的问题，深化改革、加强制度创新是必由之路。当前关于中国改革还存在部分争论，要么坚持教条，要么照搬照抄，要么诉诸情绪，没有形成共识，仿佛左右为难。执政党要获得广泛的支持，既要建立政党政绩，更要与时俱进丰富和发展政党理念。理念吸引的是坚定和长远的支持者，凝聚精英人才；理念正确，并以正确的政策建立政绩，获得的是更广大人民的支持。中国共产党必须进一步解放思想，与时俱进，理性引领中国改革，带领中

国人民重树中国制度文明。

第三，对中国制度顶层设计基本理论问题进行整体性、框架性研究。恩格斯说过，“一个民族要想站在科学的最高峰，就一刻也不能没有理论思维。”今天中国制度改革的难题，关键是我们对“制度改革”自身的理论准备不足，对制度改革顶层设计没有建立科学、系统的理论框架，对中国现实制度没有系统性的解释力和说服力。没有清晰的理论，就无法形成共识；没有先进的主流意识和政党理念，就无法凝聚全社会大多数的力量。中国制度改革发展深层次问题的解决，必须加强制度改革顶层设计基本理论问题的整体框架研究。推进中国制度改革顶层设计和总体规划破题，必须理论先行，建构中国制度，巩固政党理念，建立理论框架，形成理论支撑。形成支撑中国制度的顶层设计理论框架，是推进中国制度逐步完善的必然要求，是中国特色社会主义道路自信、理论自信和制度自信的必然要求，是进一步改革开放、实现中国梦的必然要求。

中国制度文明顶层设计：目标模式、路径选择与过程控制

中国的制度改革处在关键时期，如何把握制度目标模式设定、变革路径选择和进行改革过程控制，这些顶层设计问题的解决，是推进改革的基础工程。

首先，实现中国梦，必须建立制度文明基础上的法治国家的正式制度框架，这是制度改革顶层设计的目标模式。目标模

式是人们愿意为之奋斗并希望达到的愿景，是一种相对宏观同时又直观的意愿表达，回答我们要创造一个什么样的世界的问题，它是需要人们通过长期的奋斗才能接近或实现的目标。对于一个有组织的社会，目标模式能够凝聚人心、明确方向、激起人们为之奋斗的热情和力量。在顶层设计和总体规划中，目标模式的设定十分重要。这不仅促成广泛的共识，也是梳理当今发展谜团的关键。按照设计科学的思维逻辑，在解决任何难题时，要取得最佳结果的方法，就是要先构想出最理想的解决方案是什么，然后再结合当前的实际做出调整和创新性的变革。但最初的目标模式是思维的起点。目标模式设置应该包括以下要素：具体（Specific）、可量度（Measurable）、可实现（Attainable）、时效（Prescription）。

“中国梦”就是一种目标模式，十八大提出了中国制度基本框架也是中国制度的目标模式。要在中华民族复兴的伟大历程中推进制度文明，我们要对现实制度体系进行一系列的改革和完善。从现实的逻辑看，一个国家的制度建设成果，最重要的就是该国的具体法律制度和运行体制。制度的具体形态，包括正式制度（宪法、法律、法规、条例等）和非正式制度（习俗、习惯、民族特质），它们体现这个国家建设的法理成果和历史成果。它们一方面体现历史上既有的现实，另一方面，也预示未来的趋势和走向。西方制度体系包括政治制度、经济制度和社会制度等组成部分。政治制度不是以“普选”、“多党制”为标签的政治制度，而是历经人类文明的漫长探索，包括中国几千年的不断探索，以及古希腊、古罗马以来的西方和世界各地的伟大思想家和政治家的政治、经济和社会文明的探索及其实践。它是既包括宪法制度、政党制度、行政制度、地方和中央制度、监督制度等多种制度的总和，又包括人类历经几百年的发展所形成的比较成熟的市场制度体系和社会管理体系。中国特色社会主义制度必将在汲取人类文明成果的基础上通过实践逐步发展、完善、定型，成为人类制度文明的重要典范。

其次，探索非正式制度基础上的制度变迁的规律，是制度改革顶层设计的路径选择之一。习近平总书记在莫斯科国际关系学院发表重要演讲时指出：鞋子合不合脚，自己穿了才知道。一个国家的发展道路合不合适，只有这个国家的人民才最有发言权。制度带着一个国家民族文化历史的深刻烙印。正是从这个意义上讲，世界上决不会有两个完全相同的制度形态。中国的封建制和欧洲的封建制在具体历史形态上不同，中国的封建制是建立在宗法和集权基础上，强调大一统；欧洲的封建制是建立在分封制基础上，封建割据形态明显。在近现代，资本主义制度的形成也保留了各个国家民族文化的特征，如英美两国同为资本主义国家，但具体的制度形态是不一样的。英国实行的是君主立宪制，美国则实行的是总统制。因此，探索改革顶层设计的路径，必须先研究国情。世界是复杂的、多元的，如果忽视了正式制度必须与非正式制度、与习俗、传统、文化以及发展水平的有机统一和对接，制度就不可能有效运作。如果新的正式制度改革不与本土条件融合，就会破坏原来的社会有机体的正常生命。所以引导改革潮流，探索适合国情的制度形态，这是政治家所肩负的伟大的历史使命。

实践是检验真理的唯一标准。制度设计要充分考虑国情、文化、习俗和具体利益格局。转型国家之所以存在“路径依赖”，是由于在制度实施过程中，运行制度的人和利用制度为其服务的人都是利益驱动。改革要顺利推进，改革的路径选择和先后顺序是至关重要的，改革中的利益格局的有效引导非常关键。主导者怎么执行政策，创造怎样的环境来保证改革的顺利进行，怎样协调发展、改革、稳定三者的关系，使改革有序开展，这是改革的基本原则。苏联把人道的民主主义作为目标，提出了无限制的发展和公开性，各种思潮纷起，把手段当成了目标，最终导致解体。

最后，良法、实施机制和动态纠偏的反馈机制，是制度改革顶层设计的过程控制必须重视的。要加强制度改革顶层设计过程的控制，协调各方利益，把握改革时序，克服左和右的干扰，循序渐进，稳步推进。首先，要改革现有体制、机制和制度，出台和完善法律法规，要有“良法”可依。其次，制度的权威在于实施，没有惩罚的制度是无效的。第三，制度变迁过程中的动态纠偏机制非常重要，要建立贯穿整个制度改革全过程的信息反馈、动态调控机制和监督机制。

各方面的改革是不可能同时完成、一蹴而就的，而是要分阶段逐步进行。多领域同时发生的变迁会强化选择与后果之间关系的不确定性，使理性的设计变得困难。因此，改革必须分阶段、有步骤地加以规划，有序推进。俄罗斯经济体制的休克疗法的失败，不是由于目标模式，而是路径选择、过程控制失败。休克疗法忽视了旧制度扭曲的内生性，没有认识到休克疗法的三项内容：

价格自由化、私有化、政府维持财政平衡和宏观稳定是无法同时实现的。中国的渐进性改革从造成内生制度的外生原因着手，把握制度变迁的可控性，尽管这一改革过程中原来的制度安排仍然发挥作用，产生了许多奇奇怪怪的现象，但是实践是检验真理的唯一标准，中国的渐进性改革实现了既定的目标。

（作者为北京大学立法研究中心兼职教授）

百年“中国梦”与“大同”传统

——一位美籍华人学者的反思

华世平

从一个海外人的视角看，十九世纪末到二十世纪末，中国至少出现过四次比较大的改革：1898年的“戊戌变法”、1958年“大跃进”、1966年开始的“文化大革命”、1978年以来的“改革开放”。几乎在同样的时期，中国的两个邻国日本和俄罗斯，也都进行了相应的改革。与“戊戌变法”对应的是日本1868年开始的“明治维新”；与“大跃进”和“文革”对应的是苏联1924年开始的“新经济政策”和1956年开始的“非斯大林化”；与1978年“改革开放”对应的是1985年戈尔巴乔夫领导的苏联改革。

中国的四次改革从起因来看同日本和俄罗斯相应的改革差不多，都是由于社会内部结构造成的，但目的、过程和结果却大大不同。分析起来，这种不同，和三个国家不同的文化传统有关，特别是与其对人类终极意义的理解的不同有关。对于中国来说，这个理解是儒家的“大同”思想。“大同”不仅是现世的，而且是积极的人生态度，认为人生的意义在于改天换地。日本的“神道”虽然是现世的，但不是积极的，它崇尚自然，认为人类不应该对现存的大自然和人类社会进行过多的干预，因为现实是美好的。俄罗斯的“东正教”既不是现世的，也不是积极的。它认为现世是糟糕的，但这种糟糕的状况又是正常的，认为人类的干预没有用，应该等“救世主”的到来。

中国梦之一：不先救中国，哪能救世界？

十九世纪的“明治维新”与“戊戌变法”的起因差不多，是结构性的：两个传统的东亚国家，面对西方列强的压制和现代化的吸引，进行社会改革，搞现代化。

但中日两国改革的目的是不一样的：日本人改革的目的很具体，也很明确：“救日本”，方法是“脱亚入欧”。传统上，由于邻国中国在文明发展方面的领先地位，日本没有日本中心论的思想。日本人可以认为“大和民族”是优秀的，独一无二的，但日本在文化上并不期望其他国家变得同自己一样，没有宇宙诉求。在日本人看来，中国古代代表了宇宙之道，日本人觉得学中国很自然。现代，西方人代表了宇宙之道，日本人觉得学西方也很自然。

对比起来，“戊戌变法”的目的不如“明治维新”明确：以精神领袖康有为为代表的中国精英既要救中国，又要救世界。“戊戌变法”前后康有为写了脍炙人口的一部杰作——《大同书》。该书的核心不仅仅是要救中国，而且更重要的是要救世界。传统上，中国和世界是同义语。在这点上，儒家思想同基督教相似，有宇宙诉求。

中日两国改革不仅目的不同，策略也不同。由于日本人传统上没有中国人的自信，“明治维新”的策略很实际，很温和：改革首先要启迪民智，其次再谈政治体制改革，再次才是科学技术等实际的东西。“明治维新”的精神领袖福泽谕吉意识到，这种循序渐进的策略要花更多的时间，但他认为这是一种理性的选择。中国人改革的策略正相反：首先是引进西方的技术，中日“甲午战争”失败后才不得不进行政治体制改革，“戊戌变法”失败后才想到启迪民智。“戊戌变法”的功利性很强，很性急。在康有为等人的促导下，光绪皇帝在 103 天里发布了 200 多条变法措施。

改革目的上与策略上的不同，造成了结果的不同。以救日本为目的的“明治维新”是成功的；而既要救中国、又要救世界的“戊戌变法”是失败的。

中国梦之二：没有个人，哪能有国家?

中国 1978 年改革开放前和苏联 1985 年改革前的国家社会主义制度，都是政治上中央集权，经济上公有制，价值观上是集体主义。这一模式是两国一定历史时期的产物，也发挥过历史的作用。这一模式的缺点是国家管得过多、过死，个人的劳动积极性很难持续。

作为对这一制度的调整，两个国家在这段时期偏离这一模式各有两次。苏联的“新经济政策”和“非斯大林化”；中国的“大跃进”和“文革”。中苏两国各自的两次改革的起因都是相似的，是结构性的。但调整的方向正好相反：苏联的两次调整都是向右偏，即收缩国家的权力，给集体主义降温，给个人以比较大的自由；而中国是向左偏，即虽然国家这个“大集体”的权力有所收缩，但“小集体”，如工厂、公社、红卫兵组织则是“大自由”、“大民主”，观念上是更加强调集体的价值，个人的自由更小。

制度调整方向上的不同和两国文化传统有关。毛泽东等共产党人和康有为一样，也深受“大同”思想的影响。毛泽东讲，“经过人民共和国到达社会主义和共产主义，到达阶级的消灭和世界的大同”。传统上儒家的核心价值观是“修身，齐家，治国，平天下”。中国人不相信有纯粹意义上的个人幸福。个人生命的意义永远要体现在家庭和国家的需要之中。这与俄罗斯“东正教”大不相同。《圣经》上所显扬的是，个人同上帝的关系要高于家庭与国家。欧洲近代的“启蒙运动”更是加强了个人的价值。

苏联的两次改革达到了暂时减缓社会矛盾的目的；而中国的两次改革都使社会矛盾进一步激化。

中国梦之三：是个人，国家，还是世界?

中国 1978 年开始的“改革开放”同苏联 1985 年开始的改革的起因仍然是结构上的，是因为国家社会主义这一模式需要调整。由于人民缺乏生产积极性，中央政府不仅在宏观上、而且在微观上也管得过死，经济增长缓慢。中国从 1955 年到 1977 年人均粮食没有增长。苏联 1985 年经济零增长。

但中苏两国改革的目的与过程不一样。中国1978年改革从目的上讲，与前面讲到的另外三次中国改革都受“大同”思想影响不同，中国领导人认识到，在相当长时期内，“小康”是过渡到“大同”的必要条件。这一理念是通过建立在“历史唯物主义”基础上的“社会主义初级阶段论”来解释的。它强调生产力决定生产关系。中国的1978年改革与戈尔巴乔夫改革共同的地方是注意了调动个人的生产积极性，这是认识到了如果没有个人，也就没有国家的体现。但在改革中，中央政府对宏观经济始终没有放松控制，不完全否定共和国以前的历史。在对待国际问题上，中国总的来说是低调的。这是认识到只有先救中国，才能救世界的体现。中国以世界大家庭一员的姿态，而不是以康有为式“大同世界”的主导的姿态，或者“文革”式“世界革命中心”的姿态，积极参加到国际事务中来。

苏联改革理论家雅科夫列夫不仅批判“东正教”传统，认为它是专制制度的重要根源，对苏联的过去，除去列宁以外他都否定，包括马克思主义的理论“历史唯物主义”。从过程上看，苏联1985年改革的方向同前两次苏联改革相同，都是收缩国家权力，给个人以更大的自由。所不同的是，列宁把“新经济政策”看成是“暂时的退却”，赫鲁晓夫因为政治斗争失败而终止了改革，而戈尔巴乔夫的改革更为彻底，是全方位的。

中国1978年的“改革开放”导致了中国的崛起；而戈氏改革造成了苏联的解体和以叶利钦等自由派领导人对俄罗斯的重组。

而在今天的意义上看，“中国梦”既是“大同”世界的梦，也是中华民族的梦，更是中国人个人的梦。中国的改革到现在还没有结束，国家的政策还在调整过程中。中国的社会问题还很多，如官员贪污腐败、贫富不均、生态失衡等。如果这些问题处理不好，“中国梦”则很难成为现实。归根结底，政策调整的核心就是要处理好个人、民族国家和世界的关系。

（作者为美国路易维尔大学政治学终身教授，
陕西省“百人计划”学者）

中国的伟大复兴是和合文明的复兴

胡鞍钢

进入21世纪，一个伟大的时代、一个伟大的国家有什么伟大的梦想呢？这就是党中央所提出的21世纪中国梦想的“三部曲”：

第一部曲就是到建党100周年时全面建成小康社会。2020年的中国将成为世界最大的经济体、贸易体、国内市场规模居世界前列、人力资源强国、人才强国、创新型国家、文化强国。

第二部曲就是到新中国成立100周年时全面建成中国特色社会主义现代化，这包括：经济现代化、政治现代化、社会现代化、文化现代化、国防和军队现代化以及生态文明建设现代化（六位一体）。

第三部曲就是在整个21世纪实现中华民族的伟大复兴，21世纪将是中国对人类发展做出巨大贡献的世纪。

我们党能够在21世纪第一个十年之后前瞻性、战略性地提出世纪三部曲，的确是站得高、看得远、想得深，反映出中国伟大复兴的独特性与创新性、历史性与时代性，是中国大势所趋，也是世界大势所需。

我们不禁要问：中国靠什么来实现伟大复兴？它的精神力量来自何处？复兴之文化根源来自何方？是西方还是东方？是外源还是内源？这就需要“追根溯源”。

和合思想成为伟大复兴的基本精神、基本内涵，也是实现伟大复兴的文化根源和内在动力。

在处理人与自然关系上，倡导“天人合一”的自然观，推进绿色发展，实施绿色改革，倡导绿色消费，建设美丽中国。

在处理经济发展重大矛盾上，倡导“和实生物”的发展观，实现全面、协调、可持续发展。

在处理重大政治关系上，倡导“和衷共济”的政治观，就是“长期共存、互相监督、肝胆相照、荣辱与共”的十六字方针，坚持和完善中国共产党领导的多党合作和政治协商。

在处理人与人、人与社会关系上，倡导“以和为贵”的社会观，致力于构建社会主义和谐社会，创造长治久安的社会局面。

在处理国内和国家之间的关系上，倡导“和而不同”的世界观，推动建设持久和平、共同繁荣的和谐世界。中国作为世界大国当率先垂范。

那么，从历史视角，从国际视角，中国的伟大复兴有哪些特性呢？对人类发展进程有什么重大贡献呢？

中国的现代化超越以往的、传统的、西方国家的现代化，创新“天人合一”的绿色现代化。

中国的对外开放超越零和博弈的、西方主导的经济全球化，主张公平公正、互利共赢的经济全球化。

中国的迅速崛起超越世界历史上任何一个超级大国的崛起，是一个新型“和合大国”或“和合超级大国”的崛起。

中国的伟大复兴超越世界历史上任何一次文明复兴，特别是超越西方文明复兴，是一个和合文明的复兴。和合思想的复兴，不是文明排斥冲突，而是文明包容互鉴，更加持久地贡献于、丰富于人类多样化的文明体系，与此共成长、共进步。

中国的伟大复兴超越世界上任何一个民族、国家对人类发展的贡献，是一个集大成的巨大的“世界贡献”，这包括对世界的消除贫困贡献、经济增长贡献、贸易增长贡献、知识创新贡献、文化建设贡献和绿色发展贡献。

（作者为清华大学国情研究院院长）

遏华新势力集结与中国出路

张　磊

近期，中日钓鱼岛争端、中菲和中越南海争端等一系列事件打破了东海和南海表面的平静，导致地区紧张局势不断升级。这些争端背后是日本的新右翼化倾向和不断膨胀的政治军事野心，更是日美遏华战略的需要。面对日美同盟的咄咄逼人，中国更需要从战略上思考如何在崎岖的崛起之路上前行。

日本幻想着走出一条既能遏制中国崛起、又可保持在亚洲有利地位的新路

日本的国家认知和行为与其国民性具有密切关系。由单一民族组成的日本，整个社会团结而富有野心，国民敬业坚韧，善于学习，不轻易认输，甚至崇尚武士道精神，不畏惧死亡。作为岛国国家，日本的火山和地震频发，加之自然资源极其匮乏，日本国民既具有强烈的民族自尊心和危机意识，也存在狭隘的岛国心态。这种心态使日本具有两个致命的缺陷：缺乏“道”和“德”：

缺乏卓越、长远的战略思维和战略眼光，是谓无“道”；有中华文化礼仪之表，而缺乏以德服人的文化精髓，试图依赖武力征服世界，是谓无“德”。二战时期，日本的病态发挥到极致，自负心理膨胀，丧失基本的理智，自认为大和民族是世界上“最优秀”的民族，侵略中国和东南亚，并接连挑衅苏联和美国两个大国，不断扩大战场。事实证明，一个既没有战略远见、又没有道义的岛国肆意侵略扩张，注定要为其狂妄付出代价。

二战后日本经济迅速实现复苏和繁荣，开启了经济奇迹的大门，也让日本妄图领导亚洲的幻想再次萌发。然而时移势易，2010 年中国取代日本成为世界第二大经济体，日本不得不面临一个强大的中国与其同时屹立在世界东方的现实。与日本经济自 20 世纪 90 年代陷入“失去的二十年”一蹶不振、一直挣扎在零增长边缘相比，中国经济自改革开放以来始终保持快速增长态势，日本由此产生强烈的不平衡感和恐惧感。日本在国土面积、资源数量、人口规模、市场容量、经济能源对外依存度等方面，均与中国存在巨大差距，其经济发展潜力和优势更远逊中国，双方的实力差距会进一步拉大而不是缩小。随着中国经济、科技、军事实力和综合国力的增强，日本胜出中国的机会愈发渺茫。具有强烈民族自尊心且自负的那部分日本人难以接受这个事实。失落感、恐惧感和不甘心让日本政府，特别是右翼势力变得焦躁不安，从参拜靖国神社、挑起钓鱼岛争端，到提出“积极和平主义”、准备修宪扩军，可谓动作频频，挑衅不断。日本使出浑身解数，幻想着走出一条既能遏制中国崛起、又可保持在亚洲有利地位的新路。

当日本新右翼化遇上美国“亚洲再平衡”战略，以日美同盟为核心的新遏华力量旋即变得血脉喷张

冷战期间，特别在20世纪50年代朝鲜战争爆发以后，美国通过扶持日本来对抗苏联和中国。但是随着东欧剧变、苏联解体，世界的主要关注点转移到经济发展和全球贸易等问题上，日美同盟对中国的敌视有所减弱。目前，日本已被中国超越，单枪匹马搞对抗显得力不从心，以安倍为代表的新右翼势力遂到处宣传“中国威胁论”，重新寻求加强日美同盟，游说美国盟友和与中国存在领土争端的国家共同遏制中国，谋求自身利益。

当下美国是名副其实的世界霸主，中美建交以后，由于两国经济规模相差悬殊，中国对美国构不成威胁，美国不把中国视为最大的对手，合作是中美关系的主流。但是，当前中国经济总量已经超过美国的一半，而且根据世界银行等国际组织的预测，中国将在2020年至2030年期间超过美国，美国开始担心中国的崛起，不断出招压制中国。例如，美国加紧在亚太进行TPP谈判，唯独把中国挡在门外，其用意不言自明。种种迹象表明，美国正在把中国列为最大竞争对手，企图通过“亚洲再平衡”战略遏制中国。

当日本新右翼化遇上美国“亚洲再平衡”战略，以日美同盟为核心的新遏华力量旋即变得血脉喷张。在遏制中国问题上，日美有共同利益，一拍即合。日本通过对中国强硬、与中国进行对抗的举动，在国内推动修宪强军，在国际上利用美国等国家的支

持发展军事力量，实现国家正常化；在整体战略上谋求海洋强国和政治大国地位，以此削弱、压制中国，成就“领导亚洲梦”。美国在力不从心的情况下，希望利用日本搅浑亚洲局势，打压亚洲经济快速发展的良好势头；同时，制造地区热点和矛盾，让中国与邻国进行军备竞赛、恶性竞争、互相消耗，破坏中国的发展，延缓、扼杀中国的崛起。因此，东海和南海危机表面上是一时的领土争端，实质上起因于日美谋求亚洲领导权的野心和对中国的战略遏制企图。

近来，日美同盟持续加码，围堵中国的意味更浓。日本成立了日本版的“国家安全委员会”，并全力寻求解禁集体自卫权、修改宪法，显示出了极强的军事化倾向和对华针对性。在外交上，进一步强化日美同盟；在亚太和欧洲极力宣扬中国威胁论，抹黑、丑化中国的形象，给中国制造麻烦；鼓吹、力促日美印澳四国联盟，拼凑反华“同盟军”；拉拢与中国有领土争端的菲律宾、越南等国，离间挑事；在日本认为具有战略价值的一切地方，不遗余力地与中国进行竞争，为将来的政治、军事发展进行战略布局。

安倍政权联美、强军、遏华的步伐在加快和升级。美国则迫不及待地将空军和海军最先进武器纷纷部署在日本和关岛等地，美国国防部长哈格尔等人在公开场合再三声明 2020 年前将 60% 的海军军舰部署到太平洋地区，将其本土以外 60% 的空军力量部署到亚太，庞大的美国战争机器向中国周边集结的大趋势十分明显。美国还加强《美日安保条约》，加码美日同盟；支持菲律宾、越南在南海问题上向中国发难，密切军事合作；频频与日本、菲律宾等国举行联合军演，协调外交立场。这明显表现出针对中国的意图。

新日美同盟的实质是以日美为核心、包括美国盟友和准盟友在内的遏华势力的集结，它以军事、外交、政治、价值观对抗为中心（将来还可能强化经贸等领域的竞争），以谋求和巩固日美在亚洲领导地位，保护美国在全球领导地位，是指向未来的全面而持久的对华战略遏制思维与实践。

中国的战略出路：稳住日美、团结友邦、强身健体

日美同盟的遏制和围追堵截对中国的国家安全带来了巨大挑战，使中国的周边环境变得日益复杂，形势十分严峻。针对新日美同盟的全面性、战略性遏华布局，必须冷静、理智、智慧应对，采用“稳住日美、团结友邦、强身健体”的“三位一体”战略，从“直接策略应对”、“增设外围防火墙”、“自我强本固原”三个角度纾困解围。

应对日美同盟的遏制，首先要结合日美之间的矛盾采取正确而富有远见的“分化与稳住”战略。日本对美国的心态十分复杂，既爱又恨，既想挣脱美国的控制，又离不开美国的支持。美国对日本也是恩威并施，一方面扶持日本，以此牵制中国；另一方面又对日本抱有戒心，不敢全面“松绑”，始终密切注视着日本的政治、军事力量的发展，力图长期控制日本，将美国利益最大化。

针对日美利益的特点，对日本，在国家领土问题上绝不退让；对于试图与日美结盟而挑衅中国的菲律宾和越南，亦应在不树敌太多、影响太大之综合考量与权衡下坚决予以回击；在军事上要

取得对日压倒性优势；在经济上加强合作，瓦解日美同盟的经济基础，利用经济关系逼迫日本放弃强硬的政治立场。中日之间的相安无事，无论对于中国还是日本都大有裨益。如果两国发生冲突，对日本的负面影响更大，甚至是毁灭性的，要让日本明此道理。

对美国，要提醒注意日本新右翼化的危险性，也要尽量避免与其正面冲突，毕竟短期内中国还不具备抗衡实力。但在战略上，鉴于美国已经将中国视为最大竞争对手，我们没有选择，必须走既合作又全面竞争的道路。在全球化的今天，世界经济已经一体化，“世界第一”与“世界第二”不合作是不可能的。中美两国要突破历史的局限性，建设二十一世纪的新型大国关系。同时，可以预期，随着中国经济总量的进一步增加和综合国力的持续增强，中美之间将在全球范围内展开经济、军事、政治、意识形态等领域的全面较量，中国也要有思想准备和应对战略。

应对日美同盟的遏制，针对美日在亚太纠集的第一岛链、第二岛链包围圈，还要发挥巧实力，进行国际攻关，积极深入地结交朋友，厚植共同利益，增强对我友好国际力量，赢得国际社会的更多、更大支持。友好国际力量建设可以分为四个层次。第一层，深化与我关系密切友邦的关系。与俄罗斯在战略互信、军事、能源等方面加强合作，在国际事务上互相支持，彼此尊重对方的核心利益和关切。深化与巴基斯坦、柬埔寨等老朋友的关系，在经贸等领域展开全面合作，彼此协调立场，加深友谊。第二层，与邻国发展睦邻友好关系和繁荣的经济合作关系。建设中日韩与东盟自贸区，加强经贸交流与合作。东盟国家有许多华人，要充分发挥他们的积极作用。建设新丝绸之路经济带，与中亚、西亚、南亚加强经贸往来，密切关系，打造横跨亚欧大陆的经贸大动脉。要更加重视与印度的关系，未来人口将超过中国的印度对世界的影响日益增大，要与印度加强经济关系，减少竞争和冲突。第三层，巩固与亚非拉友国的关系，继续在国际事务中互相支持，扩大经贸合作，加强人员交流，增加我们的经济、政治和文化影响力。亚非拉国家是新兴市场，资源丰富，经济发展潜力巨大，我们要在积极协助它们发展经济的过程中扩大双边贸易关系、实现能源供应的多元化。第四层，拓宽利益共同体，与“金砖”国家和欧盟发展良好的经贸关系，促进相互理解，实现互利双赢，以此改善关系、减少政治摩擦。

（作者单位：北京市台办研究室）

社会主义中国的当前机遇与历史难题

王传利

落后的近代中国尽管遭受国际资本主义的压迫和蹂躏，但中国人民毕竟没有经历漫长的资本主义社会，而是经历百余年的半封建半殖民地社会后，成功实现了历史性飞跃，迈上了社会主义的金光大道。这样的渊源背景，注定中国社会主义的发展将面临一些独具特色的历史性难题。

社会主义制度的建立，是中华民族历史上的一个伟大而深刻的跨越，结束了自明朝中叶以来日益衰颓的趋势。中国人用了100年的时间赢得了民族独立和人民解放，还要再用100年的时间，才能完成国家繁荣富强和人民共同富裕的历史任务。

中国作为一个起点低、底子薄、人口多、地区发展不平衡的发展中国家，要达到中等发达国家的水平，继而赶上发达国家的水平，这使得社会主义中国面临世界现代化历史上前所未有的困难。

如何在资本主义生产关系占据世界主导地位的情况下坚定不移地实行改革开放，这的确是社会主义中国需要应对的一个高难度的历史课题

环顾今日全球，日益密切的经济联系，日新月异的科技进步，正在为各国经济的发展提供历史机遇。中国人民已经形成这样的共识：当今的世界是开放的世界，孤立起来闭关自守是不可能的。中国加快发展，要注意学习世界各国的先进经验。

对外开放不是免费的午餐。从理论上说，落后的社会主义中国追赶世界先进国家，具有后发优势，也就是直接吸收先进国家已经发展出来的高科技成果，迅速地实现现代化。但是，现实并非如此。对于西方发达资本主义国家来说，绝对不愿意在瓦解苏联之后，再培养一个强大的社会主义对手。尽管对社会主义国家技术封锁的“巴黎统筹组织”已解散了，但是，西方一些反华势力出于围攻社会主义中国的战略考虑，严防新技术流入社会主义中国，实质上的禁运、限制和歧视从来就没有停止过。

苏联解体后，西方敌对势力用各种方式和手段对坚持社会主义制度的中国实行“西化”、“分化”的战略，企图颠覆中国共产党的领导和中国的社会主义制度，最终将中国纳入国际垄断资本的统治，纳入资本主义的轨道，变成资本主义的附庸国。这些年来，不断借助人权、民主、民族、宗教问题和台湾问题等发难于我国。我国发生的数起暴恐事件中，不断冒出西方反华反共势力的鬼怪魅影。如同老虎一定要吃人一样，他们的这种政治图谋不会因为美妙外交辞令的粉饰而有丝毫的改变。我们在社会制度

和意识形态等方面都与西方国家完全不同，这就决定了我们同西方国家的较量和斗争是不可调和的，因而必然是长期的、复杂的，有时甚至是十分尖锐的。西方国家不论是从战略格局上来说，还是从意识形态上来说，都绝不会希望看到像我们这样的一个社会主义大国顺利实现和平和发展的。他们的目的就是要颠覆我们的社会制度。因此，我们与国内外各种敌对势力之间的渗透与反渗透、颠覆与反颠覆的斗争将是长期的、复杂的。

如何在资本主义生产关系占据世界主导地位的情况下，在与资本主义打交道过程中，既坚定不移地实行改革开放，吸收外国的管理经验、科学技术和资金，又防止西方敌对势力的侵袭，坚决抵制和粉碎西方敌对势力搞渗透、颠覆、和平演变的政治图谋，这的确是社会主义中国需要应对的一个高难度的历史课题。

既要吸收优秀传统文化又要清除封建主义的遗毒，这的确是又一场高水平的政治和思想较量

作为新生事物，社会主义脱胎于腐朽的资本主义，作为资本主义对立面而存在，保留了资本主义社会有利于社会主义发展的有用成分，又增添了资本主义无法比拟的优越性，社会主义代替资本主义是历史的必然。但现实中国的社会主义，是在生产力和文化水平相当落后，资本主义未来得及充分发展，甚至还有不少封建主义遗留毒素的背景中产生的。

中国无产阶级接过资产阶级未完成的反封建的任务。封建制度在中国已经存在了数千年，封建遗毒不会很快清理干净。列宁

说过，旧社会灭亡的时候，它的死尸是不能装入棺材，埋入坟墓的。它在我们中间腐烂发臭并且毒害我们。在社会主义中国，已经彻底消灭了封建剥削制度，但难免存在封建遗毒。封建主义思想的残余主要表现在家长制、宗法关系和等级特权思想等。中国社会主义建设出现奇特的景观或难题：一方面铲除封建主义遗毒，但要防止将中华民族文化一概当作封建文化加以全盘否定的做法和倾向；另一方面，不得不借鉴封建主义社会和资本主义社会所创造的、属于人类文明范畴的一切对社会主义建设有价值的东西，但必须十分小心地警惕封建主义的侵蚀和资本主义的进攻。

问题的复杂性还在于，现实的封建遗毒和资产阶级的各种腐朽思想结合起来，共同侵蚀社会主义思想观念。值得一提的是，作为腐败典型形式的权钱交易，在交易平台上相遇的是两个角色，一是拥有权力的官员，二是拥有金钱的资本商人。从本质上来看，剥削阶级和剥削制度是腐败的根源。从本质根源上来说，造就这两个角色的不是社会主义根本制度，而是封建主义和资本主义。在封建社会里，人们对权力有天然的崇拜。有了权就有了一切，“封妻荫子”、“一人得道、鸡犬升天”是封建特权的生动写照。这些封建遗毒正严重地败坏着社会主义中国的党风和政风。如果说封建遗毒强化了现实人们对权力的崇拜，那么，强烈刺激人们对金钱崇拜的非资本莫属。巴尔扎克用吝啬鬼葛朗台形象地挖苦了资本的贪婪，而马克思则继承了空想社会主义者们对资本的天才批判，揭示了资本为了高额利润不惜上绞架所表现的疯狂逐利性。发展社会主义市场经济，需要引进资本。而资本在推动经济发展的时候，又以极强的渗透力向其他领域扩散，按照资本逻辑的面目塑造着中国。一旦等价交换原则浸透到政治领域，难以避免导致政治行为的资本化。资本运作离不开货币作为媒介，货币特有的职能所产生的诱惑力，极容易使人产生对它的崇拜，产生一切向钱看的拜金主义思想观念，从而形成诸如贪污、受贿、诈骗、走私等丑恶现象的思想基础。资本和封建遗毒对腐败发生所起的基础性作用，又与对外开放带来的资本主义腐朽没落的生活方式、价值观念、意识形态等叠加在一起，共同构成当前我国腐败高发并难以遏制的原因。

既要利用资本繁荣经济，又要防止具有疯狂贪婪逻辑的资本对政治生活的侵害；既要吸收优秀传统文化为繁荣社会主义文化服务，又要清除封建主义的遗毒，这的确是又一场高水平的政治和思想较量。

“路漫漫其修远兮，吾将上下而求索”。中国社会主义革命和建设，是在艰难曲折中取得胜利的，不管过去，现在还是未来。在坚信社会主义中国必将战胜各种艰难险阻的同时，坚定的社会主义者还要关注肩上沉甸甸的历史重任。

（作者为清华大学马克思主义学院教授、博导）

“崛起困境”与中国外交新特征

阎学通

未来中国采取讲道义的现实主义外交思想应是一个主流趋势

问：近年来，尤其是习近平总书记上任以来，中国的外交呈现出哪些新的变化和特征？

阎学通：自2013年以来，中国崛起最为突出的特点是迅猛且不可阻挡的。国家的政治目标由经济建设转向民族复兴，政治治理由维持稳定转向反腐败，社会变化的动力由积累财富转为改革创新，经济增长点由出口导向转为内需消费，外交战略由韬光养晦转为奋发有为。道德观念的变化相对较小，但出现了转变的迹象，讲道义的声音开始出现，物质主义虽然仍占有主导地位但开始弱化。习近平总书记上任以来，中国外交的变化是一个整体性的转变，它涉及战略目标、基本方针、总体布局、工作思想、实施方案等领域。习近平外交思维中有很多古代的思想，我将之总结为“道义现实主义”。中国以往韬光养晦的策略反映的是弱国外交，中国变大变强之后，采取道义现实主义的理论和政策应是一个主流趋势。从宏观上来说，允许中小国家搭中国的便车，展现了大国对自己实力的自信和君子与人方便的大度风范。具体而言，中国今年年底将会成为世界上最大的进口国，中国从哪个国家多进口一些东西，哪国就能得到免费开发的市场，这是中国允许别国"搭便车"的一个微观体现。从宏观上讲，中国可以提供公共产品，比如，中国维护地区和平，所有相关国家均可享受和平的国际环境。中国外交政策的"亲、诚、惠、容"原则都是讲道义的现实主义外交思想体现。

"中国崛起"意味着中国将承担越来越多的国际安全责任

问：从学理角度看，您认为"中国崛起、中国威胁、世界和平"这三者应是怎样的逻辑关系？

阎学通："中国崛起"意味着中国的综合实力向美国接近，中国将承担越来越多的国际安全责任。中国承担更多的国际安全责任是指为中国自己、友邦及合作者提供安全保护，中国不会为敌手和对抗者提供安全保障。这就是说，面对中国崛起的客观趋势，愿意与中国合作的国家就会感到安全威胁减少，而与中国对抗的国家，特别是从军事上与中国对抗的国家，则会感到安全威胁增加。

"世界和平"有许多的定义，至少可以定义为"没有世界大战"和"世界上没有战争"两种含义非常不同的解释。以前者为标准，自第二次世界大战结束以来，世界保持了总体和平，今后十年，世界大战的危险会越来越小。二战后的世界和平与核武器及核威慑战略是并存的，因此一般认为，在核威慑功能被废除前，世界大战不会发生。这意味着，中国崛起和中国威胁都不会引发世界大战。以后者为标准，自有国家以来世界上每天都在进行战争，也就是说从来没有过世界和平，中国崛起也不可能创造出没有战争的世界。现在看不出中国崛起可以消除巴勒斯坦和以色列之间的战争的迹象。无论与中国对抗的国家是否感到中国威胁，这对创造无战争的世界都没有影响。现在世界上每年有 30 起左右的大规模军事冲突，增加几次和减少几起，都改变不了世界上每天都有战争在进行的现象。

解决崛起带来的“两难”，基本策略有两类

问：就当前国际形势而言，中国的崛起对世界上的哪些国家或地区影响最大？是否会造成一定程度上的冲突？如何化解？

阎学通：大国崛起是一个过程，崛起国的影响力也是由近及远地延伸。即使是全球化的今天，崛起国影响最大的地区仍是其周边国家。然而，由于影响是多方面的，而且有正面和负面两种性质不同的影响，因此中国崛起对不同地区和不同国家产生的影响是不同的。从经济角度讲，中国崛起几乎使全世界所有国家受益，甚至与中国对抗的国家都会受益于中国进口、出口、投资和技术发明。从安全上讲，俄罗斯与上合组织其他成员受益中国崛起最多，因为中国军事力量越强大，为上合成员提供安全支持的

力量就越大。然而，日本和菲律宾侵占中国岛屿的安全则不会受益于中国崛起，他们会认为中国崛起对他们构成安全威胁。中日战略矛盾不是因美国重返亚太战略导致的。没有美国的介入，中日之间的战略矛盾依然存在，因此靠美国不介入来解决中日矛盾是做不到的。

任何大国崛起都必然形成战略冲突，因为霸主国不愿任何国家强大到与其平起平坐，其他大国也不愿别国比自己强大。“崛起困境”原理就是解释为什么大国崛起过程伴随着国际体系压力越来越大的现象。中国崛起也摆脱不了这个规律。崛起带来冲突是正常的，我们不应恐惧引发冲突，而是要考虑如何克服冲突，实现崛起。克服冲突的策略非常多，需要结合具体问题决定如何克服这些冲突。抽象地讲，克服冲突的基本策略有两类：一类是向冲突的对方让利，使其看到放弃对抗政策获得的好处比进行对抗的好处多；另一类是给对方造成损失，使其看到放弃对抗的损失比坚持对抗的损失小。不能只看到“让利”可以解决冲突，而忽视了制造损失也能解决冲突的策略，因此在遇到具体问题时，从来不分析和解与对抗哪种方法更有利于维护国家利益的做法是不可取的。

和平崛起比武力崛起更困难

问：您曾经提出“中国要实行和平崛起战略，其需要研究的核心问题不是中国是否应选择和平崛起的道路，而是要研究哪些策略能使中国和平崛起”。那么，您觉得中国的和平崛起首要采取的策略有哪些？

阎学通：有些人提出，和平崛起是目的，如果不能和平崛起，中国就应该放弃崛起。我与他们不同，我讨论的是中国如何和平崛起。我认为崛起是目的，和平是手段。当和平手段无法实现目的时，就得改换其他手段，不能因和平崛起的手段不具备就放弃崛起目标。

我认为，和平崛起比武力崛起更困难，因此如果连武力崛起的能力都没有就不可能实现和平崛起。我坚持认为，和平崛起的基础是建立强大的军事力量，而且强大的标准就是达到美国的军事水平。当中美军事力量相等时，和平崛起就具备了基础，当中国军事实力与美国有巨大差距时，中国就没有和平崛起的条件。需要强调的是，当今中国国防建设的目标已经有所改变。上世纪50、60年代国防建设的目标是防止外部军事入侵。但自从世界上有了核武器之后，核国家间就不敢进行直接的大规模战争。而对这样一个大的形势变化，如果现在仍继续坚持以往的国防建设目标的话，则是不符合我国实现民族复兴这一战略利益的。在没有外部军事入侵可能的条件下，仍以防止外部军事入侵为国防建设目标，显然是没有意义的，而且是对军事资源的浪费。在全球化的核时代实现民族复兴，中国的国防建设要符合时代的特点；与此相对应，中国现在的国防建设应以维护全球范围内中国的国家安全利益为目标。如果我们的国家战略利益在南美受到侵害，而我国军队的作战能力仍局限于中国边境，这显然是不利于我民族复兴的。

（作者为清华大学当代国际关系研究院院长）

第二章

全面深化改革宣言书

整个中华民族已经产生了一种问题意识：国家的发展已经到了关键期。30 多年改革开放、20 多年市场经济，打造出了一个翻天覆地的中国。但这种发展模式带来了新的矛盾冲突。这些矛盾不解决，将会导致红利越派越少，问题越积越多。近年来中国内外环境的深刻变革，固有模式弊端的全面凸显、矛盾的深刻化和阻碍势力的体制化，都已是不争的事实。从这个意义上讲，关键期并非人造，政府必须面对挑战，进行毅然决然的综合变革。

人们对于全面深化改革的最大期待，在于新一代领导层成为求变的最积极的造势者。习近平用“深水区”形容改革的境地，用“硬骨头”表达改革的决心。李克强用“甩开膀子”来形容改革的迫切性，此后，他又提到要用“壮士断腕”的勇气来推进变革。

不同类型国企的改革趋向

高明华

在中国社会主义的初级阶段，存在着不同类型的国有企业，它们的地位和目标是不尽相同的。因此，有必要对国有企业进行分类分析。国有企业可以划分为以下三种类型：

一是公益性国有企业，如公交、地铁、环卫、国防设施、公共卫生保健、义务教育等。这类企业应被赋予强制性社会公共目标，没有经济性目标，即不以盈利为目的，其作用是直接提供公共服务，以社会和谐和稳定为唯一目标。

二是盈利性（或竞争性）国有企业，如电信、汽车、电子、钢铁、医药、金融、建筑等。这类企业以追求利润最大化为其首要目标，没有任何强制性社会公共目标。但其应自觉提供公共服务，应履行社会责任。

三是自然垄断和稀缺资源类国有企业，我把它称为“适度垄断性国有企业”。自然垄断企业，如铁路运输、管道天然气、自来水等，国际通行的做法都是国有经营，因为这类企业具有成本递减性，因此价格一般定在平均成本水平上，而民营则无法保证这种定价水平。稀缺资源如石油、黄金等，为防止稀缺资源过度耗竭，也必须由国有企业来经营。这两种企业经营的基本原则是盈亏平衡，不赔不赚，即以社会公共性功能为主，而经济性作用居次，要以最大限度保证公正福利最大化。

以上分类，反映了国有企业在社会主义初级阶段具有双重目标或基本作用：有一些企业是国民经济发展的重要力量，与民营企业一样，它有盈利性的一面，但这种盈利性必须立足于公平竞争的基础上，这类目标要通过竞争性国有企业来实现；另一些企业是更重要的国有企业，它们是公共产品或服务的提供者，担负着调控国家宏观经济、为公众提供服务、推动和谐社会进程的社会使命，这类目标要通过公益性国有企业和适度垄断性国有企业来实现。

不同类型的国有企业属性不同、目标不同、在市场经济中扮演着不同的角色，这就要求国有企业改革应该分类进行。分类改革的思路，既强调国有企业的盈利性，又兼顾国有企业的公共性，这对于国有经济的发展，尤其是对于国民福利的提高，是非常现实的改革路径选择。

第一，公益性国有企业的作用是直接提供公共服务，而非盈利。严格来说，把这类企业称之为“企业”是不合适的，因为企业给人的感觉就是“赚钱”，这与该类企业的宗旨不符，因此，这类企业最好定位为特殊法人。

特殊法人是指依照专门法律设立和经营的具有专门职能的国有独资单位。特殊法人的特殊性表面上在于其受特别法律规范，其经营方式特别，本质上在于其具有特别职能。由于公益性国有企业具有典型的公共属性，因而在其治理结构和机制的选择上，成本控制是至关重要的，为此必须强调公众代表的决策参与和监督，同时严格做到信息公开和透明。对于高管薪酬，不应以利润为评价标准，而应当与政府公务员标准一致。

第二，对于竞争性国有企业，国家必须放弃保护，或不再赋予其任何行政性垄断地位和政策支持，让他们在市场上与民营企业进行平等的竞争。有公平的竞争，企业才会有创新的动力。国有企业的利润应该来自这类国有企业，如果不能持续获得盈利，那就应该接受市场优胜劣汰法则的惩罚。这类企业必须向国家上缴股息红利，然后国家通过公共财政支出使其回归公众。

第三，对于适度垄断性国有企业，政府必须通过规制政策，使经营者站在国民福利最大化的立场上来经营这类企业，而不是借助行政垄断把消费者剩余最大限度地转化成生产者剩余，否则就是对国民福利的一种剥夺。对于这类企业，采取国有控股公司的产权形式是必要的和现实的选择。

（作者为北京师范大学公司治理与企业发展研究中心主任、教授、博导）

全面深化改革与非公有制经济发展

王钦敏

党的十八届三中全会深刻分析了我国改革发展稳定所面临的重大理论和实践问题，提出了全面深化改革的指导思想、目标任务和重大原则。会议审议通过的《中共中央关于全面深化改革若干重大问题的决定》（下文简称《决定》），深刻反映了改革发展的趋势和要求，回应了人民群众的期盼和关切，为全面深化改革指明了方向。

全面深化改革的重点是经济体制改革

《决定》明确提出，经济体制改革是全面深化改革的重点，核心问题是处理好政府和市场的关系，使市场在资源配置中起决定性作用并更好发挥政府的作用。

改革开放以来，我国经济社会发展能够取得举世瞩目的成就，能够经受住国际金融危机和世界经济低迷的冲击，一个重要原因，就是不断深化经济体制改革。当前，经济领域仍然存在一系列深层次矛盾和结构性问题，突出表现在政府直接配置资源过多，对经济活动干预过多，存在多种形式的行政垄断。政府的越位、错位、缺位，阻碍了生产要素的自由流动，妨碍了公平竞争的市场环境的形成，导致了部分商品和要素价格扭曲、结构不合理、产能过剩，一些领域和地方潜在风险积累和生态环境恶化。实践证明，在公平正义的前提下，凡是能够依靠市场调节、并能产生效率和效益的，都应该由市场做主，达到要素价格供求关系真实、资源环境成本降低、市场主体创新活力增强的目的。而政府的作用在于弥补市场失灵，因势利导地履行宏观调控、公共服务、市场监管、社会管理、环境保护等职能。这“两个作用”优势互补、相辅相成。这些决策充分反映了中国共产党对社会主义市场经济规律性的认识与时俱进，这必将最大限度激发各类市场主体创业、创新的活力。

以经济体制改革为重点，还体现在对其他改革的牵引作用上。经济基础决定上层建筑。经济体制改革的任务就是推动生产关系同生产力、上层建筑同经济基础相适应，进而牵引其他各领域的改革，推动经济社会持续健康发展。经济体制改革的深入，必然会加快市场化进程，推动政府进一步简政放权，带动科技、教育、文化、医疗、社会保障、生态文明建设等领域的改革创新和繁荣发展。以“重点”牵引全面深化改革，也必将为非公有制经济健康发展提供越来越广阔的空间。

全面深化改革为非公有制经济带来机遇和挑战

改革开放以来的实践证明，党的理论和实践的每一次重大创新，都带来非公有制经济的快速发展。《决定》围绕坚持和完善我国基本经济制度，提出了一系列重大理论观点和政策举措，这将对非公有制经济发展产生极大的推动作用。

《决定》将基本经济制度提升到中国特色社会主义制度重要支柱、社会主义市场经济体制根基的高度，指出公有制经济和非公有制经济都是社会主义市场经济的重要组成部分，都是经济社会发展的重要基础，重申“两个毫不动摇”，并赋予其新的内涵。这些都体现了党和国家非公有制经济政策的连续性和坚定性，昭示了发展非公有制经济决不是可有可无，更不是权宜之计，而是坚持和发展中国特色社会主义必须毫不动摇的战略方针。

产权是所有制的核心。《决定》提出“公有制经济财产权不可侵犯，非公有制经济财产权同样不可侵犯”，并进一步指出保证各种所有制经济依法平等使用生产要素、公开公平公正参与市场竞争、受到法律同等保护。这些提法深化了基本经济制度的内涵，解除了非公有制经济的发展之虑和后顾之忧，并将在土地、资本、技术、信息、知识等生产要素配置方面消除所有制差别带来的偏见和垄断，进而激发民间投资的巨大潜力。《决定》把发展混合所有制经济从“公有制的有效实现形式”提升到“基本经济制度的重要实现形式”，从允许各种所有制资本“参股”到鼓励“交叉持股、相互融合”；鼓励非公有制企业参与国有企业改革，鼓励发展非公有资本控股的混合所有制企业，鼓励有条件的私营企业建立现代企业制度。这为非公有制经济参与国有企业改革、各类资本平等竞争指明了方向。这是坚持和完善基本经济制度的着力点。

《决定》中提出要坚持权利平等、机会平等、规则平等，废除对非公有制经济各种形式的不合理规定，消除各种隐性壁垒，制定非公有制企业进入特许经营领域的具体办法；强调实行统一的市场准入制度，在制定负面清单基础上，各类市场主体可依法平等进入清单之外领域。所有这些新政策，彰显了党和国家下决心破除垄断、建设统一开放、竞争有序的市场体系和公平开放透明的市场规则的魄力。

《决定》提出要“强化企业在技术创新中的主体地位，发挥大型企业创新骨干作用，激发中小企业创新活力”、“发展技术市场，健全技术转移机制，改善科技型中小企业融资条件”、“允许具备条件的民间资本依法发起设立中小型银行等金融机构”，以及鼓励社会资本投向农业、城市基础设施、文化产业、医疗服务、生态环境保护、军品科研生产和维修等领域。这些改革措施，对于充分激发民间投资活力，对于非公有制企业转型升级，尤其是对帮助中小微企业获得技术、资金、用地等方面的支持，把发展的立足点转到提高质量和效益上来，都将起到极大的推动作用。

我们必须看到，全面深化改革对非公有制经济不仅仅是激励和支持，同时也有规范和约束，客观上要求企业必须练好内功、提高素质。当前，许多企业技术创新和研发投入不足，没有形成核心竞争力，始终徘徊在产业链低端；一些企业无视生态环境保护，粗放进行生产经营，造成能源资源严重浪费；一些企业盲目扩张，导致资金链紧张甚至断裂，引发一系列社会问题；一些企业法律意识淡薄，忽视安全生产，忽视职工合法权益，造成劳动关系紧张；一些企业缺乏职业道德，诚信缺失，扰乱市场经济的正常秩序；一些大企业内部治理结构不完善，没有建立现代企业制度。面对市场经济将更规范、市场竞争更激烈的新形势，优胜劣汰是根本规律。非公有制企业必须强化机遇意识和忧患意识，在抢抓机遇的同时清醒认识自身不足，在内部治理、技术创新、经营管理、市场开拓等方面下功夫，提高企业自身素质和市场竞争力，努力实现科学发展。

全面深化改革对工商联工作提出了新要求

全面深化改革是全方位改革，涉及各领域、多方面。工商联工作是党的统一战线工作和经济工作的重要内容，任何一方面都离不开深化改革。各级工商联干部和广大非公有制经济人士要把思想和行动统一到十八届三中全会精神上来，为推进全面深化改革汇聚正能量。

《决定》提出，实践发展永无止境，解放思想永无止境，改革开放永无止境。非公有制经济领域无论在理论上还是在实践上都处在改革开放的前沿。做好全面深化改革新形势下工商联工作，必须以改革为统领，坚持不懈解放思想、转变观念、与时俱进。要善于运用改革的思路和办法，敢于打破思维定势，用新视角观察新变化，用新观念研究新事物，用新机制解决新问题，在不断探索和实践中总结促进对两个健康工作的规律性认识，推动工商联事业不断蓬勃发展。

《决定》把完善和发展中国特色社会主义制度、推进国家治理体系和治理能力现代化，作为全面深化改革的总目标，这对新形势下工商联服务两个健康的工作提出了更高要求。《决定》提出要“加快实施政社分开”、“限期实现行业协会商会与行政机关真正脱钩”，这是国家实现治理体系现代化的一个重要方面。随着政府职能转变的加快，大量社会管理职能将陆续向社会组织转移。我们一定要把握社会组织管理制度改革的大趋势，认清工商联作为党领导的人民团体和商会组织具有鲜明的商会属性，认清所属各类商会作为基层组织是工商联开展工作的重要依托，在促进两个健康的工作中具有不可或缺的独特优势和作用。面对行业协会和商会即将实行直接登记、一地一业多会的机遇和挑战，要围绕培育和发展中国特色商会组织、处理好指导和服务的关系、协调好规范与自主的关系等问题，深入开展调查研究，推进商会组织明确权责、依法自治，真正发挥工商联在行业协会和商会改革中的促进作用。

《决定》提出“要推进协商民主广泛多层制度化发展，发挥统一战线在协商民主中的重要作用，发挥人民政协作为协商民主重要渠道作用”。工商联作为中国共产党领导的统一战线组织和人民政协的重要界别，必须按照《决定》的要求，做好了解意愿诉求和反映意见建议的工作，就改善非公有制经济发展环境积极建言献策，帮助非公有制经济人士提高参政议政能力，在广泛多层制度化的民主协商中发挥作用。

只有通过深入学习、全面领会十八届三中全会精神，准确把握其丰富内涵和精神实质，把学习宣传贯彻十八届三中全会精神与深入贯彻中央 16 号文件精神结合起来，与促进两个健康的工作实践结合起来，与履行工商联职能作用结合起来，才能积极回应非公有制企业和非公有制经济人士新期盼，努力探索中国特色工商联发展道路，推动工商联事业再上新台阶。

（作者为全国政协副主席、全国工商联主席）

深化财税改革的三个基点

白景明

党的十八届三中全会提出今后我国要全面深化改革。当前推进的全面改革是站在新的历史起点上的改革，总目标是完善和发展中国特色社会主义制度，推进国家治理体系和治理能力现代化。作为总体改革的重要组成部分，财税改革必须服务于这一目标的实现，要从多个角度支撑和助推总体改革。

使预算制度成为拦截腐败行为的坚硬高墙

国家治理能力现代化的核心内容，是通过深化行政管理改革和经济体制改革最终建立高效、民主、法治的制度体系。深化财税改革落脚在国家治理现代化上，就是要通过预算管理的改革，建立起法治、稳定、民主的预算制度，最终卡住财政支出随意性的脖子，真正做到税收取之于民、用之于民，使预算制度成为拦截腐败行为、低效行为和错位行为的坚硬高墙。

预算绩效管理是财政管理的组成部分。经历十多年的探索，我国预算绩效管理已从项目支出绩效事后评价转入项目支出事中和事后两端评价、再迈入全过程预算绩效管理阶段。全过程预算绩效管理的提出和实施，是预算绩效管理的革命性突破。推进全过程预算绩效管理，就是把预算管理改革带入新阶段的主导力量。具体分析，有如下三个方面：

首先，促使预算编制进一步细化。现行预算绩效管理制度规定申报项目支出预算时，首先要阐明项目的绩效目标，时间涉及年度和长期两个维度，运行涉及投入、产出、效益、服务对象四个维度。如果这一要求逐步得到落实的话，那么，项目预算编制也就打破了只说明项目概况和资金需求的惯例，从而也就真正做到了项目支出目标明确、政策意图清晰、结果层次清晰、监督评价有据。

其次，加快支出标准体系建设。平衡财政收支矛盾，既要卡掉不合理支出，更要约束支出水平的不合理上移。因此，财政支出标准化体系是财政支出管理的最有效手段。全过程预算绩效管理要求预算有结果、结果有评价、评价有反馈、反馈有应用。这种管理模式的操作必然要以支出标准为依据，比如预算目标的设定不可能没有标准。而这标准势必又是评价的根据。可见，全过程预算绩效管理的推进将对项目支出标准体系建设形成强劲压力。

再次，助推财政信息公开和完善。目前财政信息公开已制度化，显现出了及时性、系统性特征。但仍有较大应继续完善的空间，突出的问题是仍未说明财政支出究竟目的何在、效果如何。对此，社会公众疑虑重重。特别是2013年公共预算支出已突破13万亿，如把政府性基金支出和社会保险基金支出加进来，政府总支出已近20万亿，占GDP比重高达30%。显然，不说明支出绩效，财政信息公开就不完整，难以取得预期效果。覆盖所有政府资金的全过程预算绩效管理，要求项目支出申报必须说明产出和社会效益，这恰恰可以以细化的方式回应社会公众对财政支出结果的诘问。

营改增是维护市场统一的关键

财税制度是决定市场统一性程度的基本制度。前一时期我国财税改革成就的突出点就是有效维护了市场统一。

要通过税制改革维护市场统一，关键是要加快推进营改增。“营改增”试点已进行了近两年时间。一些试点企业出现了税负上升的情况。仔细分析原因，主要是改革还没有到位。这表明改革开弓没有回头箭，而且一定程度上还必须加快推进，才能使整个抵扣链条完整，才能够为其他的税制改革创造条件。

继续推进营改增应该坚持什么原则？我以为，营改增不是一个简单的税负变化问题，税负变化只是一个表现形式，是一个结果，更重要的是宏观价值。所以说，推进营改增要更多地从宏观角度考虑问题，怎么样为中国经济的发展、为中国税制的公平创造一个长效机制，这是问题的核心。从这个理念出发，继续推进营改增应该坚持三个原则：

第一，助推产业结构调整。我国现在正处于产业结构转换期，这种结构转换是市场内生的，进一步说是需求拉动的。使它们在结构中地位上升、规模得到扩张，比如通讯业的增长，是市场对手机的需求、对信息网络的需求拉动的。再比如说，快递业每年百分之四五十的增长率，是市场需求所导致的。政府应该运用各种政策手段推动这种结构转换。建筑业、金融业、服务业等的发展与我国提高城镇化水平、第二产业的转型升级都有密切关系。加快推进这些领域的营改增，可以实现全部产业抵扣链条完整型的行业税负均衡，这会助推整个产业结构的调整。

第二，助推就业结构调整。我国营业税应税产业均为就业增长支撑点。总的来看，营业税应税产业就业人数目前已经超过了制造业。从今后发展趋势来看，就业增长空间仍很大。法国上世纪 50 年代到 70 年代实行营改增，使产业结构发生转换，第三产业的就业比重上升了 20 个百分点，而且到了 70 年代末期，建筑业就业人员相比 50 年代增长了 80 万人。这说明现在进行的营改增与就业结构转换是关联在一起的，我们要通过这种政策手段来推动就业结构的转换。

第三，助推整体税制改革。任何一个税种的改革都不是孤立的，都是与整体改革扣在一起的。加快推进营改增，涉及到整体税制改革所要形成的行业之间的税负均衡，只有加快推进营改增，才能实现行业之间的税负均衡。行业之间的税负均衡是十八大所说的建立有利于社会公平的税制的重点问题之一。只有加快推进营改增，才能够为整个有增有减的税制改革让出空间。房产税改革、资源税改革、环境税改革都属于增税性改革，继续推进营改增就是要与增税性的改革建立一种平衡。

通过财政体制改革维护市场统一，关键是要运用好转移支付手段推进基本公共服务均等化，进而缩小全国各地的投资和消费水平的差距。1994年以来，中央对地方的转移支付规模不断扩大，及至2013年已突破4万亿，对平衡各省基本公共服务供给能力差距起到了奠基性作用。目前我国中、西部人均财力与东部的差距已大大缩小，部分中、西部省份甚至已超过东部省份，如陕西、甘肃已超过广东，再如宁夏、新疆已超过江苏、浙江。今后继续加大中央对地方的转移支付，有必要进一步完善制度、整合资金、调整结构。

财税改革应确保居民人均收入倍增

党的十八大报告提出，我国要在2020年全面建成小康社会，届时城乡居民人均收入要比2010年翻一番。其中的蕴意有三点：一是中国要把发展放在第一位；二是历时三十多年的高速增长使中国的财富规模急剧扩张，但增长带来的利益各阶层享用不均衡，现在有必要调整利益分配格局，力争提高中低收入阶层经济增长福利的占有比例；三是在前期基数放大的条件下，居民人均收入倍增困难加大，因而有必要通过制度创新和政策激励来确保居民人均收入倍增。具体财政政策可包括如下几点：

第一，通过再分配托高低收入群体收入。为此，一是要继续加大对农民种粮补助的规模，增加农业综合开发投入；二是要保持城乡低保补助和城镇企业退休职工基本养老金水平两者与物价上涨率挂钩政策的连续性；三是适度提高对低收入家庭的、接受高等职业教育的子女的生活补助水平和普通高等教育助学贷款贴息水平；四是继续加大就业培训投入，保持针对弱势群体自我就业、创业的税收优惠政策。

第二，促进中等收入阶层人数的增加。为此，应加快推广职工工资集体谈判制，同时进一步优化证券投资税制，简并房产流转环节税费，真正激活房产流转市场。此外，还应进一步减轻各种非税负担。

第三，稳定高收入阶层政策预期。高收入阶层是社会发展的重要推动力量。高收入阶层的生产经营活动为社会带来了就业和效率，调节收入分配绝不是要无端杀富，而只是要进一步规范税收负担。为此，应通过激励创业的税制改革来为高收入阶层的事业发展创造条件，要用合理的政策来稳定高收入阶层的预期，要创造公平舆论环境来保护他们的投资热情。

（作者为财政部财政科学研究所副所长）

相关链接

关于财税体制改革

《决定》摘录：建立事权和支出责任相适应的制度。适度加强中央事权和支出责任，国防、外交、国家安全、关系全国统一市场规则和管理等作为中央事权；部分社会保障、跨区域重大项目建设维护等作为中央和地方共同事权，逐步理顺事权关系；区域性公共服务作为地方事权。中央和地方按照事权划分相应承担和分担支出责任。

随着形势发展变化，现行财税体制已经不完全适应合理划分中央和地方事权、完善国家治理的客观要求，不完全适应转变经济发展方式、促进经济社会持续健康发展的现实需要，我国经济社会发展中的一些突出矛盾和问题也与财税体制不健全有关。这次全面深化改革，财税体制改革是重点之一。这些改革举措的主要目的是明确事权、改革税制、稳定税负、透明预算、提高效率，加快形成有利于转变经济发展方式、有利于建立公平统一市场、有利于推进基本公共服务均等化的现代财政制度，形成中央和地方财力与事权相匹配的财税体制，更好发挥中央和地方两个积极性。

——习近平：关于《中共中央关于全面深化改革若干重大问题的决定》的说明

专家简析

不同政府层级间的事权划分要考虑多种因素，一般而言，属于全国性的公共产品，理应由中央政府牵头提供，地区性的公共产品，则适宜由地方政府牵头提供。具体的支出责任，应合理地对应于此，分别划归中央与地方。

——财政部财政科学研究所所长贾康

财政改革将在加强预算透明度、进一步强化政府收支两条线及理顺中央地方财政关系这三个方面有所突破。

——国务院参事、中央财经大学税务学院副院长刘桓

政治体制改革的价值遵循

谭　融

各国政治制度发展的经验表明，国民基本素质的提高和民主意识的增强，对推动本国政治体制的发展十分重要。与此同时，一些国家的经验还表明，一个国家合理、有效的制度结构反过来也有助于推动本国国民公民意识和民主观念的增强。二战后西德政治制度的重建就是一个典型的例证。一些西方学者的研究表明，二战后西德对魏玛宪法的恢复和修正，帮助德国人建立起了民主理念，提高了德国人的民主意识和对民主制度的支持率，显现出合理有效的制度结构对增强国民民主意识的促进作用。

基于此类经验，当今中国的政治体制改革，应从现有的制度结构入手，从我们已经看到的、存在着明显缺陷的、广大民众强烈要求改革的制度层面入手，进行局部性的调整。发达国家和发展中国家的比较研究表明，由于大多数发展中国家不存在发达国家那样的内部权力制约机制，因此官员遴选中的“道德”评价机制以及对政府官员的外部制约就显得更加重要。这一点已经得到中央有关部门的关注。除此之外，在代表制方面，对于怎样的代表构成和立法程序更有利于代表性的实现、更有利于广大公众利益诉求的表达、更有利于公正、合理的公共政策的制定，应该多一些深入的思考。对政府监督的有效性和相关政治机制的有效运行，也应多加研究，采取一些制度设计上的对策。

中国的政治体制改革，应该是渐进式的改革。中国的发展需要一个稳定的政治、经济和社会环境，改革中过度的振荡将付出过高的成本，使公众利益遭受损失，还可能导致改革的最终失败。在中国的改革进程中，上层精英的推动和掌控降低了这一成本，这成为了一种经验。当今世界进入全球性变革的时代，“改革”而不是“革命”成为各国发展的主基调。怎样使中国的政治真正走向程序性民主，怎样通过合理、有效的程序去反映广大民众的要求，去关注社会弱势群体的利益，保持社会利益的平衡性，这些都是改革中需要认真思考和进行制度性设计的问题。

中国自改革开放以来培植了一个精英阶层，包括政治精英、经济精英及其他社会精英。这个精英阶层中的一部分人一直在思考中国的民主进程和发展道路等深层问题，努力推动着中国的改革。然而也正是在这个精英阶层中，一些人在改革的过程中利用现行体制的缺陷去获得权力，成为了既得利益者，抵制国家的政治行政体制改革，由此而加大了改革的难度，这成为中国深化改革的瓶颈。只有打破这一瓶颈，我国的政治与行政体制改革才能够大踏步地向前迈进。这一切都需要智慧、需要创新性思维和勇气。

在中国的政治体制改革中，建构既符合世界潮流、又与中国自身政治文化和社会现实相吻合的核心价值体系是一个至关重要的问题。这个问题不解决，中国的政治体制改革便无从下手、无所遵循。没有一个切合自身情况的核心价值体系，便无法凝聚整个中华民族，便会使人们感到迷惘，会使社会陷于混乱。

笔者认为，一方面，目前我国核心价值体系的建构应该有宽度，有世界性视野，符合世界潮流。此种核心价值体系应该是一个大概念，符合人性的基本诉求。另一方面，此种核心价值要能够操作、不空泛，有实现的可能性。能够成为国家发展中政策制定的依据，成为国家制度结构调整的前提，成为国人行为的准则。

首先，是使人民幸福的生活。对发展中国家而言，这一点尤为重要。我们的体制设计和公共政策过程要对普通民众的利益和生活境况予以关注。将这方面内容纳入核心价值体系，既符合世界潮流，也符合中国民众的利益诉求。其次是平等性问题。平等性属于政治层面的问题，涉及到政治、经济和社会各个方面。我们的核心价值体系应该体现人类的此种诉求，并通过政治体制改革和社会性政策去实现它，保障公民权利的平等。

（作者为南开大学周恩来政府管理学院教授、博导）

中国社会体制改革的战略与路径

杨宜勇

零敲碎打的社会体制改革应该结束了，现在到了系统推进社会体制改革的时候了，必须总体上设计好既与经济体制改革、政治体制改革和文化体制改革相配套、又自成体系的社会体制改革

社会体制改革中的“硬骨头”

中国社会体制已经发生了深刻的变革，但相比较于经济体制改革，社会体制的改革还是滞后的。社会体制改革涉及到非常广泛的领域，包括就业、收入、分配、教育、医疗、住房等方面的改革，还包括事业单位的体制改革和社会管理的体制改革，这些领域一直在进行，但现在已成为中国整个改革事业的新重点。

●收入分配改革：改革个人所得税制，实质性降低工薪阶层税负；消除灰色收入，监管和调控垄断行业过高收入；形成劳动者报酬正常增长的保障机制。

●社会保障改革：农村社保如何完善；社保基金“空账”窟

窿怎么补；该不该延迟退休。

●利益协调机制改革：如何减少上访的人数和频率；法律援助机构能否成为信访的“第二窗口”；如何减少极端社会事件。

●事业单位改革：打破“铁饭碗”不容易；干好干坏如何不一样；绩效工资如何实施。

●教育改革：异地高考改革；农民工子女就学问题；教育资源如何均等化。

……

中国社会体制改革的战略与路径

中共第十八届三中全会，更加坚定中国继续走改革开放道路的决心，全面深化改革有重大突破。

根据国家发改委宏观经济研究院《我国社会各界改革愿景调研报告》中 2013 年 1 月进行的问卷调查结果显示，37.4% 的受访者认为政治体制是最紧迫的改革领域，而选择经济体制、社会体制、生态文明制度建设和文化体制改革的占比分别为 33.8%、13.8%、7.2% 和 3.8%。同时，超过一半的受访者（54.4%）认为改革难度最大的领域是“政治体制改革”，其次是经济体制、社会体制、生态文明制度建设和文化体制改革，占比分别为 20.9%、10.8%、6.2% 和 3.2%。所以，社会体制改革是公众认为中等难度和中等紧迫的改革，比较容易率先突破。

社会体制改革是党的十八大报告提出的全面改革的重要内容之一。社会体制改革是中国特色社会主义事业总体布局中社会建设的重要组成部分，我们只有设计好，才能够实施好。未来社会体制改革与经济体制改革、政治体制改革和文化体制改革一样重要，既需要独立设计，又需要协同推进。社会体制改革需要以增进社会公平和社会福利为目标，以培育社会对话主体为基础，不断完善社会领域的法律法规建设，实现社会领域多元主体（政府、社会组织、人民等）间的良性博弈，最大限度地维护好、保障好、实现好人民的社会权利，最终建设好人民当家作主的社会主义社会。

切实从内部而不仅仅是传统地从外部加强社会建设

我们进行中国社会体制改革的总体设计，首先必须厘清政府和市场、社会的关系，特别是厘清政府与社会、市场与社会的边界和相互作用，切实从内部而不仅仅是传统地从外部加强社会建设。

一方面，要处理好市场和社会的关系。面对社会公共问题，市场机制与社会可以共同行动与相互促进，协同共治，共同发挥它们在公共事务治理中的作用。社会可以有效弥补市场自身的局限和不足，约束和监督市场机制的运行，解决市场失灵带来的部分社会公共问题。而在市场主体与竞争机制的支持下，社会的力量也将大大增强。

另一方面，要处理好政府和社会的关系。整体看来，政府和社会存在相互补充、相互依赖的关系。社会在公共事务和公共政策方面能有效弥补政府失灵。许多社会公共事务不宜由政府插手，政府可以采取各种有力措施增强社会组织的力量，调动其参与公共事务管理的积极性和主动性。

不能简单地照抄西方国家的社会体制模式

要从国际视野看社会体制改革，不仅要看清社会革命与社会体制改革的关系，同时要看清社会体制改革与国家体制改革之间的关系，不能简单地照抄西方国家的社会体制模式，这是构建中国特色社会管理体系基本出发点。

首先，社会体制改革要适应经济体制改革的需要，使我国社会从国家社会向组织社会转变。改革开放前，在计划经济和集权政治下，我国形成了传统的社会体制模式，造就了“国家—人民”两重主体的“国家社会”。改革开放后，市场经济体制逐步确立，要求国家与社会在观念上和实体上相对分离，实现从国家社会向（社会）组织社会的转变，形成“国家调控（社会）组织，（社会）组织动员人民”的“国家—（社会）组织—人民”三重主体的“组织社会”，这是社会体制改革的具有决定意义的一步。

其次，社会体制改革要适应维持社会稳定的需要，从零敲碎打向系统推进转变。社会体制改革不同于疾风暴雨式的社会革命，不会改变一国的社会制度与国家体制，因而要敢于打破意识形态的束缚，大力发展和完善与市场、政府“三足鼎立”的强有力的社会组织。社会体制改革不能总是修补式地亡羊补牢，零敲碎打的社会体制改革应该结束，现在到了系统推进社会体制改革的时候了，必须总体上设计好既与经济体制改革、政治体制改革和文化体制改革相配套、又自成体系的社会体制改革。

认清挑战和机遇，把压力转化为动力

认清我国社会体制改革面临的重大挑战和机遇，把压力转化为动力，不失时机地有效推进社会体制改革，给科学发展提供另一个层面的有力保障。

我们认为，现阶段面临九个方面的重大挑战：经济和社会发展的不协调、地区发展的不均衡、巨大流动人口的无根状态、国际非政府组织的、人民个人权利意识的增强、网络社会的传播、社会阶层的分化、社会失范引发的风险、老百姓对懈怠改革的担忧，等等。在此同时，存在着八个方面的重大机遇：科学发展观的全面贯彻落实、转变经济发展方式的重大要求、改善民生的新要求、新公共管理理论的发展、切实转变政府职能、创新社会管理的新探索、社会组织地位的初步确立、新型城镇化战略和社会各界对推进改革充满期待。这些都有利于我们加深对社会体制改革紧迫性和方向的认识。

国家发改委宏观院《我国社会各界改革愿景调研报告》中2013年1月进行的问卷调查结果显示，不少受访者担心改革成为一个口号。有人说，过去政府也一直说要改革，但总是“说的多，做的少”，“雷声大，雨点小”，“只听楼梯响，不见人下来”，对改革能否取得实效心存疑虑。还有人担心改革被泛化、虚化，甚至被利益集团所利用，打着改革的旗号，“改革别人，发展自己”，使改革成为逐利的工具。因此，必须坚持改革红利论，毫不动摇、毫不懈怠地推进经济体制改革和社会体制改革。

有的放矢，决不搞花拳绣腿

要准确判断、分析我国社会体制的现状和问题，把握现阶段中国社会体制改革的实质，决不搞花拳绣腿。要实施有的放矢的社会体制改革。

我国社会体制的形态经历了五个时期，分别是过渡时期、计划经济时期、被动调整时期、改革主动探索时期和十六届六中全会之后进入的改革深化时期。

目前我国的社会体制架构是“两基四纲多维”模式，所谓“两基”是社会体制建设的两个基础性目标，即社会管理和社会服务。“四纲”是指构成社会体制的四个基本体制机制，包括社会管理体制、社会组织体制、基本公共服务体制、社会保障体制。“多维”是指支撑起四个社会体制领域的多种结构性设计要件。

尽管近年来的社会体制改革取得了较大的进展，但是我国的社会体制框架仍不完善。首先，传统的社会管理体制存在惯性依赖，旧有的体制要素仍然保持着制度惯性，继续影响着社会管理体制的运行，不同管理主体之间的“错位”、“缺位”、“越位”现象频发。第二，社会风险调控机制不健全，社会管理工作呈现出“后置管理”的状态。第三，社会力量的社会参与深度和广度不足。第四，基本公共服务供给水平不高，分配机制不合理。第五，社会保障制度结构“碎片化”问题严重，财务可持续风险凸显。这些社会体制方面的障碍和问题是我国进一步深化社会体制改革的原因和内生动力。

以长看短，搞好总体规划

要以长看短，在明确社会体制改革的终极目标和历史任务的基础上，搞好总体规划。

社会体制的基本元素主要有参与主体、参与行为和体制目标。参与主体包括政府、社会组织和公众，参与行为主要体现为提供公共服务、协调社会关系、规范社会行为和化解社会矛盾等。体制目标主要是应对社会风险、保持社会稳定、促进社会公正和实现共融共生以上三者共同构成社会体制的逻辑整体。

社会主义的人民社会体制可以划分为三个层面和一个保障体系，在微观层面，社会人和家庭是基础，在中观层面，社会事业和社会组织是纽带，在宏观层面，社会管理和公共服务是调控手段，社会领域的法律和秩序是重要保障。

社会体制改革的目标是建立健全有中国特色的社会主义的人民社会，其主要特征，坚持以人为本的制度构建理念，城乡居民公平享受基本公共服务，以政社分开为核心加强政府与社会组织的分工与合作，实现德治和法治相结合的善治格局，公共服务和社会管理是宏观调控的两大手段。社会主义的人民社会体制的基本框架包括：政府切实履行社会服务和管理职责，公众积极参与各项社会事务，自治和他治协调配合，法治保障坚实有力，体制内单位发挥积极作用。到 2030 年全面形成与中国特色社会主义发展要求相适应、与社会主义经济体制、政治体制、文化体制相一致的社会体制，全面实现基本公共服务均等化，社会管理体制机制健全完善，社会组织有序发展，人民个人权利意识显著增强，有中国特色的社会主义的人民社会基本建立。

社会体制改革的基本原则是，坚持党委的方向管理，坚持全面推进与重点突破相结合，坚持以群众权益保障为重点，坚持自上而下推行和自下而上创新相结合。社会体制改革的主要任务有：健全基本公共服务体制，构建新型社区管理体制，建立现代社会组织体制，完善公共安全管理体制，健全社会诚信机制。

科学设计我国社会体制改革的技术路线和实施方案

根据目标和任务，科学设计我国社会体制改革的技术路线和实施方案，确保社会体制改革循序渐进、不走弯路。面向构建中国特色社会主义的人民社会（善治社会），社会体制改革应着眼于促进社会进步、维护社会稳定、优化社会结构、转变社会发展方式四大基本取向，以理顺政社关系为切入点和突破口，实施基本公共服务体系建设和社会管理体制机制完善的双线推进策略，通过公共投入高效化、服务管理科学化、资源分配公平化、参与主体多元化这四轮驱动，不断开创社会主义社会建设的新局面。

四大基本取向：

（一）社会进步的核心是人的发展，实质在于人的自身解放和每个人能自由地全面发展。自由不是一句口号，很大程度上体现为权利的实现、维护与发展。作为人们有理由珍视的那种生活的可行能力的实质的或实持的自由，才是社会发展的最终目的和重要手段。

（二）社会和谐稳定指的是：社会治安环境良好、社会成员关系和谐、社会运行总体平稳的状态。社会和谐稳定既是推动社会进步的基础条件，也是调整社会结构、转变社会发展方式的基本要求和目标方向。

（三）社会结构包括城乡结构、劳动力就业结构、收入分配结构、消费结构、利益结构、社会阶层结构等。其中，阶层结构在各个维度的社会结构中处于核心地位。

（四）社会发展方式指的是：社会建设中不同社会主体的分工，推动社会进步的各主体的位序和重要性，以及社会主体之间相互联系、相互影响、相互作用的关系。社会结构调整和社会发展方式转变的直接目标，是社会和谐稳定，最终目标是提高人民生活水平。

经济体制是关于政府与市场的关系，涉及政府、市场、企业、消费者这一组概念。而社会体制显然是关于政府与社会的关系。它涉及的是政府、社会、社会组织、人民这一组概念。参照宏观经济管理和微观经济规制，也应该有宏观社会管理和微观社会规制。所谓宏观社会管理，是对社会运行的监测和调控、对社会结构的调整和优化、对社会公平的维护和对社会进步的促进。所谓微观社会规制，是通过一系列的规则和标准，确保社会组织和人民等微观社会主体的正常活动。从这样的框架来观察，公共服务只是维护社会公平的一种手段，是一部分微观社会主体从事的活动；维稳只是监测调控社会运行的一个目标。

从社会体制改革的技术路线设计来看，一方面，在明确了公共服务和社会管理两条主干道以后，改革还需要进一步扩展、细化为更加具体的路径，以对接操作层面的具体领域及措施；另一方面，在路径上前进所需要的驱动力，需要与社会体制改革的基本取向相对应，才能更加有效地实现改革目标。

四轮驱动：

（一）公共投入高效化：创新政府对社会建设的公共投入模式，加大投入力度，优化投入模式，准确识别和对接群众需求，显著提高公共服务的针对性和可及性，大幅提高投入的质量、效益和满意度。

（二）服务管理科学化：处理好服务、管理、管制、管控的关系和侧重点，寓管理于服务，以服务促管理，宏观与微观相结合，着力整合资源和提高综合利用水平，引导服务管理重心下移、重点前置、费随人走。

（三）资源分配公平化：合理兼顾初次分配、二次分配与三次分配，全面调节起点公平、过程公平与结果公平，促进阶层向上流动，逐步扩大中等收入者比重，推动社会结构向“橄榄”型转变。

（四）参与主体多元化：充分调动一切积极力量的主动性和创造性，提高全体社会成员对社会建设的参与度和贡献度，从单中心治理向多元共治转变，从自上而下的促动向多向互动转变，从条块分割、各自为政向整体协同、协调共进转变。

完善我国社会体制改革的配套措施和制度保障

要完善我国社会体制改革的配套措施和制度保障，确保社会体制改革的顺利实施，同时有效促进经济体制改革、政治体制改革、文化体制改革和社会体制改革的良性互动。

社会体制改革是系统性、阶段性极强的综合改革，需要政治体制改革、经济体制改革、文化体制改革等多方参与、共同配合。

党的十八大提出了社会体制改革的基本目标和任务，为确保社会体制改革各项重点领域目标性架构的实现，应推动社会体制改革与经济体制、政治体制、文化体制等相关领域的创新和改革相互配合，从整体社会文化氛围、政策法规体系、基层社会民主基础、行政体制改革、社会公共投资模式等方面同时推动改革、全面配套，最终对社会体制进行合理改革和科学引导。

（作者为国家发改委社会发展研究所所长、研究员、博导）

改革的五大思维和工作方法

程恩富

党的十八大及三中全会文件和习近平总书记的一系列重要讲话，吹响了全面深化改革的号角。当前，在认真贯彻落实党中央新精神的过程中，必须以马列主义及其中国化理论的方法论为指引，高度重视改革的方法论。

总体与局部相结合的系统方法

深化改革和科学发展需要正确处理全局与局部、整体与部分的重要关系。习近平强调，应对当前我国发展面临的一系列矛盾和挑战，关键在于全面深化改革，要处理好解放思想和实事求是的关系、整体推进和重点突破的关系、顶层设计和摸着石头过河的关系、胆子要大和步子要稳的关系、改革发展稳定的关系。这是科学的发展和改革辩证法的体现。

党的十八届三中全会关于深化改革的总体规划包含了明确的路线图和时间表，这样有利于避免在实施过程中相互扯皮、拖延不决。顶层设计与基层具体探索在根本上是一致的。只有注重顶层设计或目标模式，才能确立深化改革开放的正确方向和科学路径，有效防止出现全局性错误或“颠覆性错误”，或造成范围较大的不良后果。凡是经过认真听取不同意见的民主程序后（操作的关键不在于多开研讨会和征求意见会，而是多开各界各派不同意见代表参加的论证会和听证会，两类会议的性质和程序有重要区别，后者更多具有实质民主而非形式民主的特性），科学的顶层设计便能为具体领域的改革开放明确方向和指明路径。科学的“摸着石头过河”是积累经验和探索具体办法，能够加快顶层设计目标的实现。在此过程中，中央鼓励各地各领域先行试验和大胆突破，但并不是主张乱闯红灯和狭隘的本位主义。整体推进和突破重点领域相结合，是增强改革和发展系统性、整体性、协同性的方法论体现。

要坚持一切从实际出发，严格通过党内、人大和政府一系列民主程序决策，一张蓝图抓到底，抓好打基础、利长远的工作。鼓励地方、部门和基层大胆探索，绝不是换一位主要领导，就另搞一张蓝图，这类貌似创新的唯长官意志论做法，干部群众一向颇有意见。尤其是在目前不少省市党政第一把手新上任不到一届便调离的情况下，更应民主决策。

准确与依法相结合的科学方法

习近平强调：“要正确推进改革，坚持改革是社会主义制度自我完善和发展。要准确推进改革，认真执行中央要求，不要事情还没弄明白就盲目推进。要有序推进改革，该中央统一部署的不要抢跑，该尽早推进的不要拖宕，该试点的不要仓促推开，该深入研究后再推进的不要急于求成，该得到法律授权的不要超前推进。”改革以来之所以出现一些人民群众极不满意的现象，就是因为某些改革措施不正确、不准确，或盲目推进、超前推进，或片面试点、仓促推广。

在这方面，过去有过程度不同的教训，如价格双轨制和公有企业改制形成一批暴发户，不正确地允许军队经商，稀土和煤炭等重要资源开发和交易完全交给市场，城市居民住房过分强调市场化，国企改革中不适当地被外商并购而“斩首”后控制该领域，等等。

我国理论、体制和政策的创新和变革最终要依据国情而定，但还须对“世情”有全面系统的深刻了解。无论是改革开放，还是涉及发展的重要举措，都应该是先了解世情和国情，再作一定规范，然后去试点或推行。如果把这个顺序颠倒过来，比如先进行不甚了解和心中无数的试点，或者根据长官已有意志进行肯定性的所谓试点，那么很有可能处于无法、无规章的境况，推广起来往往会留下一大堆让人头疼的后遗症和弊端。群众路线教育必须与反对官僚主义相结合，才会产生更大的操作效果。

目前，文化体制改革操作中应注意处理好意识形态属性与产业属性、社会效益与经济效益的关系，防止影视业片面追求收视率和票房价值而忽视主旋律、出版业片面追求发行量和利润而忽视先进文化积累；国有经济改革中应注意提升其活力、影响力和控制力，而非行政性地一味压低其在国民经济中的主导作用；分配体制改革中应注意重点从所有制结构和国民收入初次分配领域缩小财富和收入的贫富分化，而非“精准发力”和有误的逆向措施导致与共同富裕目标渐行渐远。

幸福与富强相结合的统筹方法

习近平用“国家富强、民族振兴和人民幸福”三个关键词表达了中国梦的深刻内涵。其中，幸福与富强是既有联系、又有区别的，需要坚持二者相结合、共同发展的思想方法和工作方法。

中外研究文献早就表明，国家富强、经济增长、收入提高并不完全能同人们生活质量改善和幸福状况划等号。因此，现在不少人幸福感在下降，出现了国家富强度不断提高与某些居民幸福感下降的“幸福悖论”现象。

对应“幸福指数”的研究层次，我们构建了微观和宏观两个层面的指标体系。其中，微观层面的指标体系称为“个人或家庭‘幸福指数’指标体系”，宏观层面的指标体系称为“社会或国民‘幸福指数’指标体系”。

个人或家庭“幸福指数”指标体系，可分为13个主要领域来考察：健康、寿命、教育、资产、收入、住房、环境、安全、家和、人和、闲暇、文娱、自我实现。其中，健康、寿命、教育反映个体的素质；资产、收入反映主体的经济状况；住房、环境、安全反映主体生活区域范围内的自然环境和公共安全环境；家和、人和反映主体家庭关系和社会关系的和谐程度；闲暇、文娱、自我实现主要反映主体广义文化精神需要的满足状况。

社会或国民“幸福指数”指标体系，从国民寿命、国民教育、国民资产、国民产值、可支收入、分配结构、国民住房、国民就业、生态环境、公共安全、社会保障、性别平等、社会和谐、国民闲暇、文娱消费等领域选取了24项指标，对社会或国民幸福进行考察。其中，既包括了平均指标，反映国民幸福某一方面的平均水平，又包括了相对指标，反映国民幸福某一方面的社会差别。

现在有些地方已经制定了本地的幸福指数指标体系，说明越来越多的干部已认识到地区富强与居民幸福需要统筹协调发展，这是值得肯定和推广操作的改革发展方法和措施。

市场与政府相结合的双重方法

习近平在2013年全国两会的讲话中强调“两个更”：更加尊重市场规律，更好发挥政府作用。在十八届三中全会上，他提出使市场在资源配置中起决定性作用和更好发挥政府作用。为了实现两个百年目标，我国的经济发展既要着眼于进一步激发改革活力，增强人民群众对于改革的参与性；也要着眼于进一步提高宏观调控水平，提高政府效率和效能。

确立双重调节方法并进行有效操作的意义在于，今后需要将市场决定性作用和更好发挥政府作用看作一个有机的整体。既要用市场调节的正功能去抑制“国家调节失灵”，又要用国家调节的正功能来纠正“市场调节失灵”，从而形成高效市场即“强市场”和高效政府即“强政府”的“双高”或“双强”格局。这样，既有利于发挥社会主义国家的良性调节功能，同时也能在顶层设计层面避免踏入新自由主义陷阱和经济危机风险。这根本不是某些中外新自由主义市场决定作用论者所说的中国仍在搞“半统制经济”，也不是宣扬不要国家调控的竞争性市场机制的所谓“现代市场经济体制”，更不是搞各种凯恩斯主义者猛烈抨击的市场原教旨主义的“唯市场化”改革、规避必要的政府宏观调控和微观规制。在这个问题上，如同中国特色社会主义与新自由主义的“效率优先论”存在着重要区别一样，中国特色社会主义与中外新自由主义的“市场决定作用论”也有着重要的区别，必须科学分析。

自主与开放相结合的互促方法

2013 年 1 月，习近平总书记在中央政治局第三次集体学习时强调，我们要坚持从我国实际出发，坚定不移走自己的路，同时我们要树立世界眼光，更好把国内发展与对外开放统一起来，把中国发展与世界发展联系起来，把中国人民利益同各国人民共同利益结合起来，我们要坚持走和平发展道路，但决不能放弃我们的正当权益，决不能牺牲国家核心利益。他强调，必须把科技创新摆在国家发展全局的核心位置，坚持走中国特色自主创新道路，敢于走别人没有走过的路，不断在攻坚克难中追求卓越，加快向创新驱动发展转变。中国航天事业始终坚持自力更生、自主创新，因而取得了持久的突出成就和综合效益。这与改革开放以来航空制造业的非自主性发展状况形成鲜明的对照。确立开放的自主性，关系到我国的正当利益，也决定着我国参与国际竞争的前途和命运。

目前，我国经济开放的目标及在实际操作中，主要不是如何让更多的西方跨国公司研发机构到我国来廉价利用资源和高价转卖非核心技术，而是要着力增强自主创新能力和参与中高端国际竞争，构建自主知识产权优势基础上的世界工厂和经济强国地位。只有大力发展“控技术（尤其是核心技术和技术标准）、控品牌（尤其是世界名牌）、控股份”的三控型民族企业集团或民族跨国公司及其产业链（如中海油、海尔和华为等），才能使我国掌握技术竞争的主动权。科技创新成果带来的 GDP 和利润，才是国人可以分配的实惠。

在教育、金融、文化、政治等领域，也必须妥善处理自主发展与双向开放的辩证关系。譬如，用发表在西方文科检索名单上的主流期刊的文章数量来衡量我国文科的研究水平，并主要据此来晋升职称、提拔院校干部和选聘学术带头人，那就不需要用马列主义及其中国化理论来指导我国哲学社会科学的教学和研究了，这就丧失了中国文科发展的自主性、先进性和科学性，容易复归解放前中国“学术被殖民化”（杨小凯语）的境况。在教育体制改革发展中，尤其要纠正这一流行的所谓创新思维方法和做法。又如，明意识或潜意识地以为美国的政治制度和行政管理是最好的，因而在干部教育中强调接受美国哈佛大学等比较政治学和行政管理学的教育，而没有真正搞清中国特色社会主义的民主政治和行政管理总体上比美国要高效和优越，是真正体现人民民主性而非垄断寡头性，从而失去“三自信”、自主意识和自主性，这对于政治体制改革和干部教育均无益。习近平强调的“坚持底线思维”的方法，在这类问题上值得重视。邓小平强调“错了，马上改”的试错方法，值得积极贯彻。

（作者为中国社会科学院学部委员、马克思主义研究学部主任）

第三章

一“破”一“立”见新政

当前，我国面临的经济形势错综复杂，正处于增速换挡期、结构调整阵痛期和前期刺激政策消化期这三期叠加阶段，支撑经济两位数高速增长的要素条件已不复存在，经济增长速度已经换挡。高速增长过程中积累的一些结构性矛盾开始凸显，粗放型发展方式难以为继，传统增长模式面临挑战。现在已经到了必须加快转变经济发展方式和调整经济结构的关键时期。

只要宏观上审慎决策、微观上灵活应对，解决和化解好这个时期的各种问题和风险隐患，那么，增速换挡的压力、转型调整的阵痛都是可以承受的，今后一个时期经济稳定健康增长是可以预期的。

学习习近平关于区域发展的新思想

孙久文

中国区域发展的战略思想，发端是毛泽东在“论十大关系”中提出的“正确处理沿海和内地关系”的战略思想，它是新中国前30年区域发展的指导思想。改革开放之后，邓小平同志提出“两步走”的战略思想：第一步是先集中发展沿海，第二步是沿海发展起来之后，沿海支援内地。“两步走”是改革开放战略的具体实施，加快了中国经济的起飞。20世纪90年代，江泽民同志以“三个代表”为指导，在国民经济“九五计划”中提出了区域协调发展的战略思想，并在1999年启动西部大开发，加快了中国经济西进的步伐。进入21世纪，胡锦涛同志在总结中国区域经济发展进程的基础上，先后启动了东北振兴和中部崛起的发展战略，结合东部率先发展，提出了中国区域发展总体战略，从而开创了中国区域经济协调发展的格局。中共十八大之后，习近平同志审时度势，提出了新的战略思想，引领中国区域发展迈进新的时代。习近平总书记的区域发展战略思想，具有以下新内涵：

深入实施区域发展总体战略，促进区域经济协调发展

在十八大、2013 年的中央经济工作会议等一系列重要会议的报告中，习近平总书记多次强调要继续实施区域发展总体战略，促进区域协调发展，是今后相当长一段时间内区域发展的基本战略思想。

习近平总书记所强调的“区域发展总体战略”，不是简单地重复已有的西部大开发、东北振兴、中部崛起和东部率先发展的战略，而是要通过深入实施区域发展总体战略，打造中国区域经济的“升级版”。他提出区域政策和区域规划要完善、创新，缩小政策单元，重视跨区域、次区域规划，提高区域政策精准性，按照市场经济一般规律制定政策。缩小政策单元，提高区域政策精准性是习近平总书记狠抓落实的工作作风的一贯延续，也是新一代领导人务实作风的重要体现。缩小政策单元是提高区域政策精准性的前提条件，可以更加有效地依据当时当地的资源条件和发展环境提出有效的发展路径，把已有的区域政策和区域规划落到实处。这样就使得区域发展总体战略在实施层面更加深入一步。

在区域协调发展方面，在 2013 年的中央经济工作会议上，中央把区域协调发展作为加快转变经济发展方式的主攻方向之一。改善需求结构、优化产业结构、促进区域协调发展、推进城镇化，构成了中国区域经济发展的四个主攻方向。对于实现区域协调发展的途径，中央提出要充分发挥各地区比较优势，加大对革命老区、民族地区、边疆地区、贫困地区扶持力度，加快“走

出去”步伐，统筹双边、多边、区域次区域开放合作等具体措施。其中，发挥比较优势，就是要落实主体功能区制度，实现一方水土、一方经济与一方人口的协调，让各个地区都以自己的优势资源为后盾来参与国家的经济活动，让中国经济发展逐渐均衡；加大扶持力度，就是要对国家发展的特殊区域给予特殊的政策支持，对于本身发展能力弱的区域，增加人力物力的支援；统筹区域开放与对外合作，就是要在加快区域发展过程中有国际视野，从国际发展的大环境看中国的区域发展，把中国的区域发展与国际上的多方资源配置结合起来。

坚持顶层设计，推动区域协同发展

中国区域经济经过多年的发展，每个区域都获得了长足的进步，但区域之间的关系始终存在不协调的状况。如何实现区域经济的一体化发展，是新时期区域发展的重要任务。例如，京津冀地区是我国最重要的畿辅地区，但京津冀地区一体化发展远未形成。2014 年 2 月 26 日，习近平总书记在北京主持召开座谈会，听取京津冀协同发展工作汇报，强调实现京津冀协同发展是面向未来打造新的首都经济圈、推进区域发展体制机制创新的需要。

区域经济一体化，包括商品贸易、基础设施、要素流动和政策设计等多个方面的一体化。加强顶层设计，就是要有统一的领导，编制一体化的发展规划，制定相关的发展政策。推动区域协同发展的关键是形成协同发展的机制，包括城市、交通、生态、产业等各个方面，都需要有区域协同的发展机制。用这些机制来推动资本、技术、产权、人才、劳动力等生产要素的自由流动和优化配置，最终实现区域的一体化发展。

习近平总书记十分重视区域合作机制的完善，他认为区域合作机制是加强经济合作、推动区域经济健康有序发展的内在要求和重要保证。在视察“长三角”时，他提出建议建立沪苏浙三省市党政主要领导定期会晤机制，坚持和完善沪苏浙经济合作与发展座谈会制度，进一步探索建立有组织、可操作的专项议事制度，积极推动各类经贸活动的开展。他强调要加强政策的统一性和协调性，着力消除市场壁垒，规范市场秩序，为要素的自由流动和各类经济主体的合作与竞争，提供良好的政策环境和发展条件。

我国区域发展中类似京津冀地区情况的区域有很多，情况复杂，区域一体化发展的任务很重，如何加快这些地区的一体化发展，是区域经济发展的重要任务。习近平总书记的协同发展思想，具有指导区域一体化发展的普遍意义。

强调跨区域发展，以经济带建设构建中国区域发展新格局

新丝绸之路经济带、长江经济带、环渤海经济带的提出，是我国新一代领导人指导区域经济发展的新思路。习近平总书记在不同场合提出要打造中国的经济带。习近平总书记提出“以点带面，从线到片，逐步形成区域大合作”的经济带构建思路，对于目前已经逐步形成的新丝路经济带、长江经济带、环渤海经济带具有很强的指导意义，也是跨区域发展思路的具体体现。

新丝绸之路经济带是在古丝绸之路基础上形成的一个新的经济发展区域。东边牵着亚太经济圈，西边系着发达的欧洲经济圈，被称为是“世界上最长、最具有发展潜力的经济大走廊”。在“新丝绸之路”经济带呼之欲出以及新一轮西部大开发加速推进之际，“升级版”的西部大开发规划正在加紧研究和编制。未来西部大开发将结合中央提出的构建新丝绸之路经济带的思路，加快宁夏内陆开放型经济试验区建设、加快关中－天水经济区升级建设、加快支援新疆建设、做好西部沿边金融特区建设、抓住向西开发开放机遇等方面的战略，打造西部大开发的“升级版”。

我国新一代领导人也十分重视打造长江经济带。长江流域面积占了全国的18%、人口占了全国的36%、GDP占了全国的37%，“长江是继中国沿海经济带之后最有活力的经济带”。长江经济带可以拓展我国经济发展空间，形成转型升级新的支撑带。而上海自贸区的设立，使长江经济带的发展优势进一步巩固。

环渤海经济带处于东部地区，贯通南北、连接陆海，总人口2.5亿，GDP以及投资、消费、进出口等主要指标都约占全国的四分之一，作用独特、区位优越、基础雄厚，正处于转型发展的关键阶段，是中国经济最有潜力的新增长极之一。构建环渤海经济带，实现区域经济一体化，主要任务，一是基础设施的互联互通，二是统一市场体系建设，三是社会保障制度的区域间对接。

坚持主体功能区制度，保障国家和区域生态安全

推进生态文明建设是新时期区域发展的重要内容，是区域可

持续发展的重要保障。习近平总书记十分重视生态文明建设，多次指出建设生态文明，关系人民福祉，关乎民族未来。把生态文明提高到民族生存的高度来认识，是从来没有过的，也体现了习近平总书记在区域发展上的高瞻远瞩。

由于我国国土面积广大，生态环境多种多样，同时历史遗留的环境问题较为严重，建设生态文明的任务十分繁重。对于如何推进生态文明建设，习近平总书记从着力树立生态观念、完善生态制度、维护生态安全、优化生态环境，形成节约资源和保护环境的空间格局、产业结构、生产方式、生活方式等方面提出了基本的思路。他指出必须树立尊重自然、顺应自然、保护自然的生态文明理念，坚持节约资源和保护环境的基本国策，坚持节约优先、保护优先、自然恢复为主的方针。

经济发展同生态环境保护的关系历来是十分复杂和难以处理的关系。习近平总书记强调，牢固树立保护生态环境就是保护生产力、改善生态环境就是发展生产力的理念，更加自觉地推动绿色发展、循环发展、低碳发展，决不能以牺牲环境为代价去换取一时的经济增长。这一理念突出地反映了我国新一代领导人对区域发展的新思路，这种思路是现代的、可持续的，代表了中国政府对国家发展的最高理念。

国土是生态文明建设的空间载体，因此区域发展对于生态文明建设就十分重要。国家主体功能区制度明确指出，要按照人口资源环境相均衡、经济社会生态效益相统一的原则，整体谋划国土空间开发，科学布局生产空间、生活空间、生态空间，给自然留下更多修复空间。习近平总书记提出要坚定不移加快实施主体功能区战略，严格按照优化开发、重点开发、限制开发、禁止开发的主体功能定位，划定并严守生态红线，构建科学合理的城镇化推进格局、农业发展格局、生态安全格局，保障国家和区域生态安全，提高生态服务功能。要牢固树立生态红线的观念。

总之，习近平总书记区域发展的战略思想，是在继承和发展毛泽东、邓小平、江泽民、胡锦涛等领导人的区域发展思想的基础上，强调坚持协同发展，坚持区域一体化发展，坚持生态文明，促进区域经济的健康可持续发展的重要思想。

（作者为中国人民大学经济学院教授、博导）

新一届政府治理经济的理念与特征

唐任伍

2013 年 3 月 15 日，十二届全国人大一次会议选举李克强为国务院总理，他成为新中国这个 13 亿多人口大国的第 7 任总理。时至 2013 年 6 月 25 日，李克强这个拥有北京大学法学学士和经济学硕士、博士学位的高材生，掌舵中国这艘经济航母正好 100 天，盘点新总理百日治理经济的理念和思路，可以清晰地看到中国经济未来发展的走向。

应对“钱荒”，“克强指数”和“李克强经济学”的本质是按经济规律办事

李克强既熟知国情，又具有扎实的现代经济理论知识。作为中国历史上第一位具有经济学博士学位的总理，深知在中国这样一个没有经历过资本主义、市场经济意识淡薄的国家搞社会主义市场经济、要建设完善的市场经济体制道路曲折。他上任百日，初步形成了治理经济的理念。

长期以来，很多领导人不尊重经济规律，不按经济规律办事，拍脑袋决策，造成很多失误，交了很多学费。早在担任辽宁省委书记时，李克强就提出了“克强指数”（Li Keqiang Index），即通过“工业用电量新增”、“铁路货运量新增”和“银行中长期贷款新增”三项经济指标，来研判经济发展状况，2010 年被英国著名政经杂志《经济学人》推出用于评估中国 GDP 增长。

担任总理后，李克强在不同场合举行座谈会、召开会议，研判经济形势。针对中国经济正在放缓，外贸、固定投资增速都在下滑的明显迹象，新一届政府在近 3 个月时间里并没有释放较大的经济政策调整信号。5 月 13 日，李克强说，在存量货币较大的情况下，广义货币供应量增速较高。要实现今年发展的预期目标，靠刺激政策、政府直接投资，空间已不大，还必须依靠市场机制。

进入 6 月以来，银行开始闹“钱荒”，有人希望中央银行进一步放松银根“救市”，但是央行并没有施以援手，拒不“放水”，打破了市场关于央行“放水”的惯性期待。央行拒绝救市，以金融之手，让资金“支持实体经济发展”。这正是李克强按照经济规律办事的表达。以金融之手，通过市场的调节让资金流向最该去的地方，恢复经济结构平衡，实现中国经济升级版的目标，力保经济发展稳中求进。此举令金融界普遍认为，“李克强经济学”的金融新政和货币思路已初现端倪。

简政放权释放改革红利

李克强多次提出，改革是最大的红利。“简政”是李克强获取“改革红利”的第一步棋。

3月18日，新一届国务院正式上班第一天，李克强主持召开第一次常务会议，内容是加快推进机构改革，落实任务。5月6日，李克强主持国务院常务会议，确定今年在行政体制、财税、金融、投融资等9个重点领域加大改革力度。3个月内按计划完成“简政”任务，本届政府内“放权”目标实现近3成。有媒体评论，这是激发社会活力的一剂“良药”。

接着，李克强快马加鞭、按时间表有条不紊地实施“放权”。4月24日，国务院第一批取消71项行政审批事项；5月6日，再取消和下放61项行政审批事项；6月19日，第三批取消和下放32项行政审批事项。

上任100天，李克强取消和下放行政审批164项，他曾经承诺在本届政府内取消和下放近600个项目，已经完成近30%。一批行政审批事项取消和下放之后，“跑部钱进”现象减少，国务院各部门的重心将转为改善和加强宏观管理。

以人为本，重视民生改善

李克强上任100天，大量的时间在走基层、访民生、亲民务实。从震区到疫区，从关心婴幼儿奶粉到大学生就业，李克强领导的新一届政府，努力编织保障基本民生的安全网。

上任之初，李克强就想编织一张覆盖全民、保障基本民生的安全网，坚守网底不破，兜住特困群体的基本生活水平。这张网包括义务教育、医疗、养老保险、住房。在首次记者招待会上，李克强动情地回答记者说，人如果陷入生存的窘境，很容易冲击社会的道德和心理底线。

5 月 6 日，李克强主持召开国务院常务会议，决定今年建立最严格的食品药品安全安全监管制度。5 月 13 日，在李克强主持召开的国务院电视电话会议上，李克强要求严格监管，严厉打击食品安全违法行为重拳方有效，重典才治乱，绝不容许再出现奶粉那样的信任危机。

“六一”前一天，他开会研究了婴幼儿奶粉质量问题。会议提出了提高婴幼儿奶粉质量安全水平的 5 项措施。6 月 16 日，国家九部委推出婴幼儿奶粉新规，缓解国产奶粉的信任危机。

6 月 17 日，李克强到审计署调研的时候叮嘱，用到改善民生上的钱决不能变成“窟窿”，防止群众的“保命钱”、“活命钱”被挪用甚至被贪污。

6 月 26 日，李克强主持召开国务院常务会议，研究部署加快棚户区改造，促进经济发展和民生改善，将棚户区改造等作为接续形成新的经济增长点，要调整优化投资安排，压缩一般性投资，集中一部分资金重点加强对这些方面的支持，把钱用在“刀刃”上，引导、带动信贷和其他社会资金投入。

6 月 28 日在全国医改工作电视电话会议上，李克强批示，医改事关民生福祉，也是民心所向，要向全民提供基本医疗卫生制度，要坚持保基本、强基层、建机制，向深化改革要红利，把基本医疗卫生制度作为公共产品向全民提供，努力办好人民满意的医疗卫生事业。

治理产能过剩，发展实体经济

一个国家综合国力的强弱、竞争力的高低，实体经济是关键。现代世界上的发达国家，没有一个是依靠虚拟经济发展起来的。因此，发展实体经济是李克强就任总理后重点关注的大事。

5 月 13 日，国务院召开全国电视电话会议，李克强表示，要坚决完成遏制产能严重过剩行业盲目扩张等现象。

光伏产业作为中国经济“升级版”中新能源的重要发展方向，已经具有相当的国际竞争力。但是，中国光伏产业自 2012 年起就面临着包括欧盟、美国等发达经济体的“反倾销、反补贴”的“双反”调查。在这场光伏产业的“保卫战”中，作为总理的李克强一开始就十分关心，并亲自做了很多关键性工作。

5 月 26 日，在访问德国和德国总理默克尔会谈时，李克强指出，今日欧盟拟对华光伏产品和无线通信设备产品发起“双反”调查，中国政府表示坚决反对。这从一个侧面显示了总理对保护本国经济的“强硬”作风。

李克强不仅向欧盟表达反制裁的强硬态度，还为光伏产业支招，鼓励“启动国内市场”，为正在遭遇困难的中国光伏业“打气”和“支招”。6 月 7 日，李克强来到河北省考察时，专门到光伏企业实地了解企业经营中的困难，他表示，当前中欧谈判成效是有的，但谈判没有结束，我们坚决反对贸易保护主义，希望企业挺过两个月。

正是因为李克强总理的强硬态度和中方的努力，中欧谈判取得成效，6 月 4 日，欧盟作出初裁决定，在最后一刻将临时反倾销税从 47.6% 下调到 11.8%。这一结果来之不易。

新型城镇化必须和农业现代化相辅相成

李克强将新型城镇化和农业现代化紧密结合起来，重点关注发展农业现代化，促进农民进城就业、创业，有序释放城镇化的内需潜力。农业对李克强来说并不陌生，在上大学之前他曾经在农村插队，还担任过大队书记。在地方主政时，他也经常到田里，“抓一把，就知道土壤墒情如何”。就任总理后，在他眼中，农业已不仅是事关粮食安全和农民增收的问题，他更关心怎样以农业现代化来支撑新型城镇化。李克强的思路是：通过发展现代农业固本强基，有序释放城镇化的内需潜力。

1993 年至 1998 年期间，李克强师从著名经济学家厉以宁学习经济学，打下了深厚的经济学功底，形成了他对中国经济问题的一些独到见解。

2014 年 3 月 17 日李克强在回答新华社记者的提问时说，我们强调的新型城镇化，是以人为核心的城镇化。现在大约有 2.6 亿农民工，使他们中有愿望的人逐步融入城市，是一个长期复杂的过程，要有就业支撑、有服务保障。而且城镇化也不能靠摊大饼，还是要大、中、小城市协调发展，东、中、西部地区因地制宜地推进。还要注意防止城市病，不能一边是高楼林立，一边是棚户连片。本届政府下决心要再改造一千万户以上各类棚户区，这既是解决城市内部的二元结构，也是降低城镇化的门槛。尤为重要的是，新型城镇化必须和农业现代化相辅相成，要保住耕地红线，保障粮食安全，保护农民利益。

3月27日，春分刚过。李克强就任总理后的首次调研，首站选择江苏省江阴市新桥镇，专程考察小城镇规划建设和农业现代化。面积仅19.3平方公里、人口不足6万的新桥是江阴最小的镇，但却是江阴乃至江苏城镇化的样本：农民上楼成为工人，集中居住率在80%以上，80%以上的农民成为现代产业工人。李克强说，小城镇建好了，会比大城市生活更方便。他高度肯定了新桥镇的“三集中”，反对人为“造城”，认为城镇化要有产业支撑，进城农民能就业创业，生活才会更安稳，城镇化才能扎实。

现代化农业是李克强的另一兴趣点。在常熟的家庭农场，李克强说，通过股份合作、家庭农场、专业合作等多种形式发展现代农业是大方向，适度规模经营对新型城镇化会形成有力支撑。

4月3日，李克强主持召开国务院常务会议，部署开展现代农业综合配套改革试验工作，推动转变传统的农业发展方式。国务院确定黑龙江先开展试验。按照国务院的部署，综合配套改革包括创新农业生产经营体制，改革土地管理制度，创新农村金融服务，探索城镇化与新农村建设协调发展的新模式等9项内容。

彻查楼堂馆所，打造“廉价政府”

3月17日，李克强在履职总理后的首次答记者问时表示，要用简朴的政府来取信于民，要让人民过上好日子，政府就要过紧日子，并就削减政府开支约法三章：本届政府任期内，政府性的楼堂馆所一律不得新建；财政供养的人员只减不增；公务接待、公费出国、公费购车只减不增。

5月，国务院办公厅印发紧急通知，对各地、各部门修建政府性楼堂馆所情况开展清理检查。通知表示，坚决遏制违规修建政府性楼堂馆所现象。通知下发后，省级政府组成部门、地市级政府都开始清查。

6月17日，李克强到审计署考察，他要求审计署用“火眼金睛”看好国家钱财，确保公共资金节约、合理、有效使用。和审计署工作人员座谈时，李克强又提出了“约法三章”，他要求对各地方、各部门的“三公”等行政经费使用情况加强专项审计，切实纠正违规行为，坚决制止新建或变相购建办公楼。政府要过紧日子，把钱花在刀刃上，还要“看好钱袋子”。这实际上就是要打造“廉价政府”，这符合人民利益。

经济治理理念初显

新总理履职百日，如履薄冰，实干兴邦，也初步表现出了李克强作为总理的治理经济理念：

务实，正如他自己所说，改革贵在行动，喊破嗓子不如甩开膀子。

改革，触动利益往往比触及灵魂还难，但是，再深的水我们也得趟，因为别无选择，要把错装在政府身上的手换成市场的手。

廉洁，建设廉价政府、廉洁政府，个人既然担任了公职，为公众服务，就要断掉发财的念想。

科学，要注意防止“城市病”，不能一边是高楼林立，一边是棚户区连片；治理环境，不能欠新账，更要加快还旧账。

李克强治理经济的思想和行动表现出了三个特征：以短痛换长痛；以短期GDP增长换增长方式转型；以改革红利换粗放投入。未来中国经济按照这种思路持续发展，“中国梦”的实现可待。

（作者为北京师范大学政府管理学院院长、教授、博导）

中国经济爬坡过坎中的“破”与“立”

张占斌

改革开放以来，随着国际经济环境和国内经济发展条件的深刻变化，我国经济两位数的高速增长已经基本结束，开始进入转型的中高速增长阶段。那么，在这个时期，中国经济怎样爬坡过坎呢？

经济增长速度已经换挡

改革开放以来，我国经济发展取得了举世瞩目的成就。2003年，我国经济步入了新一轮的高速增长期，2007年，GDP增长率更是达到14.2%的峰值，2011年，经济总量首次超过日本，成为全球第二大经济体。这10年，年均GDP增速超过10%，投资和出口拉动是强劲有力的双引擎。但这10年高速增长的过程也并不一帆风顺，2008年，全球金融危机爆发后，我国实施了一揽子的刺激计划，扩内需、保增长，经济增速在2010年实现了“V”形反转。但随后由于受欧洲主权债务危机蔓延等因素的影响，我国经济增速再度回落，从2010年的10.4%逐步下滑到2011年的9.3%、2012年的7.7%，至2013年，GDP增速保持7.7%，才止住增速下滑的趋势。

当前，我国面临的经济形势错综复杂，正处于增速换挡期、结构调整阵痛期和前期刺激政策消化期这三期叠加阶段，支撑经济两位数高速增长的要素条件不复存在，经济增长速度已经换挡。

高速增长过程中积累的一些结构性矛盾开始凸显，粗放型发展方式难以为继，传统增长模式面临挑战，现在已经到了必须加快转变经济发展方式和调整经济结构的关键时期。发展方式转变和结构调整最突出的问题是化解产能过剩：一方面，由于发达国家普遍去债务化，外需继续萎缩，而刺激内需空间有限，庞大产能短期内难以消化，需要化解；另一方面，高耗能、高污染、高排放的“三高”落后产能需要淘汰。产能过剩越来越成为我国经济运行中的突出矛盾和诸多问题的根源。化解产能过剩可能会引起一些企业破产，引发失业，使潜在金融风险显性化，如果处置不好会导致矛盾激化，影响宏观经济的稳定。

同时，前期刺激政策的累积效应和溢出效应还在发挥作用，处于继续消化阶段。一方面，为应对2008年的国际金融危机，政府及时采取了一揽子刺激措施，拉动内需、振兴产业，我国经济增长迅速企稳回升，率先走出危机阴影，在非常时期，刺激政策产生了良好效果。但是，刺激政策也产生了一定的副作用，虽然刺激政策逐步退出，但是从2011年开始的经济增速下滑趋势一直延续到现在，对经济结构继续产生深远影响，也使当期宏观政策的选择受到掣肘，调控余地大为缩小。另一方面，长期以来，一些地方政府习惯于通过扩大投资和上项目提振经济，采取税收减免、土地优惠、财政补贴的政策，甚至不惜放松环境标准招商引资。各类优惠政策也需要清理。

我国经济已经由10%左右的高速增长换挡为7.5%左右（或7%–8%）的中高速增长。虽然7.5%左右的增速相对于过去10%左右的增速略低了点，但与世界主要经济体相比仍属于高速增长。同时，我们也必须清醒地认识到，高速增长期结束并不意味着中高速增长期自然开始，如果经济增长新动力的接替过渡不成功，新的发展方式不能及时确立，经济增长就可能出现大幅下滑，引发系统性风险，导致经济硬着陆。

保持中高速增长有基础也有条件

我国发展仍处于可以大有作为的重要战略机遇期，具备经济持续健康发展的基础条件，我们既要增强忧患意识，也要坚定信心，牢牢把握重大调整机遇。

现在看来，支撑经济发展的外部环境有所改善，国内市场活力和经济发展的内生动力不断得到释放和激发，今后一个时期保持经济中高速增长有基础也有条件。从外部发展环境看，今后一个时期世界经济再次出现深度衰退的概率明显降低，并有望继续缓慢复苏，这将为我国经济发展提供一个相对稳定的外部环境。从内部动力机制看，推动经济持续稳定增长的动力格局不断调整完善，工业化、城镇化加快推进，中西部地区后发优势显现，区域发展回旋余地大，消费结构不断转型升级，改革红利不断释放，市场活力、发展动力和社会创造力得以激发。而且各种迹象显示，我国经济平稳发展的基本面没有改变，经济持续健康运行的预期稳定。经济基本面的各项指标，显现出稳中求进的可喜一面，经济运行处于稳增长、保就业和防通胀的合理区间，发展方式转变步伐加快、亮点增多。

转型调整时期有重大挑战，也蕴含着重要机遇。我们既要有忧患意识，也要充满信心。近年来，我国 GDP 质量效益在提高，单位 GDP 能耗不断下降，产业结构持续优化，创新驱动开始显现，全国高技术产业增速比规模以上工业增速高出 2 个以上百分点，工业化、城镇化加速推进；区域发展回旋余地和市场潜力巨大，改革红利不断释放。这说明，尽管经济发展面临一些困难、挑战和风险，但只要我们谨慎从事、沉着应对，把握好宏观政策的时机、节奏、力度，就可以战胜困难，渡过转型时期的“坎”。增长速度下滑也是经济发展的必然规律，只要在主动调控范围内，我们可以承受住换挡的压力，完全有能力、有条件保持经济长期持续健康发展。

中国经济如何爬坡过坎

中国经济成功爬坡过坎，必须稳中求进、改革创新，加强对增长、就业、物价、国际收支等主要目标的统筹平衡，着力提质增效、持续改善民生。

要向深化体制改革要动力，释放改革红利。多年来我们已经享受到了人口红利的盛宴，眼下中国经济增长的动力已经发生变化，通过制度变迁或制度创新能够带来新的收益。改革能够激发群众的主动性、积极性和创造性，是发展的需要，也是突破发展瓶颈制约的关键。2013 年以来，简政放权等改革成效明显，分批取消和下放了 416 项行政审批事项，取消和免征行政事业性收费 348 项，减轻企业负担 1500 多亿元，全国新注册企业增长 27.6%，民间投资比重上升到 63%。

要推动经济转型，打造中国经济升级版。转型升级是经济发展过程的客观现象和必然要求，随着经济发展环境和条件的变化，当原有的发展方式不适应经济持续健康发展，甚至成为发展的障碍时，就需要调整转型，实现“破”和“立”。也可以说，经济发展过程就是转型升级的过程。推动转型升级的方式就是，使原有的靠投资带动和出口拉动实现的高速增长转变为靠创新驱动和消费拉动的持续稳定健康的增长，使原有的粗放式发展转变为集约式发展。

要创新宏观调控方式，确保经济运行处于合理区间。区间管理是宏观调控的一种创新方式，我国经济运行合理区间的“下限”就是稳增长、保就业，“上限”就是防通胀。经过认真比较和反复权衡，本届政府把今年增长预期目标定在 7.5% 左右，兼顾了需要和可能；把居民消费价格涨幅控制在 3.5% 左右，考虑了去年涨价翘尾影响和今年新涨价因素，也表明抑制通胀、保障民生的决心和信心。此外，还要坚持审慎的宏观调控政策、灵活的微观政策和托底的社保政策等多策协调并举，这样利于保持宏观经济政策连续性、稳定性，增强调控的前瞻性、针对性。

要加强金融监管，消除金融领域的风险隐患。当前，我国国内金融形势很不容乐观，由于各种复杂的因素，导致金融脱离实体经济、金融资产错配、资产泡沫放大、影子银行规模扩大等。2012 年上半年，银行闹“钱荒”，在货币信贷总量相对宽松的情况下，银行业出现流动性异常，大量货币通过影子银行输送到房地产和地方融资平台。直到目前，我国广义货币存量已突破 100 万亿元，货币存量与 GDP 之比已达到 200%，资金使用效率连年走低，金融领域的风险隐患仍在不断积累。防范和化解金融风险，需要健全金融体系、拓宽民间资本投资领域、发展普惠金融、推进利率市场化等措施，必须杜绝金融脱“实”向“虚”，靠钱生钱。

总之，中国经济已经进入一个特殊的转型时期，既面临重大挑战，也蕴含重要机遇。只要宏观上审慎决策、微观上灵活应对，解决和化解好这个时期所暴露或隐含的各种问题和风险隐患，那么，增速换挡的压力、转型调整的阵痛就是可以承受的，今后一个时期经济稳定健康增长就是可以预期的。

（作者为国家行政学院经济学部主任、教授、博导）

适应“经济新常态”的“三种发展”

杨　颖

2014年7月29日，中共中央政治局召开会议，提出了遵循“三个规律”来推动“三种发展”的新命题，即“发展必须是遵循经济规律的科学发展，必须是遵循自然规律的可持续发展，必须是遵循社会规律的包容性发展。”这是习近平总书记在总结改革开放以来我国现代化建设的经验、把握全面深化改革的形势需要提出的重要观点，赋予发展以新时代的内涵和特点，这些将成为判断我国未来经济社会发展质量、成效的基本标准。

发展必须是遵循经济规律的科学发展

经济规律是经济运行过程中最本质、最核心、最基础的基本规律。遵循经济规律，实现科学发展，就必须遵循市场经济的一般规律，实现市场对资源配置起决定性作用。

遵循经济规律的科学发展，理清政府和市场的关系是出发点。遵循经济规律的科学发展，发挥市场经济机制是主要内容。市场机制包括价格机制、竞争机制和供需机制三大机制：其一，价格机制。遵循价格机制就应该进一步缩减政府的定价范围、扩大市场定价范围，凡是能由市场形成价格的都交给市场，政府不进行不当干预；其二，竞争机制。竞争机制有赖于政府加强和完善公共服务能力，保障公平竞争秩序。但是，在经济市场中政府应把握好尺度，避免自己既当裁判员又当运动员，反而干扰了市场秩序；其三，供求机制。遵循供求机制，就要求政府在供给管理与需求管理之间寻求平衡点，着力在供给端发力，以实现长期发展、科学发展。

由“全面漫灌”到“精准滴灌”是政府遵循科学发展的重要转变。面对经济下行压力加大、实体经济不景气加剧等诸多风险，政府要遵循市场经济规律，在宏观调控过程中保持定力、精准发力，尝试减少“大一统”的市场调控，转而投向重点关键领域发力，显示出政府更高超的宏观调控水平。政府调控政策要从“全面漫灌”式的总量调控向“精准滴灌”式的结构调控转变，显现出政府遵循经济规律实现科学发展的良好姿态。

适应“经济新常态”是中央遵循经济规律的深远认识和科学论断。遵循经济规律的科学发展，要更深刻把握我国经济社会发展的阶段性特征，把“经济新常态”作为制定经济政策的出发点和落脚点，这不仅体现了政府科学谋策，更表现了政府的自信。

发展必须是遵循自然规律的可持续发展

进入二十一世纪以后，人民群众对绿水青山的需求越来越迫切，可持续发展被提到了从未有过的高度，特别是严重的生态环境问题迫使所有人必须重新审视经济发展与自然规律的关系，重新认识生态文明建设在经济、政治、文化、社会等各方面建设中的重要性，唯有如此才会实现新常态下遵循自然规律的可持续发展。

认识经济发展和自然规律的关系是可持续发展的基础。从传统工业文明向生态文明转型是可持续发展的唯一选择。只有将遵循自然规律置于发展的重要位置，围绕绿色发展和产业转型、生态修复与环境治理，才能够实现从传统工业文明向生态文明的转型。从我国具体国情来说，就是要将生态文明建设融入经济建设、政治建设、文化建设、社会建设等各个方面，摈弃经济粗放增长、改革政绩考核体系、提高环保意识、凝聚社会力量，多方位全过程遵循自然规律、确立生态理念，实现国家的可持续发展。

遵循自然规律的生态文明建设将成为我国全面深化改革的突破口。党的十八届三中全会站在中国特色社会主义事业“五位一体”总体布局的战略高度，生态文明建设不再局限于生态维度本身，已经融入到经济、政治、文化、社会等其他方面建设当中。因此，以生态文明建设为契机，就能够深层次梳理各项改革过程中的不利因素，能够为各项改革提供一套较为统一的标准，因此可能成为我国全面深化改革的突破口。

发展必须是遵循社会规律的包容性发展

改革开放三十多年来，我国在全面建成小康社会和实现现代化的摸索尝试中积累着对经济规律和自然规律的认识。以习近平为总书记的党中央自十八大以来多次强调经济规律、自然规律的重要性。然而，当前不同利益群体的利益诉求差异十分显著，矛盾凸显。此次中央提出“遵循社会规律的包容性发展”正是对经济社会发展本质的强烈回应，也是对“民富国强”的发展目标的再次强调。因此，遵循社会规律是遵循经济规律、自然规律的升华，包容性发展是可持续发展、科学发展二者与“以人为本”全面结合的体现。

“包容性发展”主要有以下三方面内容：第一，公平的环境和平等竞争的机制。注重培养公平竞争的环境，让各个阶层的人们凭借自身的努力能够平等获取致富的机会，让民营经济进入大量原先不该垄断的部门和行业，让所有人共享发展的成果。第二，保障人民的基本民生需求是包容性发展的落脚点；应守住民生底线，保障“病有所医、老有所养、住有所居”的基本民生需求。第三，合理发挥政府职能。通过全面深化改革，让市场发挥更好的作用。

“三种发展”形成了全面发展的“一体三面”

“遵循经济规律的科学发展”、“遵循自然规律的可持续发展”以及“遵循社会规律的包容性发展”这“三个规律三种发展”并不是不同规律下三种独立的发展形式，也并非全面发展的三个独立侧面。三个规律彼此发生作用，三种发展密不可分、相辅相成，形成了全面发展的“一体三面”。“三种发展”中，可持续发展决定了全面发展的长度、持久度，包容性发展决定了全面发展的广度、普惠度，而科学发展则为发展的方式提供了最优化的选择，是全面发展的方法论。

可持续发展是全面发展的目标和要求，是科学发展和包容性发展的资源约束，代表了发展必须遵循自然规律；科学发展是全面发展的思想和方法，是可持续发展与包容性发展的最优路径，代表了发展必须遵循经济规律的“理性”考量；包容性发展是全面发展的成效和质量，是全面发展的最高标准。

（作者为中共四川省委党校副校长、教授）

参考文献

①《发展必须是遵循经济规律的科学发展》，《人民日报》2014年8月26日第1版。

②《发展必须是遵循自然规律的可持续发展》，《人民日报》2014年8月27日第1版。

③齐向东：《遵循经济、自然、社会“三大规律”才能更好发展》，中国经济网，2014年7月31日。

④赵超、安蓓：《抓住四个“准确把握”，实现遵循经济规律的发展》，新华每日电讯，2014年7月9日。

中央金融新政的意图与指向

韩复龄

中国金融市场并不缺钱

发端于5月下旬、在银行间市场持续近一个月的“钱荒”，吸引了各方的注意。从总量上看，中国金融市场并不缺钱。我国广义货币M2达104万亿元，居民储蓄即将突破百万亿元大关，截至5月底信贷贷出总额大约是67万亿。整体情况仍在安全系数范围以内，尚低于银监会规定的存贷比75%这一标准。

为何出现钱荒呢，其症结就在于银行的搭配错误，即短存长借。假定客户有一百万活期存款存在银行，结果银行把这一百万借给一个房地产公司，做两年的长期贷款，获利更高。但是由于是活期存款，就意味着客户可以随时到银行去取款，假如客户一年内就要取50万，银行就无法偿还。银行到同行去借钱，短期借款利息就会很高，这就是期限错配。在2013年6月20日，如果一家银行向另一家银行借钱，1天的利率按年折算将高达30%。

在银行间市场近年来的快速发展中，一些金融机构逐渐发现，通过同业拆借往往可以以很低的成本（如 3%）从其他金融机构快速获得大量资金，再通过杠杆投资和期限错配，这些资金可以帮助它在其他市场（如影子银行）上获得更高的收益（往往 10% 以上甚至 30%），只要合理安排好到期资金计划，通过循环往复的交易，就可以实现无风险地套取可观的利差。更重要的是，同业业务占用的银行资本金极少，在资本监管越来越严格的银行业，同业业务逐渐从不起眼的边缘业务发展成为诸多大中型银行的重点业务甚至是核心业务。

银行体系的资金空转愈演愈烈

之所以出现银行缺钱现象，核心问题是越来越多的资金在空转。贷款投放量和社会融资规模都出现显著增长，但是经济增速却没有明显提升，体现出实体经济明显缺血的状况。这表明相当数量的资金在金融机构之间打转，并没有进入实体经济进行有效循环。在金融体系的资金循环链条中：一些容易获得银行贷款的大企业，往往会将银行贷出的资金转向信托市场，以追求更高的回报，而信托资金在层层杠杆后又会大量进入到地方融资平台和房地产市场。这样的结果造成了资金价格越来越高，制造业领域的融资越来越困难。

几年来中国经济始终处于一种流动性充裕的状态之下。然而与此同时，宏观数据中 M2 与 GDP 的比值却在不断扩大，这意味着货币投放对经济增长的推动作用正在不断减弱，也从一个侧面反映出，大量的社会融资其实并没有投入到实体经济当中。“钱荒”现象的本质，反映的是金融系统的功能错位：原本是从金融业到制造业的信贷业务循环，在通过一系列加杠杆的金融运作之后，变味为从金融业到金融业的资金业务循环；金融对实体经济的支持，变成了“钱生钱”的虚拟游戏；在银行体系到处蔓延的“钱荒”表象之下，实则是实体经济不断“失血”的恶性循环。

央行按兵不动的治本意图

与以往历次银行体系资金紧张所不同，本轮“钱荒”起始，央行并未急于注入流动性，而是暂时选择了“按兵不动”。

央行不再优先考虑注资，其直接动因是倒逼商业银行转型，以提高其金融创新能力、改善金融服务、增强盈利能力，优化贷款方向、提高贷款效率等。有理由认为，央行恰好可以籍此推动市场充分利用好资金存量，推动不同银行间资金的充分流动和利用，减少流动性，体现了中国金融业启动调结构、防范金融风险、提升金融业服务实体经济的能力。商业银行流动性管理面临挑战，具有融资功能的非金融机构和民间借贷风险需要持续关注，要强化对“影子银行”体系的监管。

正是从这个意义上讲，治理“钱荒”是金融市场利率市场化改革带来的阵痛，央行不会也没必要在当前情况下对商业银行施以援手。并且，作为金融市场的一项重大改革，央行对其后果也必然会有周详考虑。一些商业银行都以为央行会像往常那样通过逆回购甚至下调准备金率放松货币，因而在资金原本很紧张的情况下，一些银行还在 6 月上旬进行了超规模信贷投放，结果导致头寸的明显减少，加剧了“钱荒”现象，其后果无疑应由这些银行自己买单。

新一届政府的政策指向

央行面对“钱荒”按兵不动的态度，最终指向的是银行间市场盛行的“资金空转”问题，反映了让资金进入实体经济的政策意图。

从一定意义上讲，这是新一届政府政策上的主动调控，而不是等到泡沫破裂后的被动调整，这将有利于维护金融稳定，也有利于改变房地产和地方政府融资平台占用太多资金，挤压实体经济的状况。事实上，优化金融资源配置，让金融更有力地服务于实体经济，正是当前中央所提倡的。国务院总理李克强近期三度提及要“激活货币信贷存量”，彰显了停止扩张性政策、让金融更好服务于实体经济的政策意图。

后“钱荒”时代，政策指向将聚焦以下几个方面：

一是强化对影子银行的治理。“影子银行”体系存在以下的金融结构脆弱性。杠杆比率高，正规银行体系受资本充足率和法定准备金的约束，但影子银行体系并无此约束。期限错配严重，影子银行通过大量短期的融资工具来获取资金，支持中长期融资项目，在负债和资产的期限匹配上有较为严重的错配，远过于银行类机构。影子银行体系是过去三五年快速发展起来的，风险控制能力弱，没有经历过系统性的压力测试，也缺乏透明度，没有最后贷款人安排。

二是全面收紧地方政府融资口径。“钱荒”惩戒影子银行意在收紧地方政府融资渠道，从而再度强化对地方政府盲目扩张倾向的约束，可以认为，这是中央政府重建地方政府治理结构的重要组成部分。地方政府融资收紧后，投资增速将会有向下的压力，这在长期内符合经济效率，但在短期内会造成流动性收缩和经济增速下行的后果。

三是强化对银行业流动性风险的管理。今后流动性风险评估在银行评估中的重要性将明显上升。主动负债的局限性在此次“钱荒”中受到强约束，银行将重新明确“存款立行”的方针，预计未来拥有稳定存款来源的银行将更具有市场竞争力。

（作者为中央财经大学应用金融系主任、教授、博导）

审批制度改革催生的“新反应”

王敬波

从历次改革看，机构撤并只是行政机构改革的“物理反应”，转变政府职能才是“化学反应”。改革不能止于“物理反应”。如果政府职能不转变，只有机构内部整合，机构改革注定会重蹈以往的覆辙，陷入循环往复的怪圈。要想产生改革的“化学反应”，行政审批领域是重中之重，必须通过减少行政审批事项、减少对微观事务的干预，扩大向社会和市场放权的效果，建立起“职能科学、结构优化、廉洁高效、人民满意的服务型政府”。检验改革是否成功的标准，关键在行政审批领域。深化相对集中行政许可制度改革，强化行政服务中心，无疑是一个重要的突破口。

如何从程序集中转向实质集中？这是一个需要深入研究的问题

行政服务中心作为相对集中行政许可制度的主要形式，大致经历了两个发展阶段。行政服务中心建立之初，作为进驻政府部门的办事平台，设置窗口，接受申请，送达许可文件，原行政许可机关的权限和程序均不改变。这种“物理”意义上的集中使得行政服务中心成为进驻行政许可机关的“收发室”和“传达室”并成为相关部门“串联式审批”的载体。虽然在形式上把各有关行政许可事项集中到了一个大厅办理，解决了申请人需要到各处去跑的到不同部门去提交申请和领取许可到各处去跑的问题，但总体上还是没有实现行政许可权限的转移。由于行政许可内容的多样性，许可审核权、复核权、决定权仍在各个部门，以相对集中行政许可权的目的设立的行政服务中心等机构与原行政机关之间关系不清楚，权限不明确，沟通协调不畅，缺乏有效的对接机制，形成众多行政部门与“一站式”服务的重叠，增加了行政成本。行政许可“两头受理、多头办理”的“体外循环”状况加剧了现实中重许可、轻监管或者只许可、不监管的现象。

“两集中、两到位”是部分地方希望变“体外循环”为“体内循环”的一种制度设计。“两集中”就是把同一行政部门内部分散在各处室的行政许可权集中到一个内设机构办理，把各部门相对集中行使行政许可权的机构成建制地纳入行政服务中心窗口，集中为社会服务。“两到位”就是行政机关所有行政许可事项在行政服务中心窗口到位，相应行政许可事项的审批权、办事权必须在窗口到位。“两集中、两到位”的核心是行政许可权限实现在行政许可机关内部的集中，行政许可实质性审批权限向行政服务中心集中。较之以往，“两集中、两到位”改变了多头受理的局面，向实质性许可权限的集中前进了一步，但是并没有改变现行法律框架下法定许可机关的地位和权限。也就是说，原来是哪个机关的许可权还是由哪个机关行使，只不过集中在行政服务中心行使罢了。如何进一步从程序集中转向实质集中，进一步为行政权限的整合提供空间，是一个需要深入研究的问题。

哪些许可事项进入行政服务中心对许可权影响不大

目前全国各省规定进入行政服务中心的许可事项，存在三种情形，第一种是要求全部进入，没有例外，如吉林、宁夏、四川。第二种是原则上行政许可事项应当进入，例外的情形各省规定不同，大致包括：涉及国家秘密、国家安全、商业秘密、个人隐私、宗教、意识形态的；或者涉及审批事项少、申请量小、服务面窄、关联度低的，可以不进入。第三种是没有明确规定，由地方政府根据情况决定。由于行政服务中心并不涉及许可权限的实质集中，因此，哪些许可事项进入行政服务中心对许可权影响不大。

行政许可权是政府管理社会的一种重要的行政管理权，广泛存在于各级各类行政管理中，既有基于许可事项的重要程度为主要考量因素而进行的纵向层级配置，也有以不同行业和专业为主的横向的部门配置。随着行政管理专业化发展，一方面，执行性行政权力按照行业不断细化职能，另一方面，社会事务的复杂性决定了行政职能的界限不断模糊，并进而在部门之间形成权力的交叉和重叠。

行政权力本身固有的膨胀惯性和部门利益又必然带来各行政机关乐于强化自身权力，使行政机关各自为政，行政权力配置专业化有余而综合协调难度增加，相互牵制有余而相互配合困难，行政效率低下，行政资源浪费。按照行业设置的行政管理系统的运作，使得绝大多数部门都是“一条龙”管理，从制定规则到执行法律，从管理、审批到监督、处罚，都由一个部门决定；部门自己给自己设定权力，又自己行使权力，而缺乏有效的监督机制，使行政管理中存在很大的主观随意性。从省到市、县的同一方面的行政主管部门都行使同样的权力，都管同样的事情，在多头许可之外，又形成了多层许可、重复许可的问题。

相对集中行政许可权制度按照“精简、效能、统一”的原则，调整归并行政管理职权，重新配置部门的职能，精简政府机构，对于解决多头许可、重复许可等问题，形成集约化的行政许可机制，合理配置行政权力，简化行政许可项目，减少行政许可环节，缩短行政许可时限，节约行政成本，规范行政许可，便利行政许可申请人，转变政府管理方式，提升行政效能等方面具有重要意义。

推动行政审批制度改革

只有深入推进行政审批制度改革，精简行政许可项目，减少行政许可层次，才有集中许可权限的可能和空间；同样，随着行政许可权的集中，也必然带来行政许可项目的整合。可以说，行政审批制度改革既是相对集中行政许可权制度存在和发展的前提性条件，同时相对集中行政许可权也可以促进行政审批制度改革。

相对集中行政许可权制度的建立，不可能脱离中国行政审批制度改革和行政管理体制改革而“单兵突进”，以上三者之间互为条件和结果。相对集中行政许可权制度的发展，可以为大部制改革提供借鉴。推行大部制改革，几个行政机关合并，包括行政许可权在内的行政权限都要整合，这必然带来行政许可权的集中。同时行政许可的集中也在一定程度上为大部制改革提供经验，通过行政许可权的集中行使，为其他权限的整合以及机关机构调整提供思路，并最终推进大部制改革。

（作者为中国政法大学法治政府研究院副院长、教授）

市场决定资源配置的原则需厘清三个问题

卫兴华

十八届三中全会《决定》提出，深化经济体制改革要“使市场在资源配置中起决定性作用和更好发挥政府作用”。将多年来所讲的市场配置资源的“基础性”作用，改为“决定性”作用，显然强化和扩大了市场配置资源的重要性。

将市场在资源配置中的“基础性”作用改为“决定性”作用的条件已经成熟

市场决定资源配置是市场经济的一般规律。市场经济本质上就是市场决定资源配置的经济。健全社会主义市场经济体制必须遵循这条规律。可以说，由“基础性”作用改为“决定性”作用，是回归市场经济的本质规定和要求，是遵循市场经济规律的必然。过去我们一直提市场配置资源的“基础性”作用，而现在改提“决定性”作用，有个条件成熟因素。1992 年党的十四大提出我国经济体制改革的目标是建立社会主义市场经济体制，要使市场在国家宏观调控下对资源配置起基础性作用。20 多年来，一直只提“基础性”作用。现在改提“决定性”作用，表示已具备提出的成熟条件。其一是认识上的条件；其二是实践所提供的条件。

过去很长一段时间，马克思主义经济学和西方经济学都认为，市场经济是资本主义，计划经济是社会主义。而且从历史事实来看，资本主义国家都一直实行市场经济，而社会主义国家曾一直践行计划经济。我国由计划经济转向市场经济，经历了市场取向改革的不同阶段。大体上有：计划经济为主，市场调节（市场经济）为辅；社会主义有计划的商品经济体制（更大范围发挥市场作用）；计划和市场是覆盖全社会的；计划经济与市场调节（市场经济）相结合；最后统一了认识，建立了社会主义市场经济体制。这是逐步推进社会主义市场经济改革的过程，也是逐步推进思想解放的过程。在新的条件下，党和政府对市场规律的认识和驾驭市场的能力不断提高。因此，从理论认识和实践过程两方面看，提高和扩大市场配置资源作用的主客观条件都已成熟。主观条件是理论认识条件；客观条件是现实实践条件。据此，可以并有必要将市场配置资源的“基础性”作用，改为“决定性”作用。

强调提出市场配置资源的决定性作用，是深化经济体制改革的需要。我国虽然初步建立了社会主义市场经济体制，“但仍存在不少问题，主要是市场秩序不规范，以不正当手段谋取经济利益的现象广泛存在；生产要素市场发展滞后”；市场规则不统一，存在部门保护主义和地方保护主义；市场竞争不充分，阻碍优胜劣汰和结构调整，等等。利用市场经济谋取不正当利益有两种情况：一种是利用市场运行不规范、市场体系不健全、监管不到位，某些厂商谋取不正当利益；另一种是一些政府人员为谋取某种利益，不当干预微观经济，使市场配置资源的作用被扭曲。习近平同志指出：遵循市场决定资源配置规律，是要“着力解决市场体系不完善，政府干预过多和监管不到位问题”，并指出这有利于“抑制消极腐败现象”。

市场决定资源配置适用于一切市场经济体制

使市场在资源配置中起决定性作用，需要澄清认识上的三个问题：其一，认为市场决定资源配置是资本主义市场经济的事情，社会主义市场经济不应如此；其二，误以为整个社会主义经济社会的发展全靠市场的决定作用了，感到迷惘；其三，用新自由主义的观点解读市场决定资源配置的作用，泛化市场作用，否定政府调控功能。

首先，市场配置资源的决定性作用，作为市场经济的一般规律，无疑贯穿于资本主义市场经济运行的全过程。社会主义市场经济是否也由市场决定资源配置？回答是肯定的。其实，讲市场决定资源配置，与马克思主义经济学讲价值规律调节商品生产和流通，是一样的道理。在商品经济中，价值规律起调节作用，就是通过价格在价值基础上随着市场供求状况的变动而涨落，自发地将生产资料和劳动力（资源）分配于不同的部门。因此，价值规律的调节作用，也就是决定作用。这里，价值规律的决定作用与市场的决定作用是一回事。

市场决定资源配置，涉及三个方面的“决定”事项：一是价格不由政府决定，而是在价值基础上由竞争机制和供求机制决定；二是企业的生产经营活动包括其生产规模与结构的安排，不再由政府指令性计划决定，而是由反映市场供求关系的市场信号决定；三是消费需求的选择，不再是“短缺经济”和“卖方市场”下的凭票供应，购买者没有选择权和决定权的状况，而是消费者有权决定自己的需求选择，也就是三中全会《决定》中所说的“消费者自由选择、自主消费”。弄清上面的这些理论与实际情况，弄清市场决定资源配置的本意，就不会对社会主义市场经济中由市场决定资源配置的理论与实践产生质疑。市场决定资源配置，既包括决定现存企业的生产与销售活动，也包括新建企业的投资方向和战略安排。

其次，为了准确解读市场在资源配置中的决定性作用，需要全面把握其内涵。第一，市场起决定性作用，不是全部的决定作用。例如，建设和发展国防军事工业，无论投资新工程，还是已有企业的生产规模与结构，都不是由市场来决定，而主要是由党和政府决定。再如，国家投资于基础设施建设和公共服务体系建设、开创和发展航天工程事业，以及搞西部大开发和振兴东北工业基地等，也不是都交给市场去决定，而主要是由政府决定。

第二，经济体制改革对其他诸领域的改革要起“牵引作用”。习近平同志在《切实把思想统一到党的十八届三中全会精神上来》一文中指出：“坚持社会主义市场经济改革方向，不仅是经济体制改革的基本遵循，也是全面深化改革的重要依托。使市场在资源配置中起决定性作用，主要涉及经济体制改革，但必然要影响到政治、文化、社会、生态文明和党的建设等各个领域。”如经营性文化领域的演艺、影视等行业要受市场制约。字画、古董、名人信札等，其价格高低完全由市场决定。但公益性文化，如图书馆、博物馆乃至义务教育和一切公办教育事业等，不能由市场决定其建设与发展。当然，市场在资源配置中起决定性作用的经济体制改革，也会影响到其他领域。注意，是“影响”而不是“决定”。要让市场在资源配置中发挥决定作用，就要转变政府职能，政府不去干预企业的正常经营活动。各个领域的改革和发展，要有利于推进而不是妨碍经济体制的改革，要为发挥市场配置资源的决定作用提供有利条件和起推进作用，“要使各方面的体制改革朝着建立完善的社会主义市场经济体制这一方向协同推进”。同时也应该明确，三中全会《决定》与深化经济、政治、文化、社会、生态文明、党的建设六个领域的改革相联系，提出六个“紧紧围绕”。经济体制改革要“紧紧围绕市场在资源配置中起决定性作用”来推进，其他领域的改革有各自“紧紧围绕”的内容，与市场的决定作用没有直接关联。社会主义政治建设、党的建设，要驾驭市场规律，推进经济体制改革，但其自身建设不能引进市场规律，更不能由市场决定。

市场决定资源配置要求更好发挥政府作用

由市场决定资源配置，强化和扩大了市场的作用。但不是以此弱化和消除政府的作用。不是完全放开“看不见的手”，而捆死“看得见的手”。否定的是政府的不当干预、过多干预，而不否定正当干预、必要干预。应是有效市场和有效政府的结合，而不是强化市场、弱化政府的结合。

十八届三中全会《决定》提出：以公有制为主体、多种所有制经济共同发展，“是社会主义市场经济的根基”。又指出：必须毫不动摇地“坚持公有制主体地位，发挥国有经济的主导作用，不断增强国有经济活力、控制力、影响力”。发展和完善社会主义市场经济体制，就要求“坚持和完善基本经济制度”。这不能靠市场的决定作用来实现，而是需要党和政府从理论与实践的结合上进行引导与推进。

《决定》指出：全面深化改革的总目标是完善和发展中国特色社会主义制度，推进国家治理体系和治理能力现代化。实现这一总目标，离开党和政府的领导与推进，不可能实现。

在市场经济运行中，政府的一个重要职责是市场监管。市场配置资源的决定作用越大，范围越广，政府监管市场的职责也越大，越需要“更好发挥政府作用”。健全社会主义市场经济体制，既要着力解决“政府干预过多”的问题，又要着力解决“市场体系不完善”和“监管不到位”的问题。解决后两方面的问题，正是政府的职责所在和宏观调控的任务。“过多的干预”是不当干预，不是政府职责所在，也不是宏观调控任务。政府监管职责主要是针对不正当的市场行为，诸如制假售假、生产和销售有毒食品、非法集资和传销、黄赌毒市场、欺行霸市、市场垄断、不正当竞争、虚假广告、环境污染、损害生态平衡，等等。这种干预是必要的。政府还要监管企业生产与经营安全和职工权益保障。

政府还有完善市场经济体系的职责。要统一市场规则，维护市场秩序，消除市场封锁与割据，打破市场垄断，建设公平的市场竞争环境。还要运用经济手段，影响和调节市场，引导企业科学发展，并以社会主义公平正义理念与相关政策引导企业缩小收入分配过大差距，走共同富裕道路。

在十八届三中全会《决定》中，是将“使市场在资源配置中起决定性作用和更好地发挥政府作用”作为不可分割的一句话讲的。在强化和扩大市场作用的同时，需要更好地发挥政府职能。为此，需要加强和完善两个层面的宏观调控。第一个层面的宏观调控，就是前面已阐明的，在市场决定资源配置的市场经济运行中发挥政府监管市场、建立和完善现代市场体系、弥补市场失灵、引导企业科学发展的作用。宏观调控的另一层面，是政府对宏观经济的调控。宏观经济是指整个国民经济的各种经济活动的总称。在宏观经济发展中，政府职能和宏观调控的主要任务是：保持经济总量平衡，促进重大经济结构协调和生产力布局优化，减缓经济周期波动影响，防范区域性系统性风险，稳定市场预期，实现经济持续健康发展，健全以国家发展战略和规划为导向、以财政政策和货币政策为主要手段的宏观调控体系，增强宏观调控前瞻性、针对性、协同性。形成参与国际宏观经济政策协调的机制。政府要加强发展战略、规划、政策、标准等的制定和实施，加强地方政府公共服务、社会管理、环境保护等职责。所有这些都是需要政府去办而且应办得更好的事情。

（作者为著名经济学家、中国人民大学荣誉一级教授）

长江经济带的国家战略意图

陈建军

2013 年以来，中央决策层关于建设国家重点战略区域长江经济带的设想逐渐清晰起来，这一年 7 月，习近平总书记在考察湖北时指出，“长江流域要加强合作，发挥内河航运的作用，把全流域打造成黄金水道”。打造长江经济带的国家战略意图：一是依托长三角城市群、长江中游城市群、成渝城市群；二是做大上海、武汉、重庆三大航运中心；三是推进长江中上游腹地开发；四是促进“两头”开发开放，即上海及中巴（巴基斯坦）、中印缅经济走廊。这样一个以长江水道为纽带、横贯东中西部的经济带的提出，意味着中国国家区域战略的出台和选择有了新思路，具有重要的时代意义。

我国的国家区域战略越来越具有目标针对性和区域适应性

中国国土面积辽阔，资源和人口与产出水平分布的不均衡、历史文化传统的地域性差异，以及由此导致的不同地区间的发展差距，都决定了中国的中央决策层必须针对不同的地区实行不同的区域发展战略和政策，以便因地制宜地发展区域经济。这就是国家区域性战略。

新中国成立以来很长一个时期，我们的国家区域战略基本上是二分法、对冲型的区域均衡发展战略，即参照经济地理学上所谓的黑河－腾冲线，将国土区分为沿海和内陆两大区域，在国家层面推行对人口分布相对稀少、经济相对欠发达的内陆地区倾斜的投资政策。一直到上世纪 80 年代，国家投资的区域分布都是内陆地区大于沿海地区。80 年代以后，适应对外开放的需要，国家推出了沿海发展战略。1986 年，为了进一步明确国家区域战略的区域差异性，全国人大立法区分了我国的政策性区域为东中西三个部分，这标志着我国的国家区域战略开始摆脱了简单的二分战略，而进入了一个分类指导的时代，这也是为了适应改革开放以来，地区发展差异的多样化趋势。进入 21 世纪以后，针对沿海地区和内陆地区发展差距不断扩大的趋势，中央决策层提出了“西部大开发”战略，以后又提出了“中部崛起”的国家区域战略。针对东北地区相对独特的改革和发展状况，又将在改革开放前属于沿海地区的东北作为一个独立的政策区域，推出了“东北振兴”战略。这种国家区域战略和政策区域的细分化趋势，在 2005 年以后进入了新阶段，从 2005 年到 2014 年 4 月，国务院先后主导发布和批复了 53 个带有国家区域战略意义的规划和批复文件等，大的如“长三角区域发展规划”，小的如“义乌国际贸易综合改革试验点”。这表明了我国的国家区域战略越来越具有目标针对性和区域适应性。但大量针对特定地区或为了实现特定目标的国家区域战略的推出，也带来如何在关联区域内协调或者联动这些战略的问题。

近年来支撑我国区域经济发展的一些基础性条件发生了很大变化，主要表现是：国家对交通通讯等基础设施的长期持续大量投资产生的累积性效应，特别是高速铁路网的形成和江海联运网络的形成，改变了我国传统的相对静态的区域发展格局，使得要素资源在不同属性的区域间的快速流动成为可能，大大缩短了不同地区间的时空距离，从而为重塑区域发展的格局、特别是推动区域间的发展联动，提供了基础性的条件。在这样的背景下，如何将东中西发展战略和各类国家战略性区域规划联动化，进一步增加其科学性、可操作性和联动效率，并和其他的国家发展战略，包括推进以城市群为主要形态的新型城镇化战略、区域协同发展战略、东西双向对外开放和自由贸易区发展战略等紧密结合，就成为中国国家区域发展战略的新选择。长江经济带就是在这种背景下被提上了国家战略的高度。它标志着改革开放以来我国的国家区域战略选择进入了一个新阶段，即开始重视不同地区间的联动效应及整体性特征。

长江经济带战略的重大意义

首先，长江经济带战略实现了东中西三大区域的联动。通过长江水道和业已贯通的沪汉蓉沿江高速铁路网，联动东中西三大发展区域，构建中国经济可持续发展的新动力。

长江流域9省2市，是一个横贯中国大陆的典型的雁行发展格局，从人均产出比较来看，东部长三角苏浙沪地区，人均产出已经达到1.3-1.5万美元，按世界银行的标准，已经进入了发达地区的行列；中部地区的湖南、湖北和重庆市，人均产出为6–7千美元，和中国大陆的平均水平齐平；西部的贵州云南，人均产出还只有3–4千美元。这种发展水平的梯级形态，如果孤立地看待，会被认为是消极的地区发展差距和区域发展不协调的标志，但如果把它连接成一个整体空间来看，它恰恰体现了中国作为一个幅员辽阔、发展不均衡，并因此具有资源要素禀赋和市场多样性的发展中大国的发展潜力和发展后劲。众所周知，二战后发达国家之所以能够继续繁荣，东亚和东南亚以及其他一些原本处于发展边缘地区，但又有较好的国际贸易区位条件的欠发达国家和地区之所以能较快地发展起来，这和它们之间的要素流动、产业转移以及市场的一体化具有密切的关系。而这一切，在中国的长江流域，在长江经济带内部就能实现，由此带来了中国经济社会发展的可持续动力。

第二，它将联动长三角、大武汉（长江中游）和成渝三大城市群，由此撑起三大发展区域的骨架，形成具有世界意义的长江沿岸城市带。长江经济带的空间范围的界定，从最初长江水道经过的7省2市，拓展到包括浙江和贵州的9省2市，一方面更完整地涵盖了地理学意义上的长江流域，同时也更加突出了以三大都市群为主要架构支撑长江经济带的内容重心。

国家经济带的形成是具有内在的社会经济和产业经济发展的内生机制的。如长距离低成本的航运线路和充裕的水资源的存在，容易形成空间上的点轴发展模式，有利于要素和产业集聚，同时降低城市间的运输成本，推动区域与城市间的产业和城市功能分工，以及市场的一体化，形成不同城市和地区间轻重工业和二三产业的协调发展格局，提高资源配置效率。

第三，它联动了“两带一路”的国家区域战略，使之具有了整体特征。长江经济带连接东海出海口和西部云南口岸，把对东部的开放和对西部、西南部（中印半岛和印缅）的开放，通过渝新欧大通道与对中亚西亚乃至东欧地区的开放连接了起来，从而使得中国打造丝绸之路经济带和打造海上丝绸之路的设想有了更为坚实的基础。中国的发展和改革离不开对外开放，近30多年来，中国的对外开放重点在东部地区，由此形成了目前这种沿海地区一马当先的区域发展格局，但近年来国内外形势的变化，使得中国不仅需要东部沿海对发达国家和地区开放，还需要加强对西部、西南部地区联结的发展中国家和地区以及能源原材料输出国和地区开放，求得东西部双向开放的平衡，谋划东西联动、以我为主的国际化发展战略的新格局。显然，推动长江经济带的形成和发展，是实现这个战略的关键步骤。

第四，它将有利于发挥上海自由贸易区建设对长江流域的示范带动作用。上海自贸区作为中国新时期改革开放的标志性举措，将通过长江经济带的打造，从功能拓展和制度引领两个方面带动中国的内陆地区的改革开放。长江经济带中，上海具有突出的龙头引领作用，因为上海地处长江经济带和中国沿海经济带的交汇点，同时也是长江经济带上最大和功能最为完善的城市。上海自贸区的功能辐射和制度创新引领将通过上海、长三角经济影响力层层扩散，对整个长江经济带的改革开放形成带动和示范作用。长江经济带的形成本身就是和要素的自由流动、贸易的自由化以及市场的一体化密切相关，通过上海自贸区的改革实践和示范引领，为长江经济带的建设走出一条政府引领、市场推动、企业主导的区域协调发展的新路子。

（作者为浙江大学区域与城市发展研究中心教授、博导）

“一路一带”战略构想意义深远

霍建国

习近平主席在出访中亚四国时提出的构建“丝绸之路经济带”的倡议，以及2013年10月访问印度尼西亚时提出的共同建设二十一世纪“海上丝绸之路”的建议，都受到了国内外的高度重视。不仅“一路一带”沿途的国家纷纷表态支持，而且国内各省市积极行动了起来。其战略意义十分深远，这不仅为中国新一轮对外开放注入了新的内容，同时也为内陆和沿海经济发展和对外开放指明了方向。但“一路一带”伟大战略构想的实现，并非一蹴而就。当务之急是需要我们认真把握其内涵和外延、深度谋划、科学推进、稳步取得实效。

共建丝绸之路经济带，中国对世界经济的影响力将进一步提升

当前全球经济格局深刻变化，总体趋势仍对我有利。金融危机爆发至今已经5年，但从目前的发展情况来看，欧美等国虽然

表现出阶段性复苏迹象，但总体仍未摆脱发展的困境，要完成金融整治，经济结构的调整，重拾增长之路，可能还需要较长的时间。

与此同时，新兴经济体的群体性崛起，已经推动世界经济格局发生了深刻的变化，全球经济中心开始由发达国家逐渐向发展中国家转移，目前，按照购买力平价指数计算，新兴经济体和发展中经济体占世界 GDP 的比重已经超过了 50%。虽然受美国量化宽松政策退出及诸多因素的影响，自去年下半年新兴经济体的增长有所回落，但相关数据显示，2013 年新兴经济体的经济增长率仍为 6.3%，依然是世界经济最活跃的力量。

发达国家经济实力虽日渐衰落，但在短期内其主导和影响世界经济的能力仍未发生根本的变化，仍是控制国际贸易规则制定及全球治理的主要力量。与此同时，欧美日正在不断强化其在新一轮贸易规则中的话语权，美国推动的 TPP 和 TTIP 谈判，以高端开放为契机，企图掌控和影响下一轮国际贸易规则的主导权，这些对我国都将构成新的挑战和威胁。国际间和大国间的竞争和矛盾日趋激烈，并不断产生新的变化，我们要有长期与之和平共处的理念，不断提高我国在应对国际市场方面的周旋能力。

国际经济的调整期也是中国经济发展的战略机遇期。十八届三中全会已经对我国新一轮改革开放做出了全面部署。随着改革举措的陆续推出，改革将进一步解放生产力，中国经济的内生增长动能及各种经营主体的积极性将得到有效释放，中国对世界经济的影响力将进一步上升。上海自贸区的试验将进一步提供我国实行高标准开放的有效经验，并将被不断复制，中国整体对外开放的进程会比我们想象得更快。但中国经济的发展很不平衡，东部沿海经济的国际化程度已达到相当高的水平，但我国作为一个海洋大国，对东亚及东南亚沿海各国的经贸合作和双边关系，仍有拓展和巩固的空间，海上之路的合作仍面临着诸多的挑战。中西部地区改革开放由于起步较晚，仍处于发展的初级阶段，而中国经济的全面振兴及中国梦的实现离不开中西部整体发展水平和竞争力的提升，而向西开放通过共建丝绸之路经济带，可以有力促进内陆和沿边的对外开放，加快推进中西部的经济发展进程，这也是提出建设“丝绸之路经济带”战略的主要历史背景。

“一路一带”将成为中国经济新的增长点，深受中亚各国的欢迎和赞同

中国经过30多年的改革开放，取得了举世瞩目的成就。总结中国改革开放的经验，基本经历了以下几个阶段：一是通过发展经济特区，先行先试，突破了理念上的禁锢。二是通过沿海14个城市的对外开放，扩大了开放的领域，形成了开放拉动的经济增长格局。三是延伸到长江沿线的开放，形成了全国范围内的开放局面。这种按梯度分层次的开放节奏取得了丰富的经验及经济发展的实际效果。其基本驱动力是先开放合资、后扩大出口，通过对内深化改革激发增长活力。通过加入WTO，深度融入世界经济体系，拓展了外向型经济的发展空间，其结果是工业化、城镇化快速发展，内需外需一起拉动，形成了我国经济30多年

的高增长局面。今天，国际国内形势已发生了深刻变化，在吸收过去有效的改革开放经验的基础上，需要我们调整发展思路，以全新的理念推动新一轮的对外开放。

目前，中国对内改革和对外开放都预示着新的突破。一方面是金融危机后，欧美市场需求明显减弱，中国以出口为主的外向型经济发展受到了一定制约。另一方面则是随着中国经济的高速发展，结构性矛盾和新一轮的产能过剩已形成了新的压力，同时欧美等发达国家对正在崛起的中国耿耿于怀，不断通过对贸易结构的调整及规则的重塑，试图从多方面限制中国的发展。为适应国际经济新格局的新变化，习近平主席提出“一路一带”的战略构想，明确了对外开放的新路径，同时也就设置了中国经济新的增长点。其意义可归纳为以下几个方面：

首先，巩固中国同中亚和东南亚的合作基础。丝绸之路经济带核心理念是加强同中亚和东南亚国家的经贸合作，中国同中亚及东南亚各国历史上有着共同的发展经历，文化相通，合作基础坚固。中国新一轮的改革开放举措有利于通过共建“一路一带”丝绸之路形成对外开放新的增长点，所以关键是处理好中国与中亚及东南亚国家的关系，发挥好上合组织和中国东盟自贸区在推动诸边合作中的积极作用，加强互联互通，优势互补，共同发展，共同受益，打造好同西部邻邦及东南亚邻国的友好合作关系。

其次，逐步形成两个辐射扇面。海上丝绸之路经济带和丝绸之路经济带以中国加强与周边国家的合作为基础，可以逐步形成连接东欧、西亚和东南亚的交通运输网络，为相关国家经济发展和人员往来提供便利；海上丝绸之路经济带不仅可以巩固和发展我国同东南亚的经贸关系，同时可以逐步辐射到南亚和非洲等地区，扩大中国的影响力。共建丝绸之路经济带的倡议之所以深受中亚各国的欢迎和赞同，是因为在已有的上合组织框架下，推进丝绸之路经济带建设已经具有了良好的合作基础。同时丝绸之路经济带的振兴势必会形成对阿拉伯和东欧国家的辐射作用，其结果有利于新的欧亚商贸通道和经济发展带的形成。对中国来说，可以带动内陆沿边向西开放，相当于扩大西部的发展空间，有利于增强中国的影响力，可谓一举多得。

第三，带动中西部加快改革开放。中国改革开放的实践表明，开放所到之处，经济即开始活跃发展。西部大开发和中部崛起形成于 2000 年之后，同东部沿海相比起步较晚，必须加快中、西部对外开放。十八届三中全会提出的推动内陆沿边开放的要求，有针对性地提出了新的重要内容，只要加快推动和落实，将进一步激活内陆和沿边地区的经济发展活力，结合我国周边外交的发展重点，通过开放实现体制和机制的创新，全面提升内陆和沿边的开放性经济水平。建设“丝绸之路经济带”可以成为扩大中西部开放、打造中西部经济升级版的主引擎。

第四，促进东部地区的转型升级和对外投资。东部地区经过 30 多年的率先对外开放，已形成了贸易驱动型的外向型增长模式。目前企业面临着经济结构转型和海外投资加快发展的新阶段，要加快同东南亚的互联互通，加快企业产品结构的升级至关重要。东部省份应寻求与东南亚国家合作的新支点，加大经贸合作力度，以点带面，形成联动发展的新局面。

丝绸之路经济带的发展重点

共建丝绸之路经济带的核心任务是以发展经济来逐步扩大中国在国际上的影响力。即以丝绸之路沿途的各经济体的发展为依托，使它们发挥各自经济的优势，通过彼此相互开放，形成公平、统一的市场竞争环境，促进各种资源的自由流动，调动各类经济主体发展的积极性，形成互利共赢的发展模式，共同努力振兴丝绸之路经济带的发展。只有通过不断扩大经济发展的规模和总量，赋予丝绸之路更丰富的内容，才能真正造福于沿途各国人民。正像习近平主席强调的，“中国希望同中亚国家不断增进互信，巩固友好,加强合作,用创新的合作模式共同建设丝绸之路经济带”。

丝绸之路经济带的发展重点应以习近平主席提出的“互通要求”为基本内涵，逐步形成以点带线，从线到片，最终形成大区域大合作的发展格局，所以应把解决互通问题放到重要的位置：首先，要加强政策沟通。各国可以就经济发展战略和政策进行充分交流，本着求同存异原则，协商制定推进区域合作的规划和措施，在政策和法律上支持区域经济融合。其次，加强道路连通。上海合作组织正在协商交通便利化协定。尽快签署并落实这一文件，将打通我国太平洋沿岸连云港到波罗的海的运输大通道。在此基础上，我们应同沿途各方积极探讨完善跨境交通基础设施，逐步形成连接东南亚、西亚、南亚的交通运输网络，为各国经济发展和人员往来提供便利。第三，促进贸易畅通。2013 年，我国与东盟各国的贸易总额已超过 4000 亿美元，占我外贸总额的 10%，近年来一直保持了高速增长的局面。中国企业对东盟各国的非金融类投资持续上升，发展潜力巨大。中国企业在中亚各国承包工程营业额近350亿美元，中亚是我国主要的对外承包业务地区。中亚各国的市场规模和发展潜力独一无二，与这些国家在贸易和投资领域合作机会也潜力巨大。我国政府应该对贸易和投资便利化问题进行探讨并对其作出适当安排，消除贸易壁垒，降低贸易和投资成本，提高区域经济循环速度和质量，实现互利共赢。第四，加强货币流通。中国和新加坡、俄罗斯等国在本币结算方面已开展了良好的合作，取得了可喜成果，并积累了丰富经验，这一做法有必要加以推广。如果各国在经常项下和资本项目下逐步实现本币兑换和结算，就可以大大降低流通成本，增强抵御金融风险的能力，提高本地区经济的国际竞争力。第五，加强民心相通。国之交在于民相亲，搞好上述领域合作，必须得到各国人民的支持，必须加强人民之间的友好往来，增进相互了解和传统友谊，为开展区域合作奠定坚实的民意基础和社会基础。

（作者为商务部研究院院长）

自贸区的战略部署与未来展望

巴曙松　白海峰

相比“京津冀”是国内不同省之间的协作，上海自贸区的着重点则是中国与海外的对接，是我国下一阶段重要的经济引擎。从国内的环境来看，我国宏观经济目前面临着潜在增速下降、人口红利消失和投资占经济体量过大等各种问题，迫切需要新一轮的经济体制改革。从上海自贸区推进的速度和力度可以看出新一届政府对于理顺自身定位、深化改革开放的决心，而探索建立负面清单管理模式则减少了寻租机会，提高了经济效率，也为建立小政府、大市场的经济体制提供了宝贵的试验田；从国际环境来看，目前 WTO 主导下的“多哈回合谈判”已陷入停滞，而美国推动的 TPP（泛太平洋合作伙伴）和 TTIP（跨大西洋贸易与投资伙伴）涵盖了 39 个国家、超过 62% 的世界 GDP 经济体量。美国介入 TPP 是为了开拓新市场、实现美国出口倍增计划创造条件；也希望建立起 21 世纪自由贸易协定新标准，推行美国的全球价值观；利用 TPP 谈判推动 APEC 贸易自由化进程，形成美国主导的亚太自由贸易体系。“项庄舞剑，意在中国”，TPP 核心在于“平衡中国战略”，抵制排斥美国的“东亚共同体”的形成，遏制中国在东亚地区日益增长的影响，并重建美国在亚洲的领导地位。中国目前还没有加入到TPP的谈判中，因而，借助自贸区的建立，中国有望获得参与新一轮全球贸易自由化的机会，且可能是未来中国更加深入地融入国际经济和贸易环境的窗口。

自贸区将成为中国经济新的试验田，然而，自贸区的作用并不局限于上海，随着金融、贸易的发展，整个长三角地区都会因为配套设施的需求提高而有所收益。上海自贸区会在较短时间内产生巨大的虹吸效应，也会产生溢出效应，令长三角的分工更加精细。不仅如此，习总书记曾强调自贸区制度需要“可复制”和“可推广”，意味着自贸区未来能够成为其他区域效仿的榜样，这将使得区域经济，协同发展的理念得以落实。

何为自贸区

自贸区按照不同功能定位可分为多种类型：第一种类型是以中国香港、新加坡为代表的零关税自由港型，这种类型的自贸区对进口商品、当地消费和转口输出都不征收关税；第二种类型是转口集散型，这种自贸区主要利用区位优势进行港口装卸、货物储运、货物商业性加工和货物转运等业务，典型代表是德国港口汉堡和西班牙的巴塞罗那；第三种类型是以菲律宾马里莱斯为代表的贸工型，集加工贸易与转口贸易于一身；第四种是出口加工型自贸区，以出口加工为主，如我国台湾地区的出口加工区；第五种是保税仓库型，可不办理进口手续、连续长时间处于保税状态，以意大利罗马的免税仓库为代表。

虽然各国自由贸易园区的具体功能和管理政策有差异，但通用的规则包括：进入自由港或自由贸易园区的商品无需缴税；自由贸易园区免于实施惯常的海关监管，监管更为简便和宽松；商品进港后，可以进行各类加工、处理，也可以与外国或国内商品混合重新出口。如需运到所在国的其他地区，办理报关手续缴纳进口税即可；对进出区的活动不加限制，已纳税的进口货物可以从纳税地进入区内与其他货物混合后，再免税进入纳税地等。

自贸区的功能跟各国国情与所处地区的资源禀赋有极强的相关性，因此在不同的区域中也承担着不同的角色。

美国对外贸区。第一种是综合性自由贸易区，称对外贸易区，主要从事贸易，以方便货物进出，加快货物流转，增加就业等为目的。第二种是单一性的自由贸易区，称为贸易分区，主要搞加工业，以提高产品附加值、扩大出口为目的。

欧洲自贸区。德国汉堡自由港：外国货物从水上进出区自由，有的须申报，有的不须申报，均不征关税；外汇交易均不作限制，方便企业间贸易活动。比利时安特卫普港：安特卫普港对整个港口实行更加灵活的管理制度，注重单证管理而非实物管理。爱尔兰香农自贸区：香农开发公司围绕香农机场进行深层次开发，在紧邻香农国际机场的地方建立了世界上最早以从事出口加工为主的自贸区，以其免税优惠和低成本优势吸引外国特别是美国企业的投资。

东南亚自贸区。香港自由港，第一作用是贸易自由。香港对进出口贸易基本上没有管制，不存在关税壁垒和非关税壁垒，凡符合惯例的贸易行为均畅通无阻。第二作用是金融自由。香港的货币市场全球最开放，资金可自由流通及调度。东南亚自贸区：主要有新加坡自由港、印尼巴淡自贸区、马来西亚柔南经济特区、菲律宾苏比克湾自由港等几个主要自贸区，其中新加坡港是仅次于中国香港的自由港。韩国仁川机场自贸区：进驻园区的外资企业根据不同行业和投资规模，在今后5—15年内，可享受减免税收、土地使用费等优惠政策，同时，积极鼓励货运航空公司入驻或拓展新货运航线，拓展机场连接性。此外，仁川机场不断完善物流配套设施，提升物流服务水平，提高物流效率，降低物流成本。

拉美自贸区。巴西玛瑙斯自贸区：区内生产并在本国销售的产品，免征工业产品税。巴拿马科隆自贸区：自由贸易区货物进口较为自由，无配额限制，不缴进口税。智利伊基克自贸区：区内企业享有免缴一级所得税权利，智利本国商品免缴增值税。

自贸区折射的是区域经济发展战略

近年来，中央提出一系列区域经济发展的思路，比如“京津冀一体化”、“一带一路”、“长江经济带”等等，不难看出区域经济是我国经济转型释放红利的关键，也是这届领导班子经济发展理念的重中之重。

事实上，无论是对内还是对外，自贸区的形成都指向了“区域经济，协同发展”的战略思想。对内部而言，自贸区的建立能够进一步强化长三角地区的经济和地理优势，并带动长江中上游地区过渡带和内河航运的作用。自贸区对整个中国经济也具有重要的杠杆作用，尤其在重构区域经济结构方面，包括浙江、江苏甚至长江上游的重庆等地，其产业发展都将受到影响。而自贸区经验一旦获得进展则可以使得全国更多的区域进行效仿，进一步推动国内区域协同发展的进程。对外部而言，它能够推动我国和贸易伙伴之间的互动，并弥补我国在对外区域合作上的不足；它能对中国加入 TPP 谈判形成有利的环境，便于同其他国家在贸易、金融领域达成合作，共同发展。某种程度上可以称得上是构建了与贸易伙伴之间进一步互惠互利、协同发展的区域战略平台。2013 年 9 月，习近平总书记出访中亚时曾经说道，各国可以就经济发展战略和对策进行充分交流，本着求同存异原则，协商制定推进区域合作的规划和措施，在政策和法律上为区域经济融合“开绿灯”。由此可见，和邻国之间深度合作，形成更广义的“区域经济”也同样是决策层的目标之一，而自贸区则正是达成这一目标的重要通道。

自贸区对三大领域直接形成利好

自贸区的全称为中国（上海）自由贸易区，“中国”二字体现了自贸区的国家战略高度。在具体行业上，预计将会为我国的金融改革、港口贸易以及社会服务等领域打开创新成长空间，对这些行业以及未来我国经济、金融格局产生一系列深远影响。

金融：离岸金融迎来发展良机。离岸金融业务是自由贸易区的重要组成部分，也是与人民币资本项目开放一脉相承的。自贸区建设将带动上海金融中心建设，由此可能对香港金融业务产生部分替代。预计自贸区内跨境业务金融机构将大量增加，外币同业存放业务发展，外汇结算量快速增长，金融产品尤其是衍生品期权期货的种类也将更加丰富。相比较香港金融机构，港币业务约占其业务总量的一半左右，离岸外汇资金在香港金融机构业务贡献占比超过了50%，而目前上海地区的离岸金融业务基本为零。

总体方案除了在民营、外资设立金融机构方面放松管制以外，还明确提出“允许试验区内符合条件的中资银行开办离岸业务”，并明确了“经过两至三年的改革试验，建设具有国际水准的投资贸易便利、货币兑换自由、监管高效便捷、法制环境规范的自由贸易试验区”的总体任务。自由贸易区将逐渐开始资本项目下人民币自由兑换、利率市场化方面的试点，并对未来全国范围内的深层次金融改革，包括民营金融机构、利率市场化、人民币资本项下可自由兑换等等，提供良好的经验。

航运：货物吞吐和港口物流进一步提升。自由贸易区的建设首先将带来港口货量的提升。由于通关手续更为便捷，将吸引内陆的贸易商从上海港申报出口，高附加值的本港货有望得到提升。上海港作为世界货物、集装箱吞吐量第一的港口，在上海自贸区建成之后将迎来更大的发展空间，自贸区内的货物装卸、货物储存、货物商业性加工和货物转运将更加便捷。目前上海港口的集装箱的年吞吐量已经超过3000万箱，在自贸区的带动下，预计未来会有进一步的快速提升。

此外，自贸区的建设还将促进港口物流业的发展。随着自贸区各项优惠条件的落实，保税区功能将从简单的“保税仓储、初级加工、转口贸易”进一步拓展到“商品储存和转运，以及相关工业、贸易、运输、金融及旅游多位一体业务”等等。

航空：国际航空枢纽地位进一步加强。上海自由贸易区的设立有利于吸引中转旅客，打造客运和货运的航空枢纽。自由贸易区内将有望成为贸易和购物零关税的自由港，叠加过境免签政策，上海机场对于国内外货物和旅客中转的吸引力将增大，从而有利于上海机场打造航空客运的中转枢纽港，从而给机场带来更多的国内国际航空流量。

上海机场目前中转货物占比仅5%左右，远低于其他竞争对手。自贸区对转口贸易的政策扶持将通过以下几个方面提升上海机场的中转货物占比：第一，吸引物流运营商进驻；第二，航班频次和网络带来的便捷性将吸引大量国际中转货物，进一步强化浦东机场的全球航空货运枢纽地位；第三，依托上海的腹地市场以及上海港强大的货运吞吐能力，发展海空联运，吸引众多国际顶级企业将产品通过上海机场进行贸易中转。

自贸区未来展望

自贸区不仅是未来经济改革的试验田，也是我国未来融入世界经济的一个契机。尽管2014年4月份，美国表示欢迎我国在一定前提下加入TPP，但目前根据TPP协定，我国在政府管制、知识产权、货币兑换、劳工标准上均暂时不完全达到要求，因而，上海自贸区的建立将成为我国加入TPP前的一个重要示范区域。借助自贸区的建设管理，可以结合中国实际，逐步提升中国贸易产品和服务的品质，如中国应在国际劳工标准和绿色环境标准制定中发挥作用；不断提高现代服务业的发展水平，为贸易自由化奠定坚实的国内产业基础。配合自贸区的深远意义，应以开放的心态和迎接机遇的眼光看待TPP发展，甚至可以待自贸区成熟后，在适当的时机加入TPP，中国有望在未来参与TPP谈判中取得话语权与规则的制定权，而不被世界经济组织边缘化。

过去十年我国在外需扩张、地产和基建投资的拉动下取得了长足的发展，并进入了中等发达国家行列。然而，以往拉动经济的几大引擎正在逐渐转弱。外需开始动力不足，并且物价上涨，劳动工资水平上升，固定资产投资增速下滑等方方面面的现象都显示了中国经济正处于经济转型期。展望未来，我国的经济增长仍有相当大的红利空间可以释放。自贸区的设立，以及相关的区域经济发展理念的实施将会是下阶段释放我国经济增长潜力的重要战略思想。

（作者分别为国务院发展研究中心金融研究所副所长、
中国银行业协会首席经济学家；
东北大学中改院分院博士生、国泰基金国际部负责人）

中国经济：“速度与拐弯”不能兼得

张孝德

2014 年 1 至 10 月份以来，中国经济增长速度出现了持续放缓。据国家统计局数据，2014 年 10 月份，规模以上工业增加值同比实际增长 7.7%，比 9 月份回落 0.3 个百分点，低于 8% 市场的普遍预期。从年初的 8.6% 持续下滑到 7.7%。伴随经济增长速度减缓，拉动中国经济增长的固定资产投资和消费增长也同步减缓。全国固定资产投资增长，从 2013 年 10 月份的 23.4%，下滑到 2014 年的 15.9%，增幅收窄 7.5 个百分点。2013 年 10 月社会消费品零售额增长 13.3%，到 2014 年 10 月份增幅为 11.5%，增幅收窄近 2 个百分点。这些数据表明，中国经济处在一个持续陷入下滑循环的困境。经济增长速度降低，企业收益不景气，社会收入减缓导致消费增长减缓，反过来影响经济增长减速。收入减缓，也会影响储蓄增长减缓，企业不景气影响银行贷款收紧，导致投资下降，也影响经济增速。

中国经济转型的“黄金平衡点”

按照十八大提出中国经济发展目标，要确保2020年实现GDP比2010年翻一番，今后几年经济年均增长速度至少要达到6.9%。由此形成了中国经济转型过程中必须守住7%增速的“底线”概念。但是按照目前中国经济增长态势，在未来一段时间内，中国经济增速持续下滑，有可能突破希望守住的这个底线。在这样一种背景下，如何守住中国经济期望的速度与转型兼得“黄金平衡点”，将遇到越来越加剧的两难困境。

本来经济转型与增长速度，就是一对矛盾。经济转型，就像一辆需要拐一个大弯的汽车，要安全拐弯，必须降低速度。如果既不想降低速度，又要安全拐弯，这是一个风险选择。经济转型是有成本的，经济转型的动力是倒逼出来。只有在经济增长速度低到企业无法在传统产业领域、依靠传统生产方式生存时，它们才会选择转型增长。从经济转型的成本原理看，经济持续下滑并不全是坏事，经济下滑会推动市场经济自身进行新陈代谢的机制开始发挥作用，在倒逼动力的作用下，会加大中国经济转型内生动力。当然，这种下滑是有底线的，如果经济转型成本超出经济与社会承受的底线，不仅会影响经济转型，也会影响社会稳定。所以最理想的经济转型是在经济与社会承受的成本内进行。这个理想的转型速度，就是学界所讲的“黄金平衡点”速度。

在2008年以来，4万亿投资给经济留下的债务后遗症至今未消除的背景下，刺激调控的空间越来越小。据央行透露，“十二五”期间政府融资平台负债34万亿，每年利息就有几万亿。美联储提供的数据显示，截至今年第一季度，美国广义货币（M2）余额为 11.2 万亿美元。中国 M2 余额则为 18.7 万亿美元，比美国多出近三分之二。可以说，目前中国经济患有虚胖和体力过度透支的病症。对于一个体力过度透支，增长内生动力越来越缺乏的经济机体，即使刺激，也很难释放出更大增长力。

另一方面，在政府主导经济背景下，中国经济还患有对刺激依赖的中毒症。只要经济增长一出现减速，民间和社会、企业和地方政府不是从困难中另找转型的出路，而是寄希望于政府进行刺激。目前中国经济，就像一个被家长惯坏的孩子。一方面，我们下决心要改变这个孩子的坏习惯；但另一方面，这个孩子一旦遇到问题，求助于家长时，家长却狠不下心，让孩子自己解决问题。孩子遇到问题家长出手的结果，使孩子失去了长大的机会。目前中国经济增长也是如此，我们政府通过刺激政策，替企业转型买单。这种买单虽然可让企业度过一时的难关，却失去了转型的机会。如此下去，不仅不能实现推动经济转型目标，反而延缓了经济转型的速度，甚至增加了经济转型的难度。

中国需要构筑经济转型的第二道防线

在中国经济增长面临诸多不确定性的背景下，如何处理速度与转型的两难问题，仍然是今后中国经济发展战略中的一个难题。化解这个难题需要新思路、新战略。具体的构想就是，中国需要构筑经济转型的第二道防线。

如果说目前恪守的 7% 是破解中国经济转型的第一道防线，

那么，如果未来经济增长持续下滑，我们就要根据经济发展的需要，审时度势，未雨绸缪，提前构筑以 6% 或 5% 为中国经济转型承受的新防线。构筑这个新防线，有三大因素值得我们思考：

第一，目前 7% 的增速，仍然是一个使传统增长方式和产业可以维持其生存下去的速度。

最近几年，随着中国经济增长速度从 9% 滑入 7% 的区间以来，已经形成了一定的倒逼动力，促使一些行业和企业开始转型，但从总体上看，这个速度仍然不是能倒逼经济转型的底线速度。7% 的速度，在维系经济系统稳态增长功能上大于倒逼促进转型的作用。因为这个速度形成的水平面，还不足以使那些需要转型的行业和企业露出水面。统计显示，中国目前总共有 24 个行业，但其中的 21 个已经有产能过剩的问题。纺织业、服装业、钢铁业都是产能过剩的代表性行业。最近几年，虽然中央政府面对经济下滑，坚持维持原来的紧缩调控政策，使一些应该被淘汰的过剩产业不要抱有幻想，主动进行转型；但大部分需要转型的行业和企业仍在原有轨道中滑行。

第二，从中国经济内在动力看，长期维持在 7% 的增长有很大难度，有可能向 5% 的台阶下滑。

这是因为，目前支撑中国经济增长新因素的成长速度远低于原有支撑经济增长旧动力的萎缩速度。2008 年金融危机以来，扩张财政政策对经济增长所形成刺激效应已经基本释放，但其所形成的负效应正在显现。而其中的产能过剩、环境污染和高能耗等问题，恰恰又是对经济增长抑制的因素。

此外，进入 21 世纪以来，连续十多年的经济高速增长，以及长期实施货币宽松政策导致的投机经济、房地产泡沫，以及地方政府负债形成的水分经济等，到目前为止，尚未得到彻底矫正和出清。国家审计署发布的《2013 年第 32 号公告：全国政府性债务审计结果》显示，截至 2013 年 6 月底，全国各级政府负有偿还责任的债务 206988.65 亿元，其中，地方负有偿还责任的债务 108859.17 亿元。2014 年、2015 年是政府还款集中期，资金需求密集，而未来 3 年之内也是房地产泡沫濒临破裂的高风险期。可以说，目前中国的经济增长是带病增长。如果这些问题不能够矫正和出清，中国经济深度转型就很难启动。这些矫正和出清代价，就是经济增长速度会下降。

鉴于中国经济未来的不确定性和风险性的评估，经济下滑一旦突破原来的防线，不是下坡式下滑，可能阶梯式下跌。2008 年以来，中国经济增长从 2011 年的 9.2% 下滑到 2012 年的 7.8%，就是没有经过 8% 区间。从目前中国经济发展走势看，未来中国经济有可能从 7% 下滑到 5%。以 5% 构筑中国经济的第二道防线，是一个值得研究的区位。

第三，要正确认识中国经济转型底线速度。

不能把要确保 2020 年实现 GDP 比 2010 年翻一番所需要的 6.9% 增长速度，等同于中国经济转型要守的底线速度。这是两个虽然有联系，但是承担着不同功能的速度。转型期的底线速度，是保证转型期经济秩序稳定的最低速度。这是一个经济增长非常时期的速度，这个速度在理论上可以比确保翻番速度低。而确保翻番的速度，是一个长周期内的底线速度。如果把确保长周期的底线速度等同于转型期底线速度，就给本来是服从于市场经济发展需要的速度，附加了很重的服务于确保翻番的政治目标的功能。在中国转型时期，确保经济转型顺利进行，应该成为宏观调控目标的首要目标，在保证首要目标的前提下，兼顾确保翻番目标，而不能倒过来。

此外，目前理论界将确保经济转型的底线速度与确保中国经济稳定的就业挂钩，也值得商榷。进入 21 世纪以来，拉动中国经济的重化工产业，均属于资本密集型产业，属于吸收就业率很低的产业。经济增长速度与就业有关系，但不是强相关关系。比如投资上百亿的电厂、化工厂，其吸收的就业人数有几百人。况且，在资本密集型产业，所进行的提高有机构成，也就是增加技术含量设备的投资，不仅不会增加就业，反而会出现对劳动力的挤压。我们需要拓展解决中国就业的思路，不要把中国就业与存量增长率简单捆绑。

中国经济转型关键是思路转型

在中国转型的关键期，最需要我们转型的是思路。长期以来在中国经济高速增长中，形成了对资本投资的高度依赖，在资本密集产业发展中形成了满足政府高收益的税源经济，这些因素都成为影响中国经济转型的障碍。政府成为税源经济的最大收益者，是目前中国经济转型需要破解主要障碍之一。中国经济系统最严重的病症是热症，由此决定了当前中国改革的主要任务，不仅仅是推动短期的经济增长，而是需要推动转型，使中国经济恢复元气、持续增长。十八届三中全会通过的关于全面深化改革的决定，是党中央以三个自信和壮士断腕的勇气，直面中国政府和经济一系列弊端，而推出的重大举措。按照十八届三中全会通过的改革决定，改革给中国带来的最大红利，绝不是短期内经济增长的红利，而是使中国经济系统恢复健康长久性增长力的战略红利。

（作者为国家行政学院经济学教研部副主任、教授）

第四章

抓住善治的关键：法治

法律是治国之利器，良法是善治之前提。要保证法成为良法，就要做到科学立法、严格执法、公正司法、全民守法。

法律的生命力在于实施，法律的权威也在于实施。坚持依法治国、依法执政、依法行政共同推进。依法行政，既要重视治官、治权力，亦要重视依法实现权利保障。要“推动全社会树立法治意识”，重视二者之间的辩证关系，重视公权力和私权利的均衡，重视私法关系对于公权力运作的重要意义，同时也重视公权力对私法领域的影响和制约作用。唯有如此，才能最终实现“法治国家、法治政府、法治社会一体建设”，实现全面推进依法治国的总体目标。

法治中国：全面深化改革的战略支撑

马一德

十八届三中全会《决定》指出，推进法治中国建设是全面深化改革的重要组成部分。法治中国既是全面深化改革的重要环节、重要目标，也是全面深化改革的根本保障。法治中国对于广泛凝聚共识，形成改革合力，助推改革走向深入，保障改革平稳进行具有十分重大且深远的意义。

坚持以法治为最可靠保障

依法治国是党领导人民治理国家的基本方略，要加强和改善党的领导以及扩大人民民主，必须坚持以法治为最根本手段和最可靠保障。法治中国是十八大报告所阐述的“法治是治国理政的基本方式，要更加注重发挥法治在国家治理和社会管理中的重要作用，全面推进依法治国，加快建设社会主义法治国家”战略的升级版。在当下中国，法治是提高执政党科学执政、民主执政、依法执政水平的可靠保障，是推动国家治理体系和治理能力现代化的唯一途径，是加快形成科学有效的社会治理体制，确保社会既充满活力又和谐有序的根本保障。

法治中国必须维护宪法法律权威，让法治成为国民的信仰

法治本质上是规则之治，宪法和法律是一国的根本规则。宪法是国家的根本大法，是立国宪章，国之根本法则，具有至高无上的权威。根据宪法所制定的各种基本法律是国家这一共同体的基本规范准则。法律是宪法的具体化，亦具有不可侵犯的权威性。只有牢固确立和尊崇宪法和法律的权威性，才能在国家树立一个最高的是非判断标准，才能建立稳定可靠的制度预期，才能引导国民遵守规则、信仰法治。

法治中国必须规范公权力运行，保障私权利实现

制约和规范公权力运行，保障和实现私权利价值是现代法治的两大使命。绝对权力导致绝对腐败。权力由法律所授予，也必须在法律规定的范围内运行。应将权力关进法律化的制度之笼，坚持用法律化的制度管权管事管人，让人民通过法治化的途径监督权力，让权力在法制的轨道内运行。公权力具有天然的侵犯私权利的属性，制约和规范公权力运行的目的，在于保障和实现最广大人民的私权，否则公权力的存在将毫无意义。

法治中国必须坚持依法行政，建设法治政府

深化行政执法体制改革的关键在于严格坚持依法行政，建设法治政府。科学的宏观调控，有效的政府治理，必须通过一个法治的政府才能实现，这是发挥社会主义市场经济体制优势的内在要求。依法行政是规范公权力运行，保障私权利实现的首要保障。当前社会矛盾多发，信访不断，多与依法行政不到位有关。只有坚持依法行政，才能从源头上减少社会矛盾，最大程度地增加社会和谐因素，增强社会发展活力。依法行政也是创新社会治理所必须遵循的根本准则。不管何种新型的社会治理方式，包括新型的预防和化解社会矛盾体制机制，皆代表国家对社会管理的方法或者态度，都涉及到公权力的运用，因此必须坚持依法而为；未得到法律授权的任何公权力运用都是非法的，“花钱买平安”、“摆得平就是水平”都是非法治的权宜之计，应予以坚决摒弃。

法治中国必须强化司法权威，保障司法独立

建设法治中国，必须深化司法体制改革，加快建设公正、高效、权威的社会主义司法制度，以维护人民权益，实现社会公平正义。司法是社会公平正义的保障，是公平正义实现的最后一道关卡。当民众普遍感到公平正义难以获得的时候，将导致社会不稳。理想的法治状态下，一切纠纷皆可通过司法获得解决，民众能够从司法获得最后的公平正义。司法要承担守护民众公平正义的使命，要求司法必须有权威，强化司法权威是当前司法体制改

革的主要方向。司法权威来源于独立和公正，应健全司法权力运行机制，下大力气根除制约司法权依法独立运行的各种体制机制障碍，确保司法机关依法独立公正行使审判权和检察权。司法权依法独立运行与坚持党的领导在本质上是统一的，依法独立行使司法权就是对党和人民意志的最好贯彻和落实。目前存在诸多如“信访不信法”等消减司法权威的不利因素，亟需得到纠正。

现今，我们正面临全面深化改革的艰巨任务，这是巨大挑战，更是推动中国继续美好前行的重大战略机遇。当前形势和任务要求全党和全国人民把思想和行动统一到中共中央关于全面深化改革重大决策部署上来，坚持胆子要大、步子要稳的改革总体推进方略。法治中国是全面深化改革的战略支撑，推进法治中国建设应成为全面深化改革的重中之重。

（作者为中南财经政法大学法学院教授，
中关村知识产权战略研究院院长、博导）

依宪治国的深刻意涵

黄　进

在现代社会，宪法是一个国家的根本大法，是一个国家法治的基石，也是一个国家文化和文明的标志性载体。毋庸置疑，宪法在国家的政治、经济、文化和社会生活中发挥着极为重要的作用。党的十八届四中全会审议通过的《中共中央关于全面推进依法治国若干重大问题的决定》（以下简称“四中全会《决定》”）特别强调，坚持依法治国首先要坚持依宪治国，坚持依法执政首先要坚持依宪执政，凸显了宪法在全面推进依法治国中的地位。

我国现行宪法是一部好宪法

新中国成立以后，我国先后制定过四部宪法。1954 年宪法是一部比较好的宪法，1975 年宪法是“文革”的产物，1978 年宪法也受“文革”较大的影响，而 1982 年宪法，也就是我们的现行宪法，是在党的十一届三中全会之后，在改革开放初期修订完成的。我认为，在当时那样一种社会背景下能够制定 1982 年宪法，本身就是一个历史性进步。1982 年宪法是以 1954 年宪法为基础修订的，它继承和发展了 1954 年宪法的优良传统和基本原则。它适应改革开放新时期需要，符合中国国情和实际，具有中国特色，是四部宪法中最完善的一部。从内容上讲，1982 年宪法不仅规定了国家的根本制度和国家生活的基本原则，而且还作了许多开创性规定，比如，把关于公民权利和义务的规定调整置于关于国家机构的规定之前，废除领导职务终身制，确立民族自治地方是中国不可分离的组成部分，为“一国两制”提供宪法依据等。特别是它确立了宪法的最高权威，规定“一切法律、行政法规和地方性法规都不得同宪法相抵触”，“一切国家机关和武装力量、各政党和各社会团体、各企业事业组织都必须遵守宪法和法律。一切违反宪法和法律的行为，必须予以追究”，“任何组织或者个人都不得有超越宪法和法律的特权”。

而且，1982 年宪法能够做到与时俱进，不断进步和完善。为了适应中国经济和社会的发展变化，全国人大以宪法修正案的形式分别于 1988 年、1993 年、1999 年、2004 年对这部宪法逐步进行了修改、完善，这实际上解决了它的进步性、长期性和稳定性问题。所以，四中全会《决定》特别强调，要“坚决维护宪法法律权威”。“任何组织和个人都必须尊重宪法法律权威，都必须在宪法法律范围内活动，都必须依照宪法法律行使权力或权利、履行职责或义务，都不得有超越宪法法律的特权”。我们要充分认识到，维护宪法法律权威就是维护党和人民共同意志的权威，捍卫宪法法律尊严就是捍卫党和人民共同意志的尊严，保证宪法法律实施就是保证党和人民共同意志的实现。我们特别要肯定我国现行宪法颁布实施 30 多年来对我国极其重要的价值、意义、地位和作用。

我国现行宪法还可以不断完善

世界上没有尽善尽美的宪法，我国现行宪法也不是完美无缺的。这使我想起了美国宪法。美国宪法在很多人看来是世界上最好的宪法之一，历时 200 多年仍管用，但美国人也并不认为它是完美无缺的。被誉为“美国宪法之父”的詹姆斯·麦迪逊曾说：“所有各方面都承认，我们的宪法并不是什么抽象理论的产物，而是我们政治特点所不可或缺的互相尊重忍让、友好敦睦精神的产物。”本杰明·富兰克林曾这样说：“我承认，这部宪法有某几个部分我目前是不赞同的，但我不能肯定说我以后也永远不会赞同，因为我活了这么大年纪，曾经历过这样的事例：由于得到了更多的资料，或由于更充分的考虑，我改变了自己的意见，甚至在重大问题上改变了自己的意见。由于这些考虑，我同意这部有各种缺点的宪法。”美国第一任总统华盛顿对美国宪法曾这样评价：“即使对宪法表示最热烈拥护的和支持的人们也并不认为它是完美无缺的。他们发现缺点是不可避免的，且在情理之内。”事实上，美国宪法也并不完美，比如，它起初容忍了奴隶制度，选举权也仅仅赋予白种男人。

我这里不厌其烦地转述上述三个美国历史名人的话是想说明：要有勇气承认我国现行宪法的不足，不然，我国为什么曾经四次修改宪法的相关规定呢？我国现行宪法的确是有不足的，要正视我国现行宪法的不足，不断与时俱进地去修订和完善它。尽管我国现行宪法有不足，你甚至可能不赞同其中的一些规定，但除了要争取修订和完善它之外，你还需要尊重它、遵循它、服从它，要依宪行为、依宪办事，因为它是现行有效的宪法，它是历史和时代的产物，正如詹姆斯·麦迪逊评价美国宪法那样，它也是“我们政治特点所不可或缺的互相尊重忍让、友好敦睦精神的产物”，更重要的它是我们依宪治国、依法治国精神的载体。所以，这次四中全会《决定》特别指出，全面推进依法治国的重大任务之一，就是要完善以宪法为核心的中国特色社会主义法律体系。

我国现行宪法应该发挥更大的作用

宪法是根本大法，是母法，是具有最高权威的法律，是治国安邦的总章程，是全体公民维护自己合法权利的武器。但在实际生活中，它还没有得到认真的遵守、执行和实施。现在，人们普遍感到确保宪法和法律的实施还有很大的问题，有法不依，执法不严，违法不究，甚至权大于法、以言代法、以权压法、徇私枉法的现象在一些地方和部门仍然严重存在。所以，这次四中全会《决定》特别强调，全面推进依法治国，要加强宪法实施，“必须维护国家法制统一、尊严、权威，切实保证宪法法律有效实施”。

我以为，解决这个问题，首先要处理好宪法和法律与党的领导的关系。本来，《中国共产党党章》和1982年宪法已经解决了这个社会主义民主法治的关键问题。党的十二大通过的党章明确规定：“党必须在宪法和法律范围内活动。” 1982年宪法也很清楚地规定："一切国家机关和武装力量、各政党和各社会团体、各企业事业组织都必须遵守宪法和法律。一切违反宪法和法律的行为，必须予以追究"，"任何组织或者个人都不得有超越宪法和法律的特权"。但现在全社会从思想到行动并没有真正解决这个问题，还有人在怀疑、质疑、混淆是法大还是党委大、是法大还是领导大、是法大还是权大这样的问题。其实，宪法和法律是在党领导下制定的，是党和国家的方针和政策的定型化、规范化和制度化，是经过全国人大及其常委会按照法定程序审议通过的，不仅代表了党和人民的意志和利益，而且已上升为国家意志。比如说，1982 年宪法的历次修正案都是中共中央政治局原则通过，然后提交全国人大审议通过的。所以，我们可以肯定地说，各级党组织、党员、党政干部严格依法办事、服从法律，在宪法和法律范围内活动，就是坚持党的领导，就是讲党性，就是讲政治。

这次四中全会《决定》十分明确地界定了依法治国与党的领导的关系。它强调，全面推进依法治国必须坚持党的领导、人民当家作主、依法治国有机统一，把党的领导贯彻到依法治国全过程和各方面。依法治国与党的领导的一致和统一在于依法执政，而依法执政，既要求党依据宪法法律治国理政，也要求党依据党内法规管党治党。必须坚持党领导立法、保证执法、支持司法、带头守法，把依法治国基本方略同依法执政基本方式统一起来，把党总揽全局、协调各方同人大、政府、政协、审判机关、检察机关依法依章程履行职能、开展工作统一起来，把党领导人民制定和实施宪法法律同党坚持在宪法法律范围内活动统一起来，善于使党的主张通过法定程序成为国家意志，善于使党组织推荐的人选通过法定程序成为国家政权机关的领导人员，善于通过国家政权机关实施党对国家和社会的领导，善于运用民主集中制原则维护中央权威、维护全党全国团结统一。

其次，要建立制度，设计体制机制，把宪法和法律真正交给全体人民掌握，让宪法和法律赋予人民的权利落到实处，让老百姓实实在在感受到宪法和法律的权威，宪法和法律才能得到很好的实施。四中全会《决定》指出，全面推进依法治国，要坚持人民主体地位。“人民是依法治国的主体和力量源泉，人民代表大会制度是保证人民当家作主的根本政治制度。必须坚持法治建设为了人民、依靠人民、造福人民、保护人民，以保障人民根本权益为出发点和落脚点，保证人民依法享有广泛的权利和自由、承担应尽的义务，维护社会公平正义，促进共同富裕”。要实现这一目标，就要让所有公民学习、认识、掌握、遵守宪法和法律，增强其学法尊法守法用法意识，树立法治观念，学会运用法律武器，维护自己的合法权益，敢于同一切违反宪法和法律的行为作斗争。一旦宪法和法律为广大人民群众所掌握，监督国家机关和个人依法办事，就可以有力地保证宪法和法律的实施，就会变成强大的物质力量。

第三，要强化宪法的实施及其监督。徒法不足以自行。宪法的生命力在于实施，宪法的权威也在于实施。但我国现行宪法颁布实施30多年来，其实施及其监督不力的问题长期存在，没有完备的实施和监督制度，没有健全的解释机制，宪法的权威没有完全地树立起来。这次四中全会《决定》反复强调要切实保证宪法法律有效实施，而且明确提出健全宪法实施和监督制度，完善全国人大及其常委会宪法监督制度，健全宪法解释程序机制；提出加强备案审查制度和能力建设，保证每一项立法都符合宪法精神、反映人民意志、得到人民拥护，依法撤销和纠正违宪违法的规范性文件。应该说，这些决定，方向十分明确，举措针对性、可操作性强，解决了长期在实践中存在的与依宪治国、依宪执政要求不相适应、不相符合的问题。

发挥宪法在社会主义法治文化建设中的关键作用

我国正致力于建设富强、民主、文明、和谐的社会主义现代化强国。在文化建设方面，我国始终坚持中国特色社会主义文化发展道路，发展面向现代化、面向世界、面向未来的，民族的科学的大众的社会主义文化，培养高度的文化自觉和文化自信，提高全民族文明素质，增强国家文化软实力，弘扬中华文化，努力建设社会主义文化强国。这对开创中国特色社会主义事业新局面、实现中华民族的伟大复兴，具有重大的现实意义和深远的历史意义。社会主义文化强国的建设，离不开社会主义法治文化的培育和建设。

四中全会《决定》明确提出了建设社会主义法治文化的目标，深刻指出，法律的权威源自人民的内心拥护和真诚信仰。人民权益要靠法律保障，法律权威要靠人民维护。必须弘扬社会主义法治精神，建设社会主义法治文化，增强全社会厉行法治的积极性和主动性，形成守法光荣、违法可耻的社会氛围，使全体人民都成为社会主义法治的忠实崇尚者、自觉遵守者、坚定捍卫者。

什么是文化？这是一个仁者见仁、智者见智的问题。文化，是一个内涵丰富、外延宽广的多维概念。比如，有人主张，文化是人类在社会历史发展过程中所创造的物质财富和精神财富的总和，而我个人比较赞成文化是人的生存、生产、生活方式，或者说是人的活法，或者说是人生活的样式的观点。所以我们说，文化是民族的血脉，是人民的精神家园。我们今天所讲的社会主义文化应该是在社会主义中国我们中国人的生活样式，主要表现为精神、思想、传统、习俗、价值观、思维方式、文学艺术、风土人情、行为规范，等等。而法治也是一种生活方式，尤其应该是当代中国人的生活方式，因此，可以这样说，法治文化是国家依法治国、政府依法行政、司法机关依法司法、所有社会成员依法行为的生活方式。

我们知道，全面推进依法治国的总目标是建设中国特色社会主义法治体系，建设社会主义法治国家，而依法治国是党领导人民治理国家的基本方略。随着中国特色社会主义法律体系的形成和中国特色社会主义法治体系的构建，全面落实依法治国基本方略进入了新的历史阶段，必然从法律制度层面深入到法治精神内核，从法制体系构建升华到法治文化培育和建设。培育和建设社会主义法治文化是全面落实依法治国基本方略的必然选择，因为国家长治久安的根本在法治，市场经济的本质是法治经济，社会管理创新的关键也在法治。可以毫不夸张地说，社会主义法治文化的培育和建设对国家的经济发展、政治进步、法治昌明、文化繁荣、社会和谐、生态文明具有基础性和根本性的作用，是全面推进依法治国的当务之急。所以，我们可以进一步肯定，法治是社会主义文化的重要特征和重要内容；社会主义法治理论的完善，是社会主义核心价值体系建设的重要内容；法治文化是社会主义先进文化的重要组成部分，社会主义文化大发展大繁荣离不开社会主义法治文化的培育和建设；社会主义先进文化建设和社会主义文化强国建设离不开法治建设和法治文化建设。

由于宪法在我国法律体系和法治建设中居于根本大法的地位，培育和建设我国的社会主义法治文化离不开宪法及其实施。法治文化的本质就是依法办事的生活方式，而坚持依法治国首先要坚持依宪治国，坚持依法执政首先要坚持依宪执政，坚持依法办事首先要坚持依宪法行事。所以说，依宪治国、依宪执政、依宪行事的生活方式，是社会主义法治文化的核心。四中全会《决定》将每年12月4日定为国家宪法日，这有利于在全社会普遍开展宪法教育，弘扬宪法精神。四中全会还决定建立宪法宣誓制度，即凡经人大及其常委会选举或者决定任命的国家工作人员正式就职时公开向宪法宣誓。这样做，有利于彰显宪法权威，增强公职人员宪法观念，激励公职人员忠于和维护宪法，也有利于在全社会增强宪法意识、树立宪法权威。这也是借助宪法权威构建社会主义法治文化的有力举措。

（作者为中国政法大学校长、法学教授，
中国法学会副会长、中国国际私法学会会长）

参考文献

《中共中央关于全面推进依法治国若干重大问题的决定》，《人民日报》2014年10月29日。

从总目标看“法治中国”的鲜明特色

胡鞍钢

党的十八大报告与十八届四中全会《决定》有关内容的关系，就是中国总道路与具体道路的关系，中国制度体系与法治体系的关系，中国理论体系与法治理论的关系，中国总目标与法治目标的关系。诚如全会《决定》所言，实现总目标，“必须全面推进依法治国”，“必须更好发挥法治的引领和规范作用”，“提供有力法治保障”。中国不仅要建设社会主义现代化国家，还要建设社会主义法治中国。

中国现代化总目标与法治目标

什么是全面推进依法治国总目标？中国特色社会主义现代化目标决定了社会主义法治目标就是两句话，“建设中国特色社会主义法治体系，建设社会主义法治国家”。这是《决定》的主题，起到了全面建设法治中国的纲举目张作用。我们如何深入理解这一总目标？首先，中国特色社会主义现代化“五位一体”总目标决定了全面推进依法治国总目标；其次，2020 年实现全面建成小康社会的总目标又决定了 2020 年实现全面推进依法治国阶段性目标；反过来，后者要对前者，如“实现经济发展、政治清明、文化昌盛、社会公正、生态良好，实现我国和平发展的战略目标”，起到法治的引领和规范作用。

中国制度体系与法治体系

什么是中国特色社会主义法治体系？中国特色社会主义制度体系决定了社会主义法治体系的制度基础。《决定》首次提出“中国特色社会主义法治体系”，这包括“五大体系”：完备的法律规范体系；高效的法治实施体系；严密的法治监督体系；有力的法治保障体系；完善的党内法规体系。这是实现法治中国的制度基础和法治体系。中国需要学习借鉴世界各国不同的法治体系，但不会照搬、复制他国的法治体系或法治模式。例如“五大体系”中的“党内法规体系”，中国是唯一的，因为中国不仅需要依宪法、法律、法规“治国”，还需要依党章、党规、党纪“治党”。特别是治国要先治党，党规党纪还要严于国家法律，对党员的违纪处理还要严于对公民的违法处理。因此，将党内法规体系纳入到社会主义法治体系是中国一大特色。

中国理论体系与法治理论

什么是中国特色社会主义法治理论？中国特色社会主义理论

体系决定了社会主义法治理论的框架。《决定》首次提出中国特色社会主义法治理论，回答和解决了在新的历史条件下党执政的基本方式的问题，提出了“坚持依法治国、依法执政、依法行政共同推进，坚持法治国家、法治政府、法治社会一体建设，实现科学立法、严格执法、公正司法、全民守法”的基本要求。这是实现法治中国的基本方式和基本要求。中国特色社会主义法治理论是扎根于中国政治经济社会现实的法治理论，其反映的是中国政治制度、经济制度和社会制度等法律制度和价值追求的法治理论。这一法治理论是由上至下，由宏观到微观，由全局到具体的系统过程。这其中“法治中国”是核心，也是理解中国特色社会主义法治道路和中国特色社会主义法治体系的基本途径。

中国总道路与法治道路

什么是中国特色社会主义法治道路呢？中国特色社会主义道路决定了社会主义法治道路的根本方向。《决定》首次提出中国特色社会主义法治道路，是以“建设中国特色社会主义法治体系，建设社会主义法治国家”为总目标，在中国共产党领导下，坚持中国特色社会主义制度，贯彻中国特色社会主义法治理论，形成社会主义法治体系，坚持法治国家、法治政府、法治社会一体化建设，促进国家治理体系和治理能力现代化。这是实现法治中国的基本道路和基本途径。

党的十八届四中全会《决定》最大的创新是什么？我认为，这是在新中国成立 65 年以来，特别是党的十一届三中全会以来我国社会主义法治建设实践与探索之后，党中央首次系统提出了全面推进依法治国总目标，这是实现法治中国的总要求；中国特色社会主义法治体系，这是实现法治中国的制度基础和法治体系；中国特色社会主义法治理论，这是实现法治中国的理论基础和框架；中国特色社会主义法治道路，这是实现法治中国的基本道路和基本途径。

（作者为清华大学国情研究院院长）

参考文献

《中共中央关于全面推进依法治国若干重大问题的决定》，《人民日报》2014 年 10 月 29 日。

以法治思维推进法治中国建设

江必新

改革开放是决定当代中国命运的关键抉择，全面深化改革是新时期决定党和国家事业发展全局的重大战略部署。如果说，1978 年以来每一次三中全会都是一座改革的历史航标，那么，十八届三中全会及其通过的《关于全面深化改革若干重大问题的决定》（以下简称《决定》）必将在中国历史上产生更为根本和更加长远的影响。这不仅在于它为我国全面深化改革提供了一份科学指南和行动纲领，更在于这是第一份无论在内容还是形式上都具备法治化特征的指南和纲领。可以设想，未来之改革必定滋养于法治，未来之中国必定享誉于法治的成就，未来之人民必定受益于法治中国建设的红利。

将“推进法治中国建设”列为全面深化改革的重大问题，意义非凡

十八届三中全会审议通过的《决定》将“推进法治中国建设”

单列，作为全面深化改革的重大问题之一进行论述，具有不同寻常的意义。

长久以来，我国的中心议题是改革、发展和稳定，改革是必由之路，发展是第一要务，稳定是第一责任，其他问题往往都处于边缘位置，这是我国所处的特殊的历史阶段所决定的。因此，尽管我国从十一届三中全会开始就决定走法治道路，尽管在十五大上就正式把“依法治国”作为基本方略，尽管在1999年就把依法治国基本方略写进宪法，尽管中央近年来始终强力推行法治，但是在改革发展稳定面前，法治很难被置于至上位置；在改革发展稳定的压倒性地位面前，法治很难处于强势地位。法治与改革发展稳定被定格为保障与被保障的关系，人们习惯于讲“发挥法治的保障作用”，“为改革发展稳定保驾护航”。其潜台词在于，当关系到改革、发展与稳定的事情与法治发生冲突的时候，法治得服从被保障的事业。

把法治视为绊脚石，这是在改革发展稳定与法治之间发生的一场并不美丽的误会。笔者曾提出，如果说发展是第一要务、稳定是第一责任，那么依法办事就应当是第一要求。就法治与改革的关系，笔者还提出，如果改革是最大的时代主题，那么法治就应当是当代中国最大的改革。

全会《决定》将“推进法治中国建设”作为全面深化改革的重大问题之一进行论述，意味着法治是改革内在的内容，而不只是外在的保障；法治本身就处于时代主题的中心，而不是被忽略的边缘；法治是开展各项工作的轨道，而不是可以随意突破的条条框框。因此，可以这样说，全会《决定》从根本上树立起法治的极大权威，也从根本上改变了人们对法治与改革发展稳定关系的传统认识。

对“法治中国”应作出符合时代要求的崭新诠释

十八大后，习近平总书记就做好新形势下政法工作做出重要指示，提出了“法治中国”的命题，全会《决定》对推进法治中国建设作出了部署安排。有些同志认为，法治中国不过是依法治国的另一种说法。笔者以为，法治中国具有比依法治国更加丰富的内涵：“法治中国”是人类法治文明的“继承版”，是法治国家建设的“中国版”，是中国法治建设的“升级版”。从依法治国到法治中国，是中国法治建设的一次极为重要的升级，是中国共产党探索治国理政规律的一个极为重要的成果，是中国政治文明进一步提升的一个极为重要的契机。

其一，法治中国是人类法治文明的“继承版”。法治是政治文明发展到一定历史阶段的标志，凝结着人类智慧，为各国人民所向往和追求。从中国春秋战国时期法家提出的法治概念到亚里士多德对法治的经典论述，从古希腊、罗马到后来的英国、美国及欧洲大陆，经过几千年的历史、文化积淀，人类法治文明结出了以下累累硕果：（1）规则治理；（2）良法为治；（3）主权在民；（4）人权保障；（5）权力控制；（6）法律平等；（7）法律至上；（8）司法公正；（9）程序正当；（10）人人守法。对这些人类反复甄别并传承下来的优秀法治文明成果，我国都可以充分借鉴。

其二，法治中国是法治国家建设的“中国版”。一国的法治总是由一国的国情和社会制度决定并与其相适应。法治中国，是中国人民的主张、理念，也是中国人民的实践。经历三十余年的发展，中国探索出了一条建设中国特色社会主义法治的道路，并已经形成了中国特色社会主义法治。其本质特征与基本标志可以概括为以下几个主要方面：坚持党的领导、人民民主、依法治国有机统一；坚持依法治国、依法执政、依法行政共同推进；坚持法治国家、法治政府、法治社会一体建设；等等。

其三，法治中国是中国法治建设的“升级版”。中国的法治建设从古至今大体上经过了“以法治国”、“依法治国”和“法治中国”三个阶段。新中国成立后，在相当长的时期内不太重视法治建设，基本上停留于“以法治国”状态。十一届三中全会以后，中国逐渐地强调法制建设，进入“依法治国”阶段。十八大以后，特别是从法治中国命题被提出来以后，中国开始从“依法治国”阶段向“法治中国”阶段升级，具体表现为：从有法可依向科学立法、民主立法的升级；从强调法律体系和执法体系向强调体制、制度、机制、规则四位一体的国家治理体系升级；从依法管理向社会治理的升级；从法律面前的平等向权利平等、规则平等、机会平等的升级；从规范执法行为向从行为到程序、从内容到形式、从决策到执行一体规范的升级；从事前授权、事后纠错的控权方式向建立权力运行的监督制约体系的升级；从注重私法权利向不仅注重私法权利而且注重公法权利保障的升级等。

推进法治中国建设需要攻坚克难

建设法治中国，需要在以下几个方面攻坚克难：

一是完善社会主义法律体系，提高立法质量。正如习近平总书记所说，不是什么法都能治国，也不是什么法都能治好国。我国形成了以宪法为统帅的中国特色社会主义法律体系，我们国家和社会生活各方面总体上实现了有法可依，这是我们取得的重大成就。但任何一个国家的法律体系都没有最好，只有更好，遑论我国正处于转型时期。实践是法律的基础，法律要随着实践的发展而发展。要提高立法质量，必须完善立法规划，突出立法重点，坚持立改废并举，提高立法科学化、民主化水平，提高法律的针对性、及时性、系统性。要完善立法工作机制和程序，扩大公众有序参与，充分听取各方面意见，使法律准确反映经济社会发展要求，更好协调利益关系，发挥立法的引领和推动作用。

二是深化行政执法体制改革，做到严格、规范、公正、文明执法。整合执法主体，相对集中执法权，着力解决权责交叉、多头执法问题，建立权责统一、权威高效的行政执法体制。要完善行政执法程序，规范执法自由裁量权，加强对行政执法的监督，全面落实行政执法责任制。加强对执法活动的监督，坚决排除对执法活动的非法干预，坚决防止和克服地方保护主义和部门保护主义，坚决惩治腐败现象，做到有权必有责、用权受监督、违法必追究。

三是健全司法权力运行机制，确保依法独立公正行使审判权检察权。要围绕努力让人民群众在每一个司法案件中都感受到公平正义的目标改进工作，重点解决影响司法公正和制约司法能力的深层次问题。优化司法职权位置，健全司法权力分工负责、互相配合、互相制约机制，加强和规范对司法活动的法律监督和社会监督。坚持司法为民，改进司法工作作风，通过热情服务，切实解决好老百姓打官司难问题，特别是要加大对困难群众维护合法权益的法律援助。

四是强化权力运行制约和监督体系。坚持用制度管权管事管人，保障人民知情权、参与权、表达权、监督权，是权力正确运行的重要保证。要确保决策权、执行权、监督权既相互制约又相互协调，确保国家机关按照法定权限和程序行使权力。坚持科学决策、民主决策、依法决策，健全决策机制和程序，建立健全决策问责和纠错制度。推进权力运行公开化、规范化，完善党务公开、政务公开、司法公开和各领域办事公开制度，健全质询、问责、经济责任审计、引咎辞职、罢免等制度，加强党内监督、民主监督、法律监督、舆论监督，让人民监督权力，让权力在阳光下运行。

五是完善人权司法保障制度，健全国家司法救济制度。保障全体公民享有广泛的权利，保障公民的人身权、财产权、基本政治权利等各项权利不受侵犯，保证公民的经济、文化、社会等各方面权利得到落实，努力维护最广大人民根本利益，保障人民群众对美好生活的向往和追求。依法公正对待人民群众的诉求，努力让人民群众在每一个司法案件中都能感受到公平正义，决不能让不公正的审判伤害人民群众感情、损害人民群众权益。

六是健全宪法实施监督机制和程序，维护宪法法律权威。全面贯彻实施宪法，是建设法治中国的首要任务和基础性工作。要进一步健全宪法实施监督机制和程序，把全面贯彻宪法提高到一个新水平。全国人大及其常委会和国家有关监督机关要担负起宪法和法律监督职责，加强对宪法和法律实施情况的监督检查，健全监督机制和程序，坚决纠正违宪违法行为。地方各级人大及其常委会要依法行使职权，保证宪法和法律在本行政区域内得到遵守和执行。

以法治思维和法治方式全面深化改革

在改革初期，我们更多的是用具有短平快特点的红头文件推进改革。然而这种方式日益显现出弊端和不足：一是缺乏前瞻性，顶层设计不够；二是缺乏系统性，改革方略的整体化配套不够；三是缺乏必要的稳定性，往往朝令夕改，使人无所措其手足；四是缺少权威性，往往采取先易后难的策略，而一旦遇到难题，常常会因“硬度”不够无疾而终。

当前我国已经进入改革的深水区，可供腾挪的空间越来越小，允许试错的限度越来越小，不能再推延的问题越来越多，需要处理的矛盾越来越尖锐。于此背景之下，习近平总书记在主持十八届中共中央政治局第二次集体学习时提出：“改革开放是前无古人的崭新事业，必须坚持正确的方法论。”这个方法是什么？对此，在主持中共中央政治局第四次集体学习时习近平总书记给出的回答是要“努力以法治凝聚改革共识”。换句话说，在当前的形势下，深化改革必须依靠法治思维和法治方式。

有人认为，改革就是变法，法治则要求守法，二者明显是对立的，如何用法治思维和法治方式推进改革？实际上，与自然界、社会和思想领域中遵循对立统一规律的任何其他事物一样，改革与法治之间既有对立的一面，也有统一的一面。如果说改革必然要试错，那么法治的作用就在于纠错以防止出现一种全局性、长期性的失误；如果说改革就要付出代价，那么法治的作用就在于最大限度地降低改革成本，规避不必要的代价；如果说改革就必然有风险，那么法治就是规避风险、把风险控制在最小范围内的不二法门。

以法治化的方式贯彻落实《决定》，当务之急在于：第一，要尽快使《决定》内容法律化。改革措施中有很多新突破，与现有法律规定不一致。凡涉及国家制度层面的，建议以执政党的名义提出、经最高权力机关作出决定，把执政党的意志上升为国家意志，解决合宪性、合法性问题。第二，要高度重视制度群的构建。从制度学的角度看，核心制度要有制度群的支撑才能落地生根，否则就容易形成“半拉子”工程，改革成果也难以巩固。第三，要高度重视“反向制度预设”。要考虑新制度可能带来的弊端，并针对可能带来的弊端和新问题建立相关制度，这样既可以防止改革“翻烧饼”，又可以抑制改革可能出现的负能量和负效应，使改革的效能最大化。

（作者为最高人民法院副院长）

法治思维如何扎根固本

张占斌

党的十八大报告提出，要“提高领导干部运用法治思维和法治方式深化改革、推动发展、化解矛盾、维护稳定能力”。这是历次党代会报告中首次要求干部要用“法治思维”和“法治方式”来执政，党的十八届四中全会《决定》又对这些思想进行了系统化的阐释，这是我国依法治国方略理念的具体体现，这就要求广大党员干部要善于运用法治思维和法治方式推动改革发展，而前提就是我们党员干部要做好学法、懂法、守法、用法的表率。

领导干部“法治思维”的四个认识误区

法治，追根溯源是追求公平、公正、公开。法治思维就是将法治的诸种要求运用于认识、分析、处理问题的思维方式，是一种以法律规范为基准的逻辑化的理性思考方式。法治方式与法治思维是内在和外在的关系，法治方式就是法治思维实际作用于人的行为的外在表现。法治思维影响和决定着法治方式。法治思维是建立在法治理念的基础上的，要求领导干部或者是公务人员在处理问题的时候有一种法律规则的意识，坚持法律至上，坚持法律规则的运用，坚持公平、公正、公开等法治精神和原则。“法治思维”还表现为一种行为选择，面临多种问题的解决方式、手段时，领导干部能够首先研判处理方式是否符合法律规定、法治精神等。

在实践中，一些地区或部门的干部虽然认识到法治思维对依法治国的深远意义，但在处理实际问题时，并没有自觉选择法治思维和法治方式。一个平时没有法治理念的公职人员、领导干部，遇到问题不可能突然形成法治思维，也不可能突然形成法治方式。甚至存在一些认识上的误区：

一是人治思维“根深蒂固”，认为法治思维不适应中国国情。有的人认为，法治虽是个好东西，但终究是“舶来品”，中国有着几千年的封建“人治”传统，积累了丰富的管理理念和管理方法，至今仍有巨大惯性。

二是认为法治思维在于分权，不利于管理。有的人认为，法治思维是西方“三权分立”的东西，与中国的现行政治体制不符，不利于化解社会矛盾。

三是认为法治思维呆板滞缓。有的人认为，政策文件“文山会海”虽令人难以招架，但因政策制定目的明确、针对性强、责任落实，故为最佳选择。法治思维要求严格按照繁琐的法定程序、权限议事办事，缺乏灵活和变通，工作实效会大打折扣。

四是迷信社会维稳“土方偏方”，认为法治思维解困乏力。有的人认为，在维护稳定的刚性高压下，由于社会普遍不信法，法治思维和方法无用武之地，只能依靠各种游离于法律边缘的有效方法和措施。无论是经济的、政治的、思想的、道德的，甚至明知可能涉及违法的措施，只要“管用”，就可一试。只要能“摆平”，就是好东西。

领导干部如何坚守法治思维和法治方式

实现依法治国、依法执政、依法行政，对于每一个领导干部来说，再沿袭既往解决问题的各种“非法治思维”和“非法治方式”的老路根本行不通，必须要运用“法治思维”和“法治方式”才能有效地“深化改革、推动发展、化解矛盾、维护稳定”。而领导干部运用“法治思维”和“法治方式”来解决上述重大问题时，也不可能一蹴而就，而必须遵守两个方面的质的规定性：

一是要通过不断学习，逐渐养成“法治思维”。深化对全面推进依法治国重要性和必要性的认识，带头遵守宪法和法律，带动广大人民成为法治的忠实崇尚者、自觉遵守者、坚定捍卫者。

二是要在形成“法治思维”的过程中，提高自身在“深化改革、推动发展、化解矛盾、维护稳定”方面的能力。提高党员干部法治思维和依法办事能力，把法治建设成效作为衡量各级领导班子和领导干部工作实绩重要内容、纳入政绩考核指标体系，把能不能遵守法律、依法办事作为考察干部重要内容。

那么，如何在“法治思维”的支配和影响下，运用具体的“法治方式”来“深化改革、推动发展、化解矛盾、维护稳定”？首先要深刻领会党的十八届四中全会《决定》精神，加强和改进党对法治工作的领导，把党的领导贯彻到全面推进依法治国全过程。坚持依法执政，各级领导干部要带头遵守法律，带头依法办事，不得违法行使权力，更不能以言代法、以权压法、徇私枉法。

二是要坚持“理论自信”、“道路自信”和“制度自信”，通过贯彻落实宪法实施工作，保障宪法的“生命”，维护宪法的“权威”，坚定不移地走中国特色社会主义民主政治的发展道路。通过崇尚法治价值在解决重大社会问题中的作用，进一步弘扬法治文化传统，提升法治价值的影响力，逐渐削减各种“非法治价值”在治国理政中的作用，通过“依法办事”、“唯法是从”、“党在宪法和法律的范围内活动”、“任何组织和个人都不得享有超越宪法和法律的特权”等具体的政策和规范指引，全面贯彻落实依法治国基本方略的各项要求。我们必须弘扬社会主义法治精神，建设社会主义法治文化，增强全社会厉行法治的积极性和主动性，形成守法光荣、违法可耻的社会氛围。必须坚定不移贯彻依法治国基本方略和依法执政基本方式，坚定不移领导人民建设社会主义法治国家。

运用法治思维和法治方式深化改革

十八届四中全会提出重大改革要于法有据，这是改革的根本遵循。也就是说，全面深化改革攻坚到哪里，法治建设就应跟进到哪里，越是重大改革，越要法治先行；改革必须在法治的轨道上运行，必须能经受住法治的检验。

运用法治思维和法治方式为改革导航。四中全会指出，面对新形势新任务，我们党要更好统筹国内国际两个大局，更好维护和运用我国发展的重要战略机遇期，更好统筹社会力量、平衡社会利益、调节社会关系、规范社会行为，使我国社会在深刻变革中既生机勃勃又井然有序，实现经济发展、政治清明、文化昌盛、社会公正、生态良好，实现我国和平发展的战略目标，必须更好发挥法治的引领和规范作用。把改革主张转换成法治主张，把法治作为指引中国改革这艘航船在风雨中不变航向的灯塔，用法治方式化解改革风险，才能确保改革有秩序，不走弯路，不走邪路，行稳致远。

运用法治思维和法治方式推进改革破浪前行。四中全会指出，必须坚持立改废释并举，增强法律法规的及时性、系统性、针对性、有效性，为改革提供更加充分的合法性依据。也唯有运用法治思维和法治方式，建立更加完善、更加科学的法律制度体系，才能实现党、国家、社会各项事务的依法治理。改革的推进，要多从法治层面求解，从而为全面深化改革提供强大而持久的法治动力。

运用法治思维和法治方式为改革护航。中国的改革取得了丰硕的成果，法治是守护三十多年改革成果不被蚕食的坚强卫士。国家治理和社会治理坚守法治方式和法治思维，是改革开放三十多年来取得的一个重要成果，而在法治框架中推进改革则是这一成果的巩固与升华。当前，中国正处于高速发展的转型关键期，经济社会日新月异，新矛盾、新问题凸显，需要我们着力去解决。如何面对纷繁复杂的改革难题，就需要我们在法治的轨道内处理各种矛盾和改革，寻求法治之下的最大共识，这是中国改革持续向前的制度保障。党和政府出台的每一项改革措施，都必须纳入法治的轨道。四中全会指出，坚持立法先行，发挥立法的引领和推动作用，抓住提高立法质量这个关键。我们要善于运用法治思维和法治方式想问题、作判断、出措施，努力以法治凝聚改革共识、规范发展行为、促进矛盾化解、保障社会和谐，为全面深化改革、实现“两个一百年”奋斗目标凝聚人心、汇聚力量。一言以蔽之，只有通过依法治国，才能为全面深化改革保驾护航。

党的十八届四中全会把“依法治国”作为大会主题，按下了社会主义法治国家建设的“快进键”，这为推动和维护中国特色的社会主义伟大事业提供了坚强保障。按照四中全会精神，我们还有许多工作要做。如果从建立更加完善社会主义市场经济体制的角度看，我们的法治建设仍有很多缺陷。必须全面推进依法治国，坚定不移走中国特色社会主义法治道路，完善社会主义市场经济。法治的市场经济，是跨过中等收入陷阱，从经济大国走向经济强国，实现中华民族伟大复兴的“中国梦”的保障。我们要坚守法治思维和法治方式，以法治凝聚改革共识，坚持依法推进改革，以改革完善法治体系，建设法治的市场经济。

（作者为国家行政学院经济学部主任、教授、博导）

参考文献

①中国共产党第十八次全国代表大会报告《坚定不移沿着中国特色社会主义道路前进 为全面建成小康社会而奋斗》，2012年11月8日。

②《中共中央关于全面深化改革若干重大问题的决定》，人民出版社2013年版。

③《中共中央关于全面推进依法治国若干重大问题的决定》，《人民日报》2014年10月29日。

从“四个现代化”到国家治理现代化

吴玉敏

从邓小平延续“四个现代化”而提出的“中国式的现代化”，到今天国家治理现代化的总目标，这既是中国共产党对现代化认识不断深入和拓展的生动体现，更是执政党对中国特色社会主义发展方向与发展实质在理论和实践上不断成熟、深化的充分反映。

从“四个现代化”到“中国式的现代化”的发展跃进

从上世纪50年中期中国首次提出“四个现代化”，到60、70年代的不断明确与重申，说明共产党对中国实现社会主义现代化的构想具有认识和实践上的一贯性和坚定性。

其一，新中国成立前后，中国共产党对国家实现现代化的认识，为后来现代化的系列设计奠定了思想基础。因为以马克思主义为指导的理论与思想自觉，中国共产党从开始革命之时，就将党的奋斗目标与实现国家的现代化结合在一起。

1956年，完成了生产资料私有制的社会主义改造之后，毛泽东认为中国已经进入到社会主义社会，接下来的任务就是如何"使中国稳步地由农业国进到工业国"。反映出中国共产党当时已经认识到工业化是任何国家通向现代化所必须经历的阶段，比较清醒地认识到我国当时工业发展水平比较低，只有集中精力进行工业特别是重工业建设，才能确立现代化的发展基础。

其二，"四个现代化"是改革开放前中国共产党对中国社会主义现代化的初步而比较明确的设想。1954年9月在第一届全国人民代表大会第一次会议上，毛泽东提出，"在几个五年计划之内，将我们现在这样一个经济上文化上落后的国家，建设成为一个工业化的具有高度现代文化程度的伟大的国家"。[①] 周恩来在会上作的《政府工作报告》中第一次提出了要"建设起强大的现代化的工业、现代化的农业、现代化的交通运输业和现代化的国防"的现代化任务。根据毛泽东的提议，周恩来在三届人大一次会议上所作的《政府工作报告》中宣布了我国今后的战略目标："要在不太长的历史时期内，把我国建设成为一个具有现代农业、现代工业、现代国防和现代科学技术的社会主义强国。"[②]

其三，改革开放后中国式现代化的思维明确显示出中国追求现代化的延续与加快。党的十一届三中全会作出了把党的工作重

---

① 《毛泽东文集》第6卷，人民出版社1999年版，第350页。

② 《周恩来选集》（下卷），人民出版社1984年版，第439页。

点转移到社会主义现代化建设上来的战略决策。邓小平同志强调指出："我们党在现阶段的政治路线，概括地说，就是一心一意地搞四个现代化。"这是新中国成立后我党第一次明确把"四个现代化"作为全党工作重心。

1979年以前，邓小平基本上都是遵循三届和四届全国人大提出的到20世纪末全面实现农业、工业、国防和科学技术现代化的经济发展战略目标的设想。随着认识的深化，特别是"出去看了一下，越看越感到我们落后"，鉴于此，邓小平感到用20多年的时间全面实现四个现代化是不切实际的，需要把标准放低一点，所以，他在考虑现代化战略目标时加了限定词——"中国式的现代化"，而且特别强调，"中国式的现代化，必须从中国的特点出发"[①]。

"三步走"战略主导下中国特色社会主义现代化的递进阶梯

邓小平现代化思维的最具科学合理性的表现就是从中国实际出发，确立中国特色现代化发展的路径与步骤。

其一，根据本国的现实状况和世界的变化实际，用共性与个性相统一、内力与外力相结合的原则设计中国的现代化实现方略。邓小平有着两个重要且具普遍性与特殊性相结合的思想运用典范：一个是1982年在十二大提出的"把马克思主义的普遍真理

① 《邓小平文选》第2卷，人民出版社1994年第2版，第164页。

同我国的具体实践结合起来，走自己的路，建设有中国特色的社会主义”的著名论断，另一个则是指出在借鉴吸收世界现代化发展中的普遍性有益成果之时，强调要走中国特色社会主义道路，走自己的现代化发展之路。

邓小平清醒而坚定地认识到，中国在学习借鉴发达国家先进成果的同时一定要走自己的现代化道路，避免陷入“依附型发展”（Dependent Development）路径的可能。他曾坚定地说过：“中国人不信邪，不自卑，有信心，有志气，富强、民主与文明的现代化社会一定会实现，因为，这是民族的要求，人民的要求，时代的要求。”邓小平极力反对那种要和西方世界断裂开来、关起门来搞发展的想法与做法。他指出，“社会主义要赢得与资本主义相比较的优势，就必须大胆吸收和借鉴人类社会创造的一切文明，吸收和借鉴当今世界各国包括资本主义发达国家的一切反映现代社会化生产规律的先进经营方式、管理方法”，“现在世界上的先进技术、先进成果我们为什么就不能利用呢？我们要把世界一切先进技术、先进成果作为我们的发展起点”。

其二，确立小康目标，以“三步走”的方略稳步实施中国社会主义现代化目标。邓小平在会见当时的日本首相大平正芳时，第一次将现代化目标具体化为国民平均收入达到“1000 美元”，进入“小康”社会状态。此后，邓小平在不同场合，不断完善自己“中国式现代化”的“小康”战略目标。一是为“小康”目标划出了 800 美元的下限；二是设想分两个 10 年、实现“翻两番”，继而达到“小康”状态。邓小平曾在中央工作会议上正式提出要“经过二十年的时间，使我国现代化经济建设的发展达到小康水平，然后继续前进，逐步达到更高程度的现代化”。

在邓小平心目中，“小康”水平只是现代化的“最低的目标”。“我们的政治路线，是把四个现代化建设作为重点，坚持发展生产力，始终扭住这个根本环节不放松，除非打起世界战争。即使打世界战争，打完了还搞建设。我们提出四个现代化的最低目标，是到本世纪末达到小康水平”[①]。

其三，全面而深入的改革是实现中国社会主义现代化的内在动力。邓小平对改革的重要性和根本性的认识既全面又深刻，他不仅注重改革对于解放和发展生产力的根本动力作用，也深刻地认识到生产关系的调整及上层建筑领域的改革都是社会主义自我完善、自我发展的重要内容。

国家治理现代化确立之下，中国现代化目标内涵的完善与深化

“全面深化改革的总目标是完善和发展中国特色社会主义制度，推进国家治理体系和治理能力现代化”，这是党的十八届三中全会对中国全面深化改革方向的总设计和总确定，将中国特色的社会主义现代化提升到更加科学而全面的高度。

其一，国家治理现代化具有时间与实践的双重合理性。党的

① 《邓小平文选》第2卷，人民出版社1994年第2版，第416—417页。

十八届三中全会确立的国家治理现代化的“总目标”是自觉遵循历史唯物主义原则，由外力逼迫转向自觉追求、由浅层表象进入内在实质的探索并实现中国国家现代化的重要体现。这其中的时间历程，显示出中国进行现代化必须要有一个从简单到全面、由浅表到内里的时间与实践的不断积累。

其二，“三个自信”是国家治理现代化确立与实现的内在根基。马克思、恩格斯曾经指出：“一切划时代的体系的真正的内容，都是由于产生这些体系的那个时期的需要而形成起来的。”[①] 推进国家治理体系和治理能力现代化，必须要坚持中国特色社会主义的道路，以完善和发展中国特色社会主义制度为方向，以马克思主义中国化创新理论为指导和依据。国家治理现代化目标必须坚持选定的发展道路，坚定自己的理论自信和制度自信。

其三，体系与能力的构建和增强是国家治理现代化的关键任务。作为全面深化改革的总目标，“国家治理体系和治理能力是一个相辅相成的有机整体，有了好的国家治理体系才能真正提高治理能力，提高国家治理能力才能充分发挥国家治理体系的效能。作为治理体系核心内容的制度，其作用具有根本性、全局性、长远性，但是没有有效的治理能力，再好的制度和制度体系也难以发挥作用”。[②]

---

① 《马克思恩格斯全集》第 3 卷，人民出版社 1960 年版，第 544 页。

② 王伟光：《努力促进国家治理体系和治理能力的现代化》，《求是》2014 年第 6 期。

国家治理体系和治理能力，是一个国家的制度系统和制度执行力的集中体现。国家治理现代化在本质上就是制度体系的科学性、合理性与系统性，是与落实、执行制度的规范性、人本性和有效性相互统一的综合体现。

（作者为青海省委党校哲学社会教研部主任、教授）

国家治理现代化的维度与面向

何增科

把国家与治理放在一起，尤其是把政府与治理放在一起，是中国的一种创造。在这种中国式的创造中，既吸收了一般治理概念的内核，同时也吸收了公司治理的关切。中央提出了“国家治理现代化”的论断，无疑是马克思主义国家理论的一次重大创新，深化了我党对社会发展规律，特别是现代化发展规律的认识。这是值得高度关注的理论内容，也是应当深入开掘的历史意涵。

“国家治理现代化”是一个包含了许多中国创造元素的重大论断

国家治理概念具有中国创造的特色，它吸收了治理概念的合理内核，又吸收了公司治理的关切。我对国家治理的定义是：国家治理是国家政权的所有者、管理者和利益相关者等多元行动者对社会公共事物的合作管理，其目的是维护社会秩序，增进公共利益。

“国家治理”突出了国家政权所有者的“在场”、多元行动者的合作管理和伙伴关系，并强调增进公共利益与维护社会秩序并重。国家治理体系由国家治理目标体系、制度体系和价值体系三个部分组成。其中，目标体系包括三方面；第一个是国家的繁荣富强，第二个是人民的幸福安康，第三个是国家政权的长治久安。约束各类行动者在社会公共事务管理中行为的制度体系，构成国家治理体系的核心，是最关键的部分。因为实现国家治理目标体系、体现国家治理价值体系，都要靠作为国家治理主体的各类机构或个体行动者及其行为规则来完成。国家治理体系包括了政府治理、市场治理和社会治理三大子体系，他们分别依靠合法的强制性权威、市场价格和竞争机制、志愿奉献和自治自律机制等不同的协调机制，来整合资源、约束行为，实现增进公共利益、维护社会经济秩序的目的。此外，国家治理价值体系是成功的国家治理所必需的基本的操作性价值理念，具体包括透明、参与、法治、回应、公正、问责、效益、廉洁、和谐等善治的基本价值。

在中国的语境中倡导“国家治理”的概念，避免了单纯讲“治理”概念时，因倡导“多中心”、“网络化”、“没有政府的治理”等理念而容易造成的去国家化、去政府化、去执政党化的印象，在凸显国家、政府、执政党的主导地位的同时，又对市场和企业、公民和社会组织等政府以外的行动者开放了公共治理空间，允许其作为国家治理的主体发挥作用。因此，这个概念既有所坚持，又有所开放，容易为国家和社会等各方所接受。

从三组概念所构成的意义之网中理解“国家治理现代化”

要完整地理解国家治理这个概念，我认为应当从三组概念所构成的意义之网中加以理解。第一组是治理、公司治理和国家治理；第二组概念是国家统治、国家管理与国家治理；第三组概念是国家政体与国家治理。这实际上涉及到理解国家治理的三个不同维度。

首先，治理的概念和公司治理的概念都是20世纪90年代提出来的。治理概念的提出，所面对的是福利多元主义和福利自由主义。在福利国家的时代，国家全面负担了社会福利，但又出现了供给困难。在这种情况下，福利多元主义提出，要多元主体分担责任，共同提供福利服务。在这样的背景下又开始强调，在社会公共事务的管理中，除了政府以外，多元行动者要进行合作管理，也就是说要由多元主体与政府共担责任。为了概括这种情形，于是出现了治理的概念。这里的治理概念强调多中心，强调网络化，强调合作管理。这是治理概念的核心。

与一般性的治理概念相关联，这一时期也出现了公共治理的概念，以及国别治理的概念。公共治理更多地见之于行政学和公共管理学的学术发展脉络；国别治理概念则见之于国际组织和发达国家的对外援助评价工作之中，涉及援助提供者对援助接受者的国家治理质量进行分析和评估，以确定援助的重点和范围，这就是最初的国别治理评估。

但与此同时，即上个世纪90年代，也开始流行公司治理的概念，并且取代了原先常见的企业管理概念。这是因为公司管理的研究者和实践者主要关注通过投入要素的优化组合实现公司利润的最大化。但是，公司运营中往往会出现公司高管背叛股东利益，谋取个人私利乃至贪污腐败，最后又导致公司垮台的情形，最极端的案例就是美国安然公司的会计做假账案。适时而生的公司治理概念，则关注对公司高管加以约束的问题。确切地说，公司治理概念所导引的研究，企图探讨在所有权和经营权相分离的现代公司制度下，如何实现委托人和代理人的激励兼容的问题。要通过建立激励兼容的机制，使代理人和委托人的利益目标趋于一致，使不同的利益相关者捆绑在一起，同时强化监督机制，避免背叛的发生。较之于传统的公司管理概念，公司治理强调，一方面要给公司高管赋予足够的自主权为公司挣钱获利，实现公司管理的高效益；另一方面则要使公司管理层对股东及其代表董事负责，由此研究公司治理结构的优化问题，具体包括董事会的结构与权能，董事会对公司高管的监督和监管，努力提出优化的公司治理制度设计。

相对而言，中国学者自 1990 年代所开始讨论的国家治理概念，包括中国学者所提出的政府治理概念，则是中国化的概念，或者说，是经过中国化改造的概念，融入了中国的元素。这是因为，在国外，治理的概念强调多中心，某种意义上就是少点统治多点治理，甚至主张没有政府的治理、多中心化的治理和多层化的治理；而把国家与治理放在一起，尤其是把政府与治理放在一起，是中国的一种创造。在这种中国式的创造中，既吸收了一般治理概念的内核，同时也吸收了公司治理的关切。

在吸收治理和公司治理概念合理内核基础上，我给国家治理所下的定义就是，国家治理是国家政权的所有者、管理者和利益相关者等多元行动者对社会公共事务的合作管理，其目的是维护社会秩序，增进公共利益。这个定义显然包括了三点新意：第一，它突出了国家政权的所有者即主权者的“在场”，而不是所有者的“缺位”；第二，突出了管理者对所有者负责并受法律约束的问题；第三，突出了多元行动者的合作管理，倡导政府、市场和企业、公民和社会组织这样一些多元行动者结成伙伴关系。意图是强调管理者与多元行动者的协同共治，否则，国家治理将会变成简单的当政者治国理政而与百姓无关，管理者不用向所有者负责并受法律约束，国家治理的民有民治民享取向将无从体现。

其次，从国家统治、国家管理与国家治理三个概念之间的演进来理解国家治理。其中，“国家统治”的概念由来已久。按照马克思的说法，国家是阶级统治的工具，国家拥有合法的行使暴力的权力。这样的话，国家统治的概念所关注的是国家可以利用合法的暴力手段对社会实行专政、镇压、管制和控制，其目的是维护社会的安全秩序，国家的阶级性成为关注的重点。其实，“守夜人国家”、“警察国家”、“最小国家”等一系列概念，也都是针对国家统治而言的。“国家管理”的概念，对单纯的国家统治则有进一步的超越。随着社会的发展，国家要给民众提供社会福利服务，提供基础设施，社会公共服务的功能使国家的公共性及国家管理凸显出来。在这里，国家管理强调国家是社会公共利益的代表，要保证使各种投入要素实现优化组合以增进社会公共利益。国家管理的概念与自由民主国家和福利国家的概念有着密切的关系，凸显了国家保障公民自由和权利以及提供福利服务的功能。

相形之下，国家治理的概念是上个世纪90年代出现的，在中国语境中还包括了中国化的再造。这个概念所强调的是，国家统治指向维护公共秩序，国家管理指向增进公共利益，而国家治理的概念则既要维护公共秩序，也要增进社会公共利益。这意味着，国家治理的概念，与国家统治的概念以及国家管理的概念，并不是替代性的关系，不是有我无他的取代。国家治理既涉及国家统治，又包容国家管理，但又增添了全新的元素，即在强调国家维护社会公共秩序、增进社会公共利益的同时，又强调了国家向社会开放治理空间，政府向公民负责并受法律约束的重要性。这就是说，国家本身无论是统治职能还是管理角色，说到底仍然是为社会和公民做事的，要向社会公众负责。国家治理概念凸显了这一点，尤其强调在公共决策的过程中，在提供公共服务的过程中，向多元行动者开放公共空间，开放公共舞台的问题。而这些新的元素，是国家统治和国家管理的概念所未能容纳的。

最后，从国家政体（State Regime）与国家治理（State Governance）的分层结构来理解国家治理。在这里，国家政体是指国家政权的类型或形式。在中国术语中，政体是指国家政权的组织原则和组织形式，是一种宏观的国家政权的制度结构。从规范角度来说，中国国家政体的实质是民主的集权制和民主的集中制。但在改革开放之前，更多的是无民主的集中制、无限权的集权制。经过三十多年的改革，现在的政体有更多的民主要素。国家治理的概念则是在国家政体概念之下的一个中层概念，是各类国家政体都共同具有的约束国家和治理社会的各种具体制度和机制的总和，强调的是国家政权实际运行的过程和成效。国家政体属于“体”的范畴，国家治理则属于“用”的范畴。

正是从这里，可以发现国家治理概念所具有的、所强调的工具理性的一面。实践中的国家治理，既可能出现治也可能出现乱，既可能出现兴又可能出现亡，既可能出现强也可能出现弱；国家治理既有很多现代的要素，是古代传统中所缺乏的，但古代传统中又有一些东西是可以吸收的。这涉及的是“用”的层面的内容，具有共通性。

“国家治理现代化”的论断是马克思主义国家理论的一次重大创新

习近平总书记亲自主持起草的十八届三中全会《决定》，提出了“国家治理现代化”的论断，无疑是马克思主义国家理论的一次重大创新，深化了我党对社会发展规律，特别是现代化发展规律的认识。这是值得高度关注的理论内容，也是应当深入开掘的历史意涵。

马克思主义的经典国家理论，研究的重点是国家的性质、国家的起源、国家的目的、国家的政体、国家的职能和国家的历史命运这样一些宏大的问题。而国家治理现代化命题的提出，是一种走向中观层次的国家理论的努力。国家治理体系和治理能力的现代化，彰显了国家治理的状况对于一个国家的富强昌盛、社会的长治久安和人民的幸福安康所起的重大决定性作用，凸显了治国理政者如何向人民负责、向社会负责的问题；同时，这一论断还特别强调，在国家治理中，既要发挥政府治理的作用，还要发挥市场治理和社会治理作用，又要呼应全球治理的新形势和新要求，凸显了多元行动者本身在公共治理空间结成平等的合作伙伴关系的重要性。这样的内容，既是回应现实发展所提出的重大挑战，又是在理论上开拓思路、创新思维的结果。因此，国家治理现代化是马克思主义国家理论的重要创新。国家治理理论的不断深化，也就意味着马克思主义国家理论不断得到深入和发展。

“国家治理现代化”论断反映出中国执政党对于现代化规律的认识不断深化

十八届三中全会《决定》关于国家治理的重要表述中，还提出了推进国家治理现代化的问题，这反映出我们党对现代化规律的新认识。从执政党对于现代化规律的认识来看，现代化究竟应当包括哪些内容的认识经历了一个发展过程，体现出转换和递进的关系。第一代的表述是上个世纪 70 年代中期到 80 年代初所讲的“四个现代化”，包括工业、农业、科技和国防的现代化，实际上可以称之为“经济现代化”，因为这四个现代化主要是以经济发展指标为衡量标准的，也主要是以激发经济发展动力为指向的。进入 1990 年代以后，执政党对现代化的认识不断走向深入并开始发生一些变化，实际上出现了“第二代”的“四个现代化”表述，其中既包括狭义的社会现代化（科学发展观与和谐社会理论），还包括经济现代化、文化现代化（精神文明建设和文化建设特别是公民道德建设）和生态环境现代化（生态文明概念进入党的文件）。其中新增添的内容，生态环境现代化，是指环境友好型的建设；社会现代化是指社会事务、社会领域和社会主体走向现代化；文化现代化则是指人的现代化。

因此，我们现在所讲的“国家治理现代化”，属于“第三代表述”，也属于“政治现代化”的范畴。当然，政治现代化的概念更加宽泛，可以通过多个维度加以理解，也可以在前面所提到的国家政体之“体”与国家治理之“用”的两个层面加以理解。在这个意义上讲，政治现代化包括国家治理现代化，或者说，国家治理的现代化构成了政治现代化的重要组成部分。更具体地说，我认为政治现代化的制度成果，应该包括这样一些基本内容：第一是定期举行选举的竞争性选举制度，第二是现代化的政党政治体制，第三是完善的代议制机构，第四是立法机关、行政机关和司法机关的分立和制衡，第五是政治与行政的分立，第六是公务员制度，第七是科层制度，第八是职业政治家和职业文官的形成和分工，接下来是公民的自由和权利的保障，然后是媒体监督。

从对比和比较的角度来讲，现代政治与传统政治最大的区别，首要特征是对民主和法治价值的追求深入人心，其次是民主和法治的理想不断转化为具体的制度设计和安排，从而使民主成为可操作的制度。因此，我们说现代政治又称之为民主政治。国家治理的现代化是指国家政体不变的情况下，或者说维持特定的国家政体基本制度框架不变的前提下，将现代政治和现代行政的诸多技术、程序和机制引入国家治理结构、过程和行为中去，特别是引入立法和公共决策等过程中去，使国家治理的理念、模式、方式、工具、技术现代化，提高国家治理的质量，同时实现国家治理主体的现代化包括组织机构的现代化和人的现代化。国家治理体系现代化和治理能力现代化是国家治理现代化中制度现代化和人的现代化的有机统一。

提高民主治理与有效治理的关键环节

国家治理现代化有两个重要面向。第一个，它是将民主和法治相关的这些技术、程序和机制引入国家治理过程，实现民主治理，增强国家治理的正当性、认同性和可接受性。再一个，它是将古今中外国家治理的成功经验和做法，引入国家治理的过程中，实现有效治理。一个是民主治理的面向，一个是有效治理的面向。民主治理和有效治理不一定是同步实现的，不同时期重点可能不同，但二者不可偏废，无法相互取代。民主治理有助于提高国家政权对人民和社会的责任感和回应性，减少官僚集团以权谋私、自我服务等腐败和特权现象。缺少民主治理，官僚集团就会在缺少授权约束和法律约束情况下自我服务而不是为百姓服务。有效治理有助于增强国家政权治理的效能，减少出现失效国家和软弱政权的可能性。

国家治理现代化应着眼于提高民主治理和有效治理的水平，重点是推进多个维度上不同治理主体的分开，包括：政治与行政、政治与法律、政府与企业和市场、政府与事业单位和社会组织的分开。开辟职业政治家和职业文官各自的职业发展通道，推进政治与行政的分开。推进参与式决策和协商决策，提高政策法律质量。强化人大对机构、预算和编制设置的监督。从党管政法走向党领导司法的转变。推行行政审批制度改革，变审批政府为监管型政府。通过设立专项基金、服务外包、政府购买服务等方式，实现公共服务提供主体多元化，发挥市场和企业、社会组织社会公共服务的作用。变运动式治理、靠文件会议讲话行政为依法治理与依法行政。同时强化执政党的利益整合功能与多组织间协调功能，努力建设“整体性政府”，使国家治理主体在享受结构功能分化和专业分工优势的同时，通过执政党和政府的整合与协调，提高国家治理的协同性和整体合力。

（作者为中央编译局比较政治与经济研究中心主任、
北京大学国家治理协同创新中心研究员）

参考文献

①《中共中央关于全面深化改革若干重大问题的决定》。

②俞可平主编：《治理与善治》，社会科学文献出版社 2000 年版。

③［美］阿尔蒙德等：《比较政治学：体系、过程和政策》，曹沛霖等译，上海译文出版社 1987 年版。

法治政府：发挥市场决定性作用的关键

高尚全　陆　琪

处理好政府与市场的关系这一重大问题，是推动全面深化改革的关键，其中转变政府职能，又是处理好政府与市场的关系这一问题的核心。但是长期以来，虽然从中央到地方屡屡强调转变政府职能，但又长期难以有效转变，甚至一度出现政府过度干预市场，造成资源错配、产能过剩的乱象。究其原因，就是因为没有彻底落实法治，总是将转变政府职能寄希望于权力的自我克制和收缩，但中外历史都早已证明，这种方式难以取得预期的效果。只有彻底落实依法治国，才能真正使政府转变职能，才能确保改革全面深化。

坚持依法行政才能转变政府职能

法治的要义在于牵制并驱策“权力”这头猛兽，使权力的运行趋利避害

发挥市场的决定性作用，就必须排除政府对市场的过度干扰，

同时又需要政府做好服务工作和保障工作，创造良好的市场环境并提供有效的社会保障。因此，以法律的形式界定政府与市场的边界，并用法律程序、法律规则矫正政府随时可能出现的越位、缺位和错位，就显得至为重要。

十八届三中全会《决定》要求全面正确履行政府职能，并要求“进一步简政放权，深化行政审批制度改革，最大限度减少中央政府对微观事务的管理，市场机制能有效调节的经济活动，一律取消审批，对保留的行政审批事项要规范管理、提高效率。”彻底贯彻《决定》的这些放权要求当然有利于调动社会的积极性，有利于改革红利的进一步释放。但是也应该看到，二十年前的十四届三中全会《中共中央关于建立社会主义市场经济体制若干问题的决定》就曾经明确提出“要按照政企分开，精简、统一、效能的原则，继续并尽早完成政府机构改革”，在投资体制改革方面要“用项目登记备案制代替现行的行政审批制”。十年前的十六届三中全会《中共中央关于完善社会主义市场经济体制若干问题的决定》也提出要“深化行政审批制度改革，切实把政府经济管理职能转到主要为市场主体服务和创造良好发展环境上来。”大体的意思一脉相承，但最终却都没有完全落实。

要真正落实行政体制改革，实现简政放权，政治动员短期可以立竿见影，但长期来看，唯有通过法治的手段推进法治政府的建设才是最优选项。法治的要义在于限制公权、保障公民权利。从根本制度上讲，就是通过权利制约权力的方式（限权和放权），以及由此演化而来的权力与权力之间相互制约（分权）的方式来牵制并驱策“权力”这头猛兽，使权力的运行趋利避害。作为规定我国根本制度、保障公民权利的根本大法的宪法和在宪法这个基石上产生的各项法律是实现限权、放权和分权的具体依据。要实现简政放权，有效转变政府职能，就必须要尊重宪法的权利本位，遵守法律的各项规范，使政府公权行为法无授权即禁止，公民权利行为法不禁止即自由。惟其如此，才能杜绝政府对经济的过度干预，才能保证政府正确发挥自身的职能。这个尊重和遵守不能仅仅停留在纸面和口头上，法律规范的强制性特征要求违背宪法和法律的权力行为必须受到惩处，否则宪法和法律就失去了其规范意义，就会沦落为道德口号。因此《决定》指出"要维护宪法法律权威"。这充分体现了党中央对全面深化改革的深刻认识。

从方法论的角度来看，根据目前的实际情况，维护宪法和法律的权威，需要通过完善宪法、行政法的落实和司法适用，完善党内制度体系，将加强和改善党的领导与现代法治条件下对权力的制约有机结合起来，确保党在法治轨道上成为中国特色社会主义事业的核心。宪法、法律的司法适用需要司法体制的配套改革，过去那种实质上隶属于地方的司法体系已经难以发挥法律对地方政府权力的限制规范作用，《决定》因此提出："确保依法独立公正行使审判权检察权。改革司法管理体制，推动省以下地方法院、检察院人财物统一管理，探索建立与行政区划适当分离的司法管辖制度，保证国家法律统一正确实施。"这样的改革步骤，表明最高决策层已经意识到公权力的有序运行，不能单纯依赖官员的自觉自醒，必须有相对独立的司法威慑，展现出大局画棋，小处落子，细点着力，循序渐进的改革思路和策略，值得称道。《决定》还开创性地提出了要“完善人权司法保障制度。”这也是针对司法实践当中暴露出来的各种问题作出的回应，这表明中央力图扭转权大于法、公权力任意削减律师、公民权利的行为的意愿。

只有通过真正地落实法治，才能杜绝公权力越位、缺位、错位情况的发生，促进政府职能的有效转变，将权力关进笼子。只有将权力真正关进了笼子，才能真正充分发挥市场的决定性作用。

释放经济活力关键是建设法治社会

市场本身出现的一些问题，与法治的缺失息息相关

现代科技的发展使现代市场经济的市场交易完全脱离了熟人社会，交易双方基本是陌生人，市场交易规模和频率也是过去不可想象的，市场交易行为脱离了熟人社会的舆论管制，这样就极易产生各种欺诈以及各种假冒伪劣。但是现代市场经济已经发展出一套成熟的规制陌生人社会大量交易的制度，那就是法治。法治的确立一方面防止了政府对市场的过度干预，保障了市场交易的自由和平等，破除了资源在市场中流动的外来阻力；另一方面，法治又为交易提供了可供交易各方共同遵循的依据，极大地降低了交易成本，保障了海量的市场交易行为的诚信履行，为资源在市场上的流动注入了最重要的润滑剂。

从十四大确立社会主义市场经济以来，我国的社会主义市场经济建设已经取得了长足发展，但也暴露出一些严重的问题，除了前述政府与市场关系没有完全捋顺的问题之外，市场本身出现的一些问题，也与法治的缺失息息相关，这里可以举几个

方面的例证。

第一，食品安全问题。这些年来，国内市场的假冒伪劣产品一直冲击着人们忍耐极限，从苏丹红到瘦肉精、从病死猪肉到大头奶粉，从假疫苗到劣质建材，肆无忌惮的造假行为令人瞠目结舌。造成这些问题的根本原因就是一个已经突破了熟人社会舆论规制的市场经济却又没有建立起严格的法治规制环境，两头不靠的结果就造成市场乱象丛生。

第二，证券市场问题。我国十年来 GDP 上涨了 302%，成为全球经济增长最快的国家，但股市止步不前，散户损失惨重。证券市场之所以暴露出如此严重的问题，一方面是因为证券市场跟国家法治程度息息相关，证券市场不能依法做到公平、公开、公正，该退市的不退，该处罚的不罚，该受理的案件不受理，股市凭什么吸引资金？另一方面股票不是房产那样的刚需，人们完全可以用脚投票，证券枯荣的指数难以长期进行掩饰。所以证券市场不仅仅是经济的晴雨表，它也是法治环境的晴雨表。最近证监会主席关于证券市场的法治理念和逻辑的发言体现出了一些新意，值得期待。

第三，关门打狗问题。多年来，经济较落后的中西部地区、东北地区都在想方设法地发展地方经济，下大力气进行招商引资。其中一些地区投资软环境差，尤其是法治环境恶劣，公检法沆瀣一气，开门招商，关门打狗。一些地方政府官员不顾地区经济的长远发展，以各种理由侵犯投资者的财产权利，甚至蓄意制造冤案，对外来投资者杀鸡取卵，最终使投资者视到这些地区投资为畏途，断绝了这些地区的长远发展机会。与之形成对比的是，经济发达的江浙地区在商业规则的遵守和对权力的约束方面明显要高出一筹。因此，要振兴落后地区的经济，首先要改变的是这些地区落后的法治思维、法治环境，否则就会事倍而功半。

第四，资本外逃问题。据2012年招商银行联合贝恩资本发布的《2011中国私人财富报告》统计，在个人资产超过1亿元人民币的企业主中，27%已经移民，47%正在考虑移民。造成企业家纷纷移民的重要原因之一，是他们对我国的法治缺乏信心，认为不足以保障他们的资产安全，现实中如重庆的情况、湖南的太子奶案等也在不断佐证他们的判断。因此，努力建设法治社会是增强企业家信心，减少国家资金、人才外流的根本途径。

以上种种问题表明，从制度层面上看，正是法治的缺失，限制了市场的决定性作用的发挥：市场交易主体之间虽然已经可以一定程度上完成市场交易，但严重的不确定性使交易成本大幅提高，市场主体的交易意愿严重下降，资源流转的动力不足甚至转移到了境外，市场对资源配置的决定作用就大打折扣，进而导致经济社会活力难以充分释放。要全面深化改革，获得改革的红利，就必须建设一个法治社会。

加快司法体制改革，推进法治中国建设

建设法治中国，必须改变对权力持有者软约束多、硬约束少的状况

十八届三中全会《决定》对推进法治中国建设作出了全面的部署，《决定》指出要“建设法治中国，必须坚持依法治国、依

法执政、依法行政共同推进，坚持法治国家、法治政府、法治社会一体建设。”

法治国家、法治政府、法治社会的建设都有赖于独立的司法系统的改革和完善。《决定》不仅强调了要“确保依法独立公正行使审判权检察权”，而且为这种独立提供了制度保障。针对当前司法工作中暴露出来的一些问题，《决定》提出要改革完善司法人员管理制度，健全司法权力运行机制，完善人权司法保障制度等，体现了中央通过加强司法工作来落实法治建设的决心。这些改革措施虽然并不能一步到位地解决我国司法工作中存在的诸多问题，甚至还可能在改革过程当中衍生出一些新的弊端，但毕竟是往正确的方向迈出了较大的一步，这是巨大的进步。

与推进司法体制改革同等重要的是，要塑造人民群众对法治的信心。现阶段在实践中大量存在的选择性执法破坏了法律的平等原则，严重消解了人民群众对法治的信心。选择性执法使个案本身看起来并无不妥之处，但是经不起比较，对经济社会生活也有极大危害。比如几家企业都偷税漏税，执法部门只处罚其中一家企业，就处罚个案本身来说是公正的，但是总体来看就是不公正的，就会导致市场环境的不公平，政府又变相地主导了资源的配置，继而造成市场经济资源的错配。因此，要建设法治中国，必须要杜绝选择性办案等自欺欺人的作法。

建设法治中国，必须改变对权力持有者软约束多、硬约束少的状况。长期以来，我们对待权大于法的问题、对滥权导致的腐败问题，更多地是采取学习教育的方式，希望防范于问题发生之前。学习教育的确能够发挥一定的作用，但是必须要有硬制度的兜底。我国虽然是社会主义国家，但是权力最终也都是要通过授权到个体的人来行使，既然我们在确认自身发展阶段的时候知道人的觉悟还没有达到共产主义的高度，那么对行使权力的人的制约就不能主要靠教育、靠自觉，中国两千多年的儒家“礼义廉耻”教育都挡不住王朝更迭的历史周期律，跳出历史周期律唯有限制权力一途。要限制权力，则必须在法治的基础上逐步推进落实民主，民主制度通过限权反过来又能进一步夯实法治，减少权大于法的弊病。所以《决定》提出：“坚持用制度管权管事管人，让人民监督权力，让权力在阳光下运行”。

十八届三中全会《决定》指出：“必须更加注重改革的系统性、整体性、协同性”，从当前的改革发展实践来看，经济体制改革是全面深化改革的重点，但掣肘经济体制进一步完善的问题显然已经不仅仅局限在经济领域之内，与市场经济有着千丝万缕的联系的法治已经成为经济体制改革继续突破过程中必须要解决的问题，解决好法治问题正契合习近平同志提出的以重大问题为导向的改革路径。《决定》要求：“发挥经济体制改革牵引作用，推动生产关系同生产力、上层建筑同经济基础相适应，推动经济社会持续健康发展。”在深化改革的过程当中以问题为导向，落实法治，是发挥经济体制改革牵引作用的具体体现。

（作者分别为中国经济体制改革研究会名誉会长；
中央财经大学金融法研究所特邀研究员）

司法新常态呼之欲出

叶　青

新的中央领导班子上任近两年，在两个方面让大家记忆深刻，一是贯彻落实“八项规定”、“反四风”，让“节俭养德”全民行动深入人心；二是反腐败、“老虎”“苍蝇”一起打，让政坛更加干净，经济、社会、文化、生态事业也进入了“新常态”。唯独就是对“司法不公”治理的具体抓手不多。党的十八届四中全会解决了这个问题。

司法不公的种种表现

司法公正几乎年年成为“两会”会内会外关注的焦点。以十一届全国人大五次会议为例，代表委员热议的司法不公问题就有以下五大关注点。一是司法公正。司法公正是社会公正的基石，司法不公则会无限扩大社会不公。二是独立办案。实现司法公正，树立司法权威，要进一步落实宪法规定的法院独立行使审判权的规定。要落实独立行使审判权，不仅要靠法院自己的努力，增强自身的抗干扰能力，同时也需要全社会的共同努力。三是选择性执法。目前选择性执法现象较多，不是每一件违法行为都能得到查处。四是执行难。一些民事案件执行不尽如人意，既影响了社会安定，也损害了司法公正。五是错案追究。人民法院在执法办案过程中难免会出现一些事实认定错误、适用法律不当的错案。错误的裁判既侵害当事人的合法权益，又损害司法的权威。错案责任追究工作面临一定的困难，实际效果与广大人民群众的要求还有一定的距离。

从法律的角度来划分司法不公主要有两种表现形式：一是程序法适用不公。在我国一直以来是“重实体轻程序”。程序上的不公正，亦即司法程序不合法，不依法定程序行使职权，组织诉讼，作出裁判。我国现今制定的司法程序无不体现着公正精神：公安、检察、法院、司法各司其职，互相制约；审级制度以司法层级监督，保证法院裁判公正；当事人诉讼权利义务平等原则，保证了当事人双方在诉讼中的平等机会；公开审判原则将司法活动置于公众监督之下，以期实现公众承认的公正；回避、法官中立、辩论等原则制度也都以公正为最终目的。然而，实践中亦有些司法人员公然践踏法律上的这些规则。

二是实体法适用不公。主要体现为三个方面：歪曲事实、曲解法律、处理不公平适度。公正的司法须建立在查明事实的基础上，而司法不公者歪曲事实、颠倒黑白；公正的司法须符合法律的准绳，使法律规范中所蕴涵的公正适用于司法活动和裁判结果，而司法不公者只会曲解法律，任意行使侦查、检察及审判自由裁量权；公正的司法还须处理公平适度，而司法不公者在案件的定性、强制措施适用、事实的认定、证据的采纳、责任的划分上恣意妄为，不掌握科学、合理的度，使合法的权益不能受到保护，违法的行为不能受到追究。

从内容的角度又可以将司法不公分为以下两种表现形式：一是司法专横，如在侦查环节，司法工作人员往往带有主观臆断，还没查就已经把其当成罪犯看待，因此，刑讯逼供、暴力取证层出不穷，冤假错案也随之不断。二是司法腐败，当前由于各种各样的原因如司法工作人员业务水平低下，公正思想淡薄，特权思想严重，搞权钱交易，以案谋私等，个别司法工作人员“吃、拿、卡、要”、办“关系案，人情案”，大大损害了司法工作人员在人民群众中的形象。在司法不公的种种表现中，最突出的问题就是司法腐败。司法是保障社会公平与正义的最后一道防线，司法腐败也因此被广泛称为“最后的腐败”和“最大的腐败”。长期以来，我国一直将司法机关视同为行政部门并给予同等的管理，这就导致了我们的司法工作在实质上的不独立，为有些地方和部门的保护主义保驾护航，更有甚者成为某些领导手中的工具为其谋权、谋利，一些司法部门受单位利益驱动，插手经济纠纷，以罚代刑，以钱抵刑，还有一些司法工作者，素质低下，贪小利，侵犯了广大人民群众的合法权益。

如何推进司法公正

司法公正是司法活动的灵魂，是司法活动的第一属性。没有公正，司法便失去了其存在的价值和意义。公正的司法，不仅能够惩恶扬善、弘扬法治，同时也是对民众遵纪守法的法治观念的教化。“公正”是司法工作的主题，它的基本内涵是，司法活动要做到公开、合法、公正。

司法不公的主要原因有：一是外部干预。外部干预主要是指一些部门和机关直接插手干预司法案件处理，同一类型纠纷在不同的地方出现不同的判决结果。二是传统的司法理念。如司法工作人员在办案中的司法理念通常是“有罪推定”和“疑罪从有”。三是司法人员个人素质不高。办理司法案件对办案者有着很高的素质要求，如果缺乏这一点，就可能会自觉不自觉地以个人情感、偏好来指导办案，从而难以保证公正的裁判。四是司法人员徇私舞弊、贪赃枉法。这与社会上的腐败现象是相关联的。尽管这类现象发生在个别司法人员身上，但其恶劣影响不可低估。

司法不公不是一个孤立的现象，它的彻底解决，不能仅依靠司法机关，更需要依靠党委、人大及全社会的共同努力。

一是落实司法制度整体结构上的改革措施，确保司法机关的独立地位。目前我国司法工作中存在的地方保护主义，就与体制不合理、司法机关所处地位独立性不够、司法过于依附于行政机关有着很大的关系。司法机关地位应切实提高，对人财物应具有更大的自主权，不受制于地方。

二是努力提高司法工作者的素质，加快司法职业化建设。要实现司法公正，司法人员的政治素质、业务素质及身体素质都应符合现代司法工作的需要，尤其须具备清正廉洁、刚直不阿、忠于法律的司法品格和正确理解、适用法律、正确行使法律赋予的裁量权的司法才干。

三是减少对司法活动的干预，强化监督机制。干预则是指干扰司法机关依法进行职权活动。监督是对人不对事的，是法制的需要，目的在于防止滥用职权，纠正司法中的不公正现象。在依法严格执行各项有关监督制度的同时，要积极研究、探索更加符合司法活动客观规律、符合法官职业特点，能够更为有效地加强监督、接受监督的渠道和方式，从而达到既防止和惩治腐败，又不损害独立司法的目的。

十八届四中全会提出的“全面推进依法治国”，为根治司法不公问题提出了理论上与组织上的保障。应该说与理论界的研究结论是高度切合的。在四中全会之后，在继续做好节约、反腐之外，集中力量推进司法公正的工作，是当务之急，只有这样，“法治中国”才会与“节俭中国”、“廉洁中国”一道，屹立于世界的东方。

（作者为中南财经政法大学教授、博导）

参考文献

中国共产党第十八届中央委员会第四次全体会议《中共中央关于全面推进依法治国若干重大问题的决定》，《人民日报》2014 年 10 月 29 日。

提升司法公信力的路径

孙养统

习近平总书记提出“努力让人民群众在每一个司法案件中都感受到公平正义”，这是对司法公信力的生动阐释，也是对提升司法公信力提出的高层次要求。正如澳大利亚著名法官马丁所言：“在一个秩序良好的国家中，司法部门应得到人们的信任和支持。从这个意义出发，公信力的丧失就意味着司法权的丧失。”又如法学教授徐昕所言：“比司法不公更可怕的是，即使法院作出公正的判决，民众也时常不相信。司法公信力危机，正是当下中国司法乃至社会治理面临的严峻挑战。”可见，提升司法公信力，既是司法良性发展的内在要求，也是法治中国建设的必然走向。最高人民法院院长周强在全国高级法院院长座谈会上强调，“坚持司法为民公正司法，提升司法公信力，关键在队伍，重点在基层。”作为一名基层法院院长，笔者结合自身基层工作实践谈一谈提升司法公信力的路径选择。

落实宪法框架下的“一府两院”。我国宪法赋予了“一府两院”平等的法律地位。然而现实中，这种平等的法律地位却没有得到实现，“一府两院”在政治、机构和经济地位上严重失衡，从而形成了对司法机关依法独立行使职权极其不利的政治环境，这也成为了制约司法公正和司法公信力提升的最为突出的因素。要解决现实中出现的“一府两院”地位失衡问题，一是要提高“法检两院”的政治地位，“法检两长”至少应由同级党委常委兼任；二是要提高“法检两院”的机构级别，法检两院及内设部门与同级政府及部门应当拥有同等的机构级别；三是要从体制上改变司法机关的财政地位，解决地方司法机关经济受控于地方政府的现状，法检两院的所有办公、办案等费用，统一由中央通过转移支付解决。

完善并加强司法职业保障。第一，提高法官准入门槛。担任法官，除了要具备《法官法》所规定的条件外，应当通过国家司法考试，并且通过国家统一组织的法官招录考试后，还应当到国家法官学院学习两年，待取得毕业证书后才能被任命为法官。通过这些门槛设置，提高法官队伍的整体素质。

第二，提高法官职级待遇。积极推进《法官法》的修改、完善和实施，尽快出台相关配套机制，将法官从公务员序列中单列出来，对应提高法官职级待遇，并参照各国惯例，将法官薪资待遇提高到同级别公务员的两倍以上水平，切实解决目前法官晋升空间小、职级待遇差、人才流失严重等问题。

第三，设立法官廉政基金。为每位法官开设一个廉政基金账户，按照法官薪酬待遇标准，由财政按同比例向该账户存入廉政基金，法官工作达一定年限后，如果其在履职过程中没有违法违纪现象就可以全额领取这笔基金，如果出现违法违纪现象则按一定比例扣减这笔基金，涉及刑事犯罪的则完全不享受这笔基金。这样一来，法官任职时间越长，廉政基金账户中的金额就越高，其违法违纪的机会成本就越大。

进一步推进全民普法教育。其一，法治教育要从幼儿园抓起。所谓“三岁看大，七岁看老”，要从幼儿教育开始，建立科学的法制教育课程体系，使法制教育成为学校全面实施素质教育的重要内容，认真做好法制教育工作，让公民从小就接触到法律规范，逐步形成敬畏法律、相信法律、遵守法律的思维意识。

其二，加强对普通群众的普法力度。一是要克服形式主义，不能只做表面文章，走走过场；二是要丰富普法形式，可采取普法讲座、电视栏目、报刊网络、就地办案等多种方式；三是要注重普法教育的广泛性和针对性，在机关、学校、工厂、农村等地广泛开展，并且针对不同群体采用不同普法形式。

其三，强化公务员群体的法治思维。加强对国家公务人员的法治教育，切实提高他们运用法治思维和法律手段解决矛盾纠纷的能力，特别是要使破解信访难题回归到法治途径，确立起“绝对的司法终局性原则”，从而解决其与信访终结制之间的矛盾，维护司法权威，实现司法公信力的提升。

（作者为重庆市南川区人民法院院长）

以良法求善治

杨建顺

党的十八届四中全会《决定》（以下简称《决定》）提出要“建设中国特色社会主义法治体系，建设社会主义法治国家”，为党在治国理政层面实现重要历史跨越奠定了基础，明确了全面推进依法治国的总目标，设计了方式、方法和手段，为国家法治描绘了蓝图。《决定》内容包含七个大的方面，贯穿起来是一条非常清晰的主线，即以良法求善治。良法和善治，离不开立法、行政和司法等国家作用相互间的良性互动，离不开一系列机制制度和观念认识的支撑。“以良法求善治”，起码应当确保良法存在，确保法律实施的实效性，并确保司法的公平正义性。

确保良法存在

正如《决定》所指出：“法律是治国之重器，良法是善治之前提。”那么，什么是良法？《决定》指出，良法“要恪守以民为本、立法为民理念，贯彻社会主义核心价值观”，要“符合宪法精神、反映人民意志、得到人民拥护”。应当说，这些要素揭示了良法应有的价值品格，但是，“良法”是个不确定概念，需要通过一系列机制、制度来保障，需要明确的标准和完备的程序来支撑。

长期以来，我国在立法领域一直都很重视民主和科学这两大原则，也取得了长足进步。但是，在具体运作中往往存在对民意吸纳不够、把握不准的情形，尤其是对专家学者的论证意见往往重视不够，或者虽然给予高度重视，却由于直接从事立法工作人员的专业水平等局限，而难以准确、充分、及时反映于相关立法之中。这就有必要强调参与型行政的理念，像《决定》所强调，“要把公正、公平、公开原则贯穿立法全过程”，在健全宪法实施和监督制度的基础上，完善立法体制，推进科学立法、民主立法。

此外，法律所规定内容的滞后性、相关规定的不周延性及不同规定之间的差异性等，决定了对“良法”的追求需要实现立法的动态化。为应对立法领域这个长期难点问题，《决定》明确指出，“完善立法体制机制，坚持立改废释并举”，这是《决定》的一大亮点，这样一来，立法与改革的关系问题也就凸显出来，就应当对现实中存在的改革突破既有法规范的问题有个解决。《决定》强调要“实现立法和改革决策相衔接，做到重大改革于法有据、立法主动适应改革和经济社会发展需要。……对不适应改革要求的法律法规，要及时修改和废止”。“立改废释并举”可以保障相关法规范具有“良法”属性，也促使“良法”处于不断的发展完善过程中，为善治提供前提和基础保障。

确保法律实施的实效性 = 确保行政的合法性、合理性和实效性

《决定》指出“法律的生命力在于实施，法律的权威也在于实施”。那么，什么是法律的实施？法律实施有很多类型，主要包括通过行政和司法将法律的内容、精神和旨趣涵摄于事实。由于司法层面的法律实施一般单独作为司法作用来理解，故而法律实施的内容主要是指行政实施，也即通常所说的行政执法。《决定》在“深入推进依法行政，加快建设法治政府”项下来阐述法律实施问题，从这个意义上说，要确保法律实施的实效性，便要确保行政的合法性、合理性和实效性。

其实，现代行政已不仅限于法律的执行，还包括了准立法权、准司法权和狭义的行政权在内的复合性概念，并且，行政所实施的也并不限于狭义的法律，还包括法规、规章、规范性文件乃至标准、规程、政策等。在这层意义上，便需要对行政本身进行分类，对行政所实施的法规范进行分类；在此基础上，针对不同的层次、不同的领域以及不同的主体所实施的法规范，探讨其实施的实效性。《决定》强调要“坚持依法治国、依法执政、依法行政共同推进”，这里就分了三个层次，依法治国是最高层次，依法执政次之，依法行政则是最基础的部分。之所以要共同推进、一体建设，也是为了能够做到统揽全局、系统整合、统筹协调，做到各方面资源最优化配置。

从行政法的角度来说，要确保行政的合法性、合理性和实

效性，需要从组织法、行为法、程序法和救济法层面下工夫。要确保主体和各主体之职能和权限的明确性，并以标准的明确性和程序的完备性作为支撑。《决定》要求“推进机构、职能、权限、程序、责任法定化”，并特别强调“推行政府权力清单制度”，毋庸置疑，政府职能和权力权限，在政府成立时就应当体现为组织法规范。即使其后发生变化，也应当有相应法规范作为依据。

此外，确保行政的合法性、合理性和实效性，除遵守行政法上关于法律保留原则、法律优先原则和授权、委托、裁量权的活用等制度要求外，还应当特别强调公开原则，与合法性原则、合理性原则共同构成行政法三大基本原则，旨在提高行政全过程的透明度，让权力在阳光下运行，使合法性要求和合理性要求真正落到实处并体现在行政过程的各个阶段和各个层面。

确保司法的公正性

《决定》指出“公正是法治的生命线”，并提出要“完善确保依法独立公正行使审判权和检察权的制度”，这是司法公正性的基础保障，而要做到这一点，就有必要确保审判队伍独立，并为审判队伍提供必要的条件保障，包括工作和生活条件，尤其是要做到像最高人民法院的《人民法院第四个五年改革纲要（2014—2018）》所描述的那样，“健全审判权力运行机制。让审理者裁判，由裁判者负责，是司法规律的客观要求”。

鉴于外界干预的普遍性和严重性，《决定》提出要“完善司法体制，推动实行审判权和执行权相分离的体制改革试点”，这是值得期待的路径描绘。此外，《决定》对长期围绕司法体制改革的诸多争议作出回应，提出“最高人民法院设立巡回法庭，审理跨行政区域重大行政和民商事案件。探索设立跨行政区划的人民法院和人民检察院，办理跨地区案件”。这些举措为管辖机制的科学化和司法的公正性提供了重要保障。

此外，为确保良法善治，要确保人才并需合理配置人才资源。《决定》要求“畅通立法、执法、司法部门干部和人才相互之间以及与其他部门具备条件的干部和人才交流渠道”，“健全政法部门和法学院校、法学研究机构人员双向交流机制”，这必将有助于相关领域活力的激发，有利于提升司法的公正性和权威性。

为以良法求善治，《决定》除了在以上三个方面对权力配置和运行作出全面系统的配置外，还特别注重调动和发挥各方面的积极性，为确保行政权力的运作提供科学支撑。《决定》强调要“积极推行政府法律顾问制度……保证法律顾问在制定重大行政决策、推进依法行政中发挥积极作用”。这些辅助机制的建构和完善，将有助于政府工作效率和质量的提升。无论是理论层面的探讨，还是实证层面的协调，都需要切实做好形式法治主义和实质法治主义的对话，要有助于完善中国特色社会主义法律体系，有助于坚持中国特色社会主义法治道路，有助于建设中国特色社会主义法治体系。

为以良法求善治，《决定》明确规定要“依法全面履行政府职能”，这是对依法行政原理的最好诠释。依法行政的原理，或者称为依法律行政的原理，一般被区分为法律保留和法律优越或者法律优先两项原则，在此基础上还有司法审查予以保障。法律保留的原理要求行政活动必须有权力机关制定的法律根据。法律的优先原理要求任何行政活动都不得违反法律，且行政措施不得在事实上废止、变更法律。我国行政法学者将行政法的基本原则归纳总结为行政法治原则，并从合法性原则和合理性原则两个方面展开论述，进而以公开原则予以保障。这实质上揭示了法治国家的主要内容所在。

坚持依法行政的原理，既要重视治官、治权力，亦要重视依法实现权利保障。正如《决定》所强调，要“推动全社会树立法治意识”，重视两者之间的辩证关系，重视公权力和私权利的均衡，重视私法关系对于公权力运作的重要意义，同时也重视公权力对私法领域的影响和制约作用。唯有如此，才能最终实现“法治国家、法治政府、法治社会一体建设”，实现全面推进依法治国的总体目标。

换言之，依法行政的核心矛盾是权力规制与权利保障及其相互关系，是规范和约束行政权力，同时也强调依法保障和实现权利。以良法求善治，要求各级行政机关及其公务员必须依照法定的权限、范围、条件和程序履行职责，依法行使行政权力，既不缺位，又不越位，也不扰民，充分实现公共利益，切实保障公民、法人和其他组织的合法权益。

（作者为中国人民大学法学院教授、博导、比较行政法研究所所长）

参考文献

①2013年11月12日中国共产党第十八届三中全会通过的《中共中央关于全面深化改革若干重大问题的决定》。

②杨建顺著：《行政规制与权利保障》，中国人民大学出版社2007年版。

政府层级改革势在必行

谢宝富

目前的“央地矛盾”、“政策落实走样”等现象与我国政府层级过多紧密相关。众所周知，推动政府层级改革是一件十分困难而又迟早必须面对的事。如何精简政府层级？理论及实践界较一致的意见是废除市管县体制，实行省（含自治区、直辖市，下同）直管县（含县级市、自治县等，下同）。主要理由是市管县增加了一个政府中间层级，使省县之间的上情下达、下情上达都不得不经过市级层次，降低了行政效率，有碍政策执行。同时，市管县还违背了城乡分治的国际惯例，导致了所谓“市刮县”、“市卡县”现象，有碍对农业、农村、农民实行保护政策。

也正因为如此，上世纪末以来，我国一直在进行省直管县试点改革。但是，迄今为止，依旧是“雷声大，雨点小”。很多省份地域辽阔、人口众多，所辖县市常有上百个之众，如果实行省直管县，省级政府管理任务偏重。而且，目前省级政府职权过大，管事过多，中央政策下达地方后，多由省级单位来负责统筹规划、处理，如果全面实行省直管县，那么省级政府可能会不堪重负。

另外，省际、市际、县际之间地理、人口、交通、经济、社会、文化发展情况颇不平衡，很难进行整齐划一的行政区划改革。鉴此，笔者建议，我国省直管县应采取先易后难、稳步推进、因地制宜、求同存异的改革模式。

首先，通过增设直辖市的方式将部分人口大省划小，减少省辖县、市数量，以利省直管县的实行。例如，将大连、青岛、宁波、厦门、深圳等市变为直辖市。可有效减少辽宁、山东、福建、广东等省所辖县市数量，有利于这些省份省直管县的实行。

其次，通过城市扩容的方式，减少省、自治区所辖县市数量，推动省直管县改革。例如，通过北京市、天津市扩容的方式，减少河北省所辖县、市的数量，既有利于河北省省直管县的实行，也可稀释京、津户口的含金量，有利于推动户籍改革和城市化进程。通过省内城市行政区划扩容，有效减少省辖县、市数量，以利于省直管县的实行。在其他一些人口大省，以河南为例，河南辖 17 个省辖市，1 个省直管县市，21 个县级市，如果河南省 39 个市均将周边一个县“收编”成自己的区，经济实力较强的市将周边两个甚至多个县“收编”为自己的区，那么河南省省辖县、市的数量至少可以压缩到 80 个以内甚至更少。以此类推，与河南省的省情比较相似的安徽省、江西省等也可采取类似的方式进行省直管县改革，待时机成熟且有必要时再将省域划小。

再次，对不宜进行或不宜立即进行省直管县的地区采取因地制宜、求大同存小异的改革办法。既允许全面实行省直管改革的省、自治区在少数不宜进行省直管县的地区继续实行市管县、自治州管县的体制，也要求整体上不宜进行省直管县改革的省、自治区在少数宜于实行省直管县的地方实行省直管县改革。

复次，将乡镇一级政权改为县级政府的派出性机构，取消乡镇一级财政；将非特大型城市的市辖区政府改为市政府派出性机构，将市辖区和街道办事处合并，建立小于现行市辖区而大于现行街道规模的区派出性机构，使我国地方行政区划基本变为省县两级制，以利政令畅通。

最后，减少省级政府的财权、事权，将职权、编制、财力等真正下沉到直接面对人民的基层政权——县、市政府等，既可有效减轻省直管县后省级政府的工作压力，也有利于基层政府治理。

（作者为北京航空航天大学公共管理学院教授）

用依法治国理念调整公权力边界

竹立家

十八届四中全会确立了依法治国的重要方略，这为我们探讨和解决腐败问题提供了非常及时和切实的解决之道。腐败问题的解决首先要注重“有法必依”层面上的问题。腐败问题归根结底是由公共权力缺乏有效制约所造成的。依法治国的理念可以从根本上解决腐败层面的问题。现在的重中之重就是要按照四中全会所确立的依法治国的精神，形成对公共权力制度化、常态化、科学化、规范化的约束，真正让人人参与反腐的过程。

腐败问题的严峻性与反腐败法制不健全这一对矛盾产生的历史原因

腐败问题的严重性是最近我们一直关注的话题，中央下决心反腐，“苍蝇”、“老虎”一起打，成效比较显著。这从另一方面也说明，腐败现象确实比较严重，反腐问题已经到了一个必须从制度上治理的阶段。腐败问题归根结底是由公共权力缺乏有效制约所造成的。这是首要的原因。按照依宪治国、依法执政的理论来说，我们的国家是一个人民民主国家、人民主权国家，对公共权力的监督是授予人民的。而现如今，公共权力没有得到人民民主的约束，权力部门化、权力个人化等现象确实是比较严重的。有很多人把部门权力当成个人权力了，比如说集体腐败这种现象就充分地说明了这一点，把公共机构当成了一个人的机构。

第二个原因是公开透明度不够。公共权力运行按理说是应该公开透明，在阳光下运行。但我们现在公开的力度并不够，制度化程度也不高，这造成公共权力暗箱操作、以权谋私等现象泛滥。

第三个原因是依法行政的意识不是很强。从现在腐败的案件来看，有些官员腐败的方式、手段可以说是非常明目张胆的。他们违法行政，为了自身的利益，任何法律、任何准则都可以打破。一人代党、一人代组织、一人代法等现象确实比较普遍，这在地方官员中间表现得非常充分。这也是四中全会为什么要强调依法行政的重要原因。只有有了依法行政的意识，才能按规范来行使行政权力。

第四个原因是各级人大作为权力部门没有对执行权和政府机构担当起对公共权力进行有效的制约作用，各级人大本来要对公共权力进行监督、进行约束。从目前的状况来看，基层人大，包括县人大、市人大的作用发挥得非常小。在公共机构里工作，同级人大应该进行监督，但我们的人大几乎没有发挥作用。比如说最近河北省发生的小官贪腐案件，其实他贪污了好多年了，但是没有各级人大来监督。

依法治国的理念可以从根本上解决反腐败层面的两难问题

在依法治国的理念下，中国社会已由有法可依向有法必依转变。在这种情况下，腐败问题至少可以从两个宏观的方面来解决。第一个方面，应限制公共权力，做到真正的依法治国、依法行政。依法治国是指治理国家的一种方式，依法行政是指治理公共权力运行或行使的一种方式。这种方式依据的标准是规则、法律。我们依法治国就是公共权力的运行必须按照法律、法规来进行。如果公共权力运行带头违法、权大于法，那么法律几乎就是废纸一张。第二个方面，要真正发挥人大的作用。公共权力说穿是人大赋予的，人大代表人民。因此权力运行过程中，人大必须实质监督，而非流于形式上或名义上的监督。各级人大必须把监督政府公共权力的运行置于很高的位置。

要使公共权力具有公共性、要使公共权力真正成为为人民服务的权力，要使公共权力真正成为公共资源或公共价值的手段，要使公共权力成为人民的守护者，最根本的措施就是依法治国、依宪治国、依法执政、依宪执政。按照依宪执政的原则，人大是人民代表组成的、要发挥人民的主体作用的一个地方。权力按照法律、规则进行，这是一方面。另一方面，要确立一个好的制度，一切问题都要习惯性地从制度上进行解决。民主制度，权力产生、运行、效果的监督都必须通过制度来规范化。现代社会一个最根本的制度就是要有规范性、稳定性、持续性。事实上，我国宪法和法律法规的规定是很清楚的。关键就是在实践过程中落实不到位，这是一个大问题。我们经常说人民监督，人民通过什么样的渠道和平台来监督，这需要程序化、制度化、规范化。任何制度性的权力约束都是具体的、都是有平台的、都是有渠道的。老百姓有一个相互沟通的机制和平台，有相互的交流和协商。这样的权力才是人民的权力。所以，要研究宪法的原则和价值，并把它们具体细化，把它们落实到位。如果我们理念再好、政策再好、法律法规再好，而落不到实处，那就是空话一句。下一步的话，我认为反腐要加强对权力监督和约束的制度建设、法规建设，要将其落到实处。落到实处不光是我们制定一个法律，而且必须是要建立把法律法规落到实处的一些具体的机制和平台。

事实上，腐败和反腐在某种程度上并不是对立的。在现代社会中，腐败或反腐是矛盾的统一，换句话说，只要反腐的制度搞好了就不会产生腐败。当务之急是要按照四中全会所确立的依法治国的精神，形成对公共权力制度化、常态化、科学化、规范化的约束，真正让人人参与反腐的过程，只有这样，腐败才无藏身之处，这就是我们为什么要建立一个公开透明的权力体系。最终还要落实到发扬社会主义民主和党内民主方面，按照宪法原则来办事。协商性民主是一个具体的民主，这与资本主义的民主有很大的不同。我们的公共机构重要的治理方式和组织方式就是民主的治理和民主的组织方式。换句话说，这个机构的每个人对这个机构的运行、管理、发展、环境、绩效等都有极大的发言权。但我们现阶段协商性的民主和具体化的民主还不够，普通民众的参与力度不够。只有发挥好社会主义协商民主的重要性、调动普通民众的积极性，我们的社会才会向好的方向转化，民众对于党和政府才会有信心。

依法治国要注重四大问题

第一，依法治国首先要解决有法必依的问题，我们现在已经建立了社会主义法制体系，可以说有法可依的问题基本上已经解决了。下一步就是要继续注重诸如社会乱象、贪腐、权力腐败等问题，这里面一个重要的原因就在于社会上有法不依的问题比较严重。这也是四中全会的一个重要内涵，即我们怎样去解决有法必依的问题，消除有法不依的现象。

第二，依法治国必须推进和加快司法体制改革。一个社会的公平正义能否实现的基础便是司法体制或机制的运行是不是能阐述公正这一价值。如果说一个国家的司法体制或机制无法阐述社会公正、公平正义，那么这一司法体制就不是健康的。所以，我们要维持社会的公平正义、落实十八大精神，司法体制或机制的改革和良性运行则是至关重要的。我们应该进一步推进司法的独立性、进一步推进司法过程的公开透明性、进一步加大对司法进程的监督力度。

第三，依法治国能够在反腐和预防腐败方面有一个比较大的制度化的安排。推进反腐的制度化建设，公共权力在于约束、监督层面进一步规范化。在依法治国的框架下，反腐工作应该从“治标”转变为“治本”。而这一转变从根本上说便是，我们要从反对腐败转变到预防腐败。下一步我们要“治本”，这主要体现在预防这一层面上。通过制度安排、法律法规来规范、限制、约束公共权力，使官员不敢腐、不能腐、不想腐。我觉得这是依法治国理念在调整公共权力方面的一个比较大的改进或是突破。

第四，依法治国中这个“治国”就是和政治体制相关联。依法治国这个概念说到底就是社会主义的民主和法治相结合的概念。我们应该在推进社会主义法治的过程中强化人民民主、强化人民当家作主这样的一个政治意识。在当代文明社会，民主是法治的基础。如果没有民主，法治很难推进、很难实现。所以说，应该在民主和法治的相互关系方面、在推进社会主义民主、保障社会主义法治方面，有一个明确的理论标符。

（作者为国家行政学院公共管理教研部教授、公共行政教研室主任）

参考文献

竹立家：《直面风险社会——中国改革形势与走向》，电子工业出版社 2013 年版。

第五章

由文明内核构建文化软实力

一个国家综合实力最核心的是文化软实力，这事关精气神的凝聚，我们要坚定理论自信、道路自信、制度自信，最根本的是文化自信。

中华民族优秀传统文化是中华民族的优势，是我们最深厚的文化软实力。在文化建设已经上升为国家战略的今天，如何通过扎扎实实的努力来提升我国的文化软实力，夯实民族文化自信的社会基础，让中国文化真正走向世界，这是我们的历史课题。要“讲好中国故事，传播好中国声音，阐释好中国特色”。提高我国文化软实力要从四个方向努力：夯实国家文化软实力根基、传播当代中国价值观念、展示中华文化独特魅力和获得国际话语权。

学习习近平的文化强国战略大思路

张国祚

习近平同志非常重视文化建设，围绕文化强国战略提出了一系列具有重要意义的大思路。主要有以下几个方面：

凝魂聚气：培育核心价值观

当今中国所有信仰信念、思想道德、党风民风、国家认同、社会治安等文化和社会问题，说到底，都与核心价值观密切相关。从长远来看，培育和践行社会主义核心价值观，确是攸关民族兴衰、国家存亡的重大战略问题。习近平同志审时度势，反复强调，核心价值观是文化软实力的灵魂、文化软实力建设的重点。这是决定文化性质和方向的最深层次要素。一个国家的文化软实力，从根本上说，取决于其核心价值观的生命力、凝聚力、感召力。

习近平同志为什么如此强调核心价值观的重要性呢？他在2014年“五四”青年节同北京大学师生座谈时的讲话，回答了这个问题。他指出：“人类社会发展的历史表明，对一个民族、一个国家来说，最持久、最深层的力量是全社会共同认可的核心价值观。”一是因为核心价值观事关一个民族、一个国家的精神追求：没有精神追求的民族和国家就没有信仰，没有敬畏，没有方向，没有目标，没有动力，没有激情，难免停滞和沉沦。二是因为核心价值观事关一个民族、一个国家是非曲直、真假善恶、正谬美丑的价值判断标准：一个没有价值判断标准、莫衷一是、行无依归、不讲原则、不知取舍的民族和国家，势必浑浑噩噩、良莠不分、无真理正义可言、无风骨、无血性，不可能自立于世界民族之林，不可能赢得国际尊重。

因此树立全民族共同认可的核心价值观，对于当代中国来说，尤其具有重要启迪和警示的作用。我国是世界上人口最多的国家，国情复杂，发展不平衡、矛盾积累多，正面临社会转型、变革激烈的时期。特别是在互联网迅速发展的时代，各种信息蜂拥而来、真假难辨，使中国社会统一思想、凝聚共识的难度越来越大，非常需要确立一个能够反映全国各族人民普遍认同的核心价值观，否则就很难确立共同理想信念、维护社会安定团结、推动国家健康发展。

党的十八大提出了“三个倡导”24个字的核心价值观。从国家层面倡导“富强、民主、文明、和谐”的价值追求，从社会层面倡导“自由、平等、公正、法治”的价值追求，从公民个人层面倡导“爱国、敬业、诚信、友善”的价值追求。其中“富强、民主、文明、和谐”体现了社会主义现代化的本质要求，“自由、平等、公正、法治”借鉴了世界文明的有益成果，“爱国、敬业、诚信、友善”则吸取了中华民族优秀传统文化的精华。

社会主义核心价值观是社会主义核心价值体系的精髓，是兴国之魂。如果绝大多数中国人都认同并自觉践行这24字核心价值观，13亿中国人将迸发出何等不可战胜的巨大能量！中华民族伟大复兴中国梦必将得到顺利推进而更早实现。这正是习近平强调培育和践行核心价值观的要义所在。

固本培元：弘扬中华优秀传统文化

面对改革开放和市场经济条件下一些人信仰缺失、道德滑坡、人格扭曲、国家意识淡薄、民族自尊自信失落的现状，习近平敏锐地意识到，为了实现中华民族伟大复兴，除坚持道路自信、理论自信、制度自信外，必须增强民族自信，而民族自信的关键是对中华传统文化的自信。因此，他在一系列关于文化强国战略的重要讲话中，频频提及中华文化，强调“中华优秀传统文化是中华民族的突出优势，是我们最深厚的文化软实力”，强调“培育和弘扬社会主义核心价值观必须立足中华优秀传统文化”，强调“建设文化强国，必须立足于中国优秀传统文化的根基，汲取营养，获取力量，赋予时代精神”。

习近平这些强调是非常必要的，抓住了文化强国战略的根脉。事实上，中华民族上下五千年，创造了光辉灿烂、博大精深的古代文化，包括很多可以跨越时空、超越国度、富有永恒魅力、具有当代价值的文化精髓。例如《礼记·大学》提出的“格物、致知、诚意、正心、修身、齐家、治国、平天下”这八条目，实际上是一个比较完整的核心价值观体系。北宋大儒张载提出“为天地立心，为生民立命，为往圣继绝学，为万世开太平”，这其实也是一种核心价值观的表达。随着时间的推移和文化的积淀，中国古代渐渐形成了全民族普遍认可的核心价值观，包括仁、义、礼、智、信、忠、孝、恕、廉、勇等一系列的表达，虽然主要是围绕着个人品德修养和行为规范，但同样影响着社会与国家，对今天培育社会主义核心价值观具有重要的参考价值。

先秦以来，中国优秀传统文化，至少有以下九个方面的内容至今仍然富有生命力。一是自强不息的刚健精神：“天行健，君子以自强不息”；二是崇尚气节的爱国精神：“人生自古谁无死，留取丹心照汗青”；三是做人要有信仰、有操守：“富贵不能淫，贫贱不能移，威武不能屈”；四是经世致用的务实精神：主张积极入世、报国救世；五是人定胜天的能动精神：“制天命而用之”；六是厚德仁民的人本精神：“仁者爱人”、“己所不欲，勿施于人”、“民为贵，社稷次之，君为轻”；七是“天下为公”的“大同”理念：倡导“先天下之忧而忧，后天下之乐而乐”；八是包容多样、尊重他人的民主精神：“君子和而不同”；九是尊重规律、“道法自然”的哲理智慧：主张“天人合一”、“无为而治”。

当然，中国优秀传统文化的精华远非仅仅以上九个方面，围绕治国、理政、统兵、作战、励志、勤学、礼贤、智谋、实践、哲理、文艺、体育、中医等方面还有很多深刻的思想，都是文化强国建设重要的文化资源。只要遵循习近平的思路，去粗取精、去伪存真，充分发掘和弘扬传统文化中的精华，文化强国建设必然拥有深厚的文化底蕴和富有民族特色的魅力。

多措并举：提高国家文化软实力

任何国家都必须两条腿走路：一条腿是物质硬实力，另一条腿则是文化软实力。物质硬实力不行，这个国家可能一打就败；而文化软实力不行，这个国家可能不打自败。习近平非常重视文化软实力，他指出，“一个国家综合实力最核心的还是文化软实力，这事关精气神的凝聚”。围绕建设社会主义文化强国和提高国家文化软实力，他提出稳固“根基”的大思路，主要包括“一条道路”、“一项改革”、“四个自信”、“四种形象”、“树立四观”。

“一条道路”，就是“要坚持走中国特色社会主义文化发展道路”。对文化发展道路的理解，要追溯到中共十五大。十五大报告明确指出：“建设有中国特色社会主义的文化，就是以马克思主义为指导，以培育有理想、有道德、有文化、有纪律的公民为目标，发展面向现代化、面向世界、面向未来的，民族的科学的大众的社会主义文化。”走这条文化发展道路的指导思想是马克思主义，遵循方向是“三个面向”（现代化、世界、未来），内涵要符合“三个属性”（民族的、科学的、大众的）；目标是培育“四有”（有理想、有道德、有文化、有纪律）公民。偏离这条发展道路，就会动摇国家文化软实力的根基。

“一项改革”就是“深化文化体制改革”。要坚持以人民为中心的工作导向，坚持把社会效益放在首位、社会效益和经济效益相统一，以激发全民族文化创造活力为中心环节，进一步深化文化体制改革。按照政企分开、政事分开原则，推动政府部门由办文化向管文化转变。没有这项改革，国家文化软实力就会缺少充满生机和活力的造血功能，也会缺少传播工具、平台和渠道。

“四个自信”，就是“我们要坚定理论自信、道路自信、制度自信，最根本的还要加一个文化自信”。习近平强调：“当代中国价值观念，就是中国特色社会主义价值观念，代表了中国先进文化的前进方向。我国成功走出了一条中国特色社会主义道路，实践证明我们的道路、理论体系、制度是成功的。”他之所以强调文化自信，首先，因为中华民族创造了博大精深的灿烂文化，具有跨越时空、超越国度、具有当代价值的永恒魅力；其次，只要中华民族最基本的文化基因与当代文化相适应、与现代社会相协调，以人们喜闻乐见、具有广泛参与性的方式推广开来，就能使全世界感受到中华文化独特魅力。这正是中国文化自信的底气所在。

“四种形象”，就是文明大国形象、东方大国形象、负责任大国形象、社会主义大国形象。习近平分别从历史文化、国情特色、外交政策和中国特色社会主义本质四个角度强调，我们要建设好、向世界展示好中国的国家形象：“历史底蕴深厚、各民族多元一体、文化多样和谐的文明大国形象，政治清明、经济发展、文化繁荣、社会稳定、人民团结、山河秀美的东方大国形象，坚持和平发展、促进共同发展、维护国际公平正义、为人类作出贡献的负责任大国形象，对外更加开放、更加具有亲和力、充满希望、充满活力的社会主义大国形象”。这“四种形象”的提出，是习近平独到的理论贡献，果真能塑造起这四种“大国形象”，中国文化软实力必然大大提升中国在全世界的影响力。

"树立四观"，就是树立和坚持正确的历史观、民族观、国家观、文化观。习近平强调要用好新兴媒体，讲好中国故事，传播好中国声音，阐释好中国特色。对中国人民和中华民族的优秀文化和光荣历史，要加大正面宣传力度，"引导我国人民树立和坚持正确的历史观、民族观、国家观、文化观，增强做中国人的骨气和底气"。这段话切中时弊，抓住了文化强国建设和提高文化软实力的要害。只有实实在在地引导国民特别是青年，正确看待历史、正确看待民族、正确看待国家、正确看待文化，才能"增强做中国人的骨气和底气"。无论对内对外，"骨气和底气"都是国家文化软实力的最强大的文化基因。

清醒坚定：牢牢把握意识形态工作的领导权、管理权、话语权

面对思想文化领域错误思潮和有害信息不断衍生和泛滥的局面，习近平同志围绕意识形态工作提出一系列旗帜鲜明、思想深刻的论述。[①]

一是强调意识形态工作的战略地位和意义。他指出，意识形态工作是党的一项极端重要的工作。历史和现实反复证明，能否做好意识形态工作，事关党的前途命运，事关国家长治久安，事关民族凝聚力和向心力。他还进一步指出："一个政权的瓦解往往是从思想领域开始的，政治动荡、政权更迭可能在一夜之间发

① 参见 2013 年 8 月 19 日习近平在全国宣传思想工作会议上的讲话。

生，但思想演化是个长期过程。思想防线被攻破了，其他防线就很难守住。我们必须把意识形态工作的领导权、管理权、话语权牢牢掌握在手中，任何时候都不能旁落，否则就要犯无可挽回的历史性错误。”习近平这一论断是清醒而及时的。苏联解体、东欧剧变、“颜色革命”、“阿拉伯之春”所出现的政治动荡和政权更迭，具体原因虽然不同，但手法很相似，反对派毫无例外都是从街头革命舆论战开始，首先把意识形态搞乱。

二是强调党员、干部都要树立远大的理想信念。他有针对性地指出：“在我们党员、干部队伍中，信仰缺失是一个需要引起高度重视的问题。”“理想信念是共产党人精神上的‘钙’，没有理想信念，或者理想信念不坚定，精神上就会‘缺钙’，就会得‘软骨病’，就可能导致政治上变质、经济上贪婪、道德上堕落、生活上腐化。坚定的信仰始终是党员、干部站稳政治立场、抵御各种诱惑的决定性因素。”作为党的领袖，能够实事求是，敢揭自家之短，敢于直面问题，这需要政治勇气和魄力，这要有解决问题的决心。更为可贵的是，习近平敏锐地意识到：信仰是一切思想问题的根源，解决思想道德问题不能忽视信仰原因。

三是强调要坚持党性和人民性的统一。针对党内存在的“党不姓党”、“党不言党”、“党不管党”的现象，习近平强调，党性原则不仅要讲，而且要大张旗鼓讲、理直气壮讲、坚持不懈讲。不要躲躲闪闪、含糊其辞。“坚持什么、反对什么，说什么话、做什么事，都要符合党的要求”。鉴于极少数党员干部心无群众、忽视人民、甚至以人民为对立面，习近平对全党强调：“做好宣传思想工作，必须讲人民性”，“必须解决好‘为了谁、依靠谁、我是谁’这个根本问题”。习近平的确抓住了一个最根本的问题：只有解决好党性与人民性相统一的问题，我们党才能更好地带领人民同心同德、共同奋斗。

四是敢抓敢管，敢于亮剑。“对于那些恶意攻击党的领导、攻击社会主义制度、歪曲党史国史、造谣生事的言论”，一切媒体、一切平台“都不能为之提供空间”、“都不能为之提供方便”。“作为党的干部，不能用‘不争论’、‘不炒热’、‘让说话’为自己的不作为开脱，决不能东西摇摆、左右迎合！”习近平这些严肃的告诫，恰恰是击中了近些年来宣传思想工作的软肋。我们的宣传思想工作当然要提倡民主讨论、求真务实、包容多样、鼓励创新，要倡导“百花齐放、百家争鸣”。但是一定要区分开学术问题和政治问题。对学术问题，就应该宽容、包容、保护；但对政治问题，必须清醒坚定，对心怀叵测的恶意言论当然要旗帜鲜明地进行批评，否则会误导舆论、扰乱人心、危害国家发展。

（作者为中国文化软实力研究中心主任、教授）

全面改革须扎根于文明复兴

秋　风

中国即将到来的大时代之基本主题，可用两句话概括："全面改革，文明复兴。" 这两个事业绝非两不相干，相反，两者有密切关系。全面改革，目的是为了实现文明复兴。而这个目标反过来又框定全面改革：通过全面深化改革建立起来的种种制度，须有助于中国文明之伟大复兴。为此，新制度当具有中国文明属性。中国需建立起有效运转的种种现代制度，以回应种种现代问题。但这些制度要在中国大地上有效运转、在中国人中间有效发挥作用，就须顺乎中国之民情，扎根于中国文明。

为此，在全面深化改革的历史进程中，应保持开放心态，积极理解、学习他国创制立法之经验；但同等重要的是，对我们的祖先过去五千年来艰苦卓绝的社会治理探索，当保持温情与敬意，探究、思考其中恒久有效的制度经验；更为重要的，要始终立足于中国之道，以构想中国式现代治理模式。

论社会治理经验之丰富，全世界各大文明，无过于中国。今日我们享有如此庞大的政治与文明共同体，也证明了中国人治理超大规模共同体的技巧和智慧。这些有待于我们认真发掘，并予以创造性转用。这里谨举出几点：

第一点，风俗至关重要。制度很重要，但制度有正规制度、非正规制度之别。对于塑造优良社会秩序而言，国家可通过颁布法令等方式予以建立和调整的正规制度固然重要，对社会自发形成的非正规制度同样重要。儒家向来重视的“风俗”就属于后者，风俗承载着社会主流价值，能于不知不觉中普遍地教化人、约束人。风俗的形成和维系有赖于精英的表率、社会教化体系之完善。应当说，打击腐败，初步改变淫靡之风，有助于塑造良好风俗。接下来，则应建立和完善社会教化体系，其中的关键是教育之更化：教育体系当教化青少年仁义礼智信等中国核心价值。

第二点，士大夫是达成优良治理之根本。儒家十分重视制度，但“为政在人”：改革期的创制立法有赖于改革者之智仁勇，制度之健全运转同样有赖于官员之公明廉耻。传统中国社会之治理主体是接受过儒学教育之“士大夫”群体，今日一些官员有知识而乏德行，当通过改革重建士大夫群体。重点还是立足教育，改革官员养成机制。

第三点，社会自治是社会治理的基础。在中国这样一个超大规模政治共同体，单靠国家权力是无法维持良好社会秩序的。故儒家反对法家短视的国家主义，主张多中心治理的观念。关于“改革六十条”提出的“推进国家治理体系和治理能力现代化”之总体改革构想，中国悠久的社会自治传统可为我们提供诸多经验。

上面只是举了几个例子。归根到底，制度变革需要价值支撑，全面改革须依托仁义礼智信等中国核心价值，新建制度须有助于恢复和维系普通中国人想象的美好生活。五千年来，中国圣贤思考、揭示了社会治理之大道，中国人积累了丰富社会治理经验。对这些应以温情与敬意予以发掘、创造性地转用。如此，全面改革才能嵌入文明复兴框架中，才有坚实的价值支撑，才有明确的方向，也才有可能成其事、见其功。脱离中国文明的所谓制度创新，不可能带来良好秩序。

（作者为北京航空航天大学人文与社会科学高等研究院教授）

核心价值观：社会共识的“最大公约数”

郭建宁

培育和弘扬社会主义核心价值观是当前特别重大的理论和实践课题，习近平总书记关于培育和弘扬社会主义核心价值观的论述内容丰富、思想深刻。

从重要地位看，习近平总书记强调培育和弘扬社会主义核心价值观是凝魂聚气强基固本的基础工程

首先，社会主义核心价值观是凝聚社会共识的“最大公约数”。改革开放三十多年，我国发展站在了新的历史起点上。我们面临多样化的社会思潮、多样化的价值判断、多样化的利益诉求，需要精神旗帜、思想引领、文化导向，需要培育和弘扬社会主义核心价值观。正如习近平总书记所说，我国是一个有着13亿多人口、56个民族的大国，确立反映全国各族人民共同认同的价值观“最大公约数”，使全体人民同心同德、团结奋进，关乎国家前途命运，关乎人民幸福安康。

社会主义核心价值观是社会主义核心价值体系的内核，体现社会主义核心价值体系的根本性质和基本特征，反映社会主义核心价值体系的丰富内涵和实践要求，是社会主义核心价值体系的高度凝练和集中概括。培育和弘扬社会主义核心价值观，有利于打牢共同思想基础，实现社会主义现代化和中华民族伟大复兴；有利于汇集科学发展的强大力量，应对各种挑战与风险；有利于培育安定团结、和谐向上的良好氛围，促进社会和谐；有利于加强道德建设，实现人的全面发展；有利于引领社会思潮，凝聚社会共识，汇集建设中国特色社会主义的强大力量。

其次，社会主义核心价值观回答了建设什么样的国家、建设什么样的社会、培育什么样的公民的重大问题。富强民主文明和谐是国家层面的价值要求，自由平等公正法治是社会层面的价值要求，爱国敬业诚信友善是公民层面的价值要求。社会主义核心价值观把国家、社会、公民的价值要求融为一体，既体现社会主义的本质要求，继承了中华优秀传统文化，也吸收了世界文明有益成果，体现了时代精神。

再次，道路自信、理论自信、制度自信需要对核心价值观的认定作支撑。中国特色社会主义为培育和践行社会主义核心价值观提供了丰厚土壤和鲜活经验，离开了中国特色社会主义，培育和践行社会主义核心价值观就失去了实践基础。同时，中国特色社会主义道路自信、理论自信、制度自信离不开文化自信和价值观自信，需要对核心价值观的认定作支撑，夯实中国特色社会主义的思想文化基础。对内凝聚社会共识，引领社会风尚；对外讲好中国故事，传播好中国声音，提升中华文化软实力与国际话语权。

从文化基础看，习近平总书记强调培育和弘扬社会主义核心价值观必须立足中华优秀传统文化

2014 年的 2 月 24 日，习近平总书记在主持中共中央政治局第十三次集体学习时强调，培育和弘扬社会主义核心价值观必须立足中华优秀传统文化，这就提出了中华优秀传统文化与培育和弘扬社会主义核心价值观的关系这个重大问题。习近平总书记主要讲了三个方面：

第一是重要地位，他指出牢固的核心价值观都有其固有的根本，抛弃传统、丢掉根本，就等于割断了自己的精神命脉。博大精深的中华优秀传统文化，是我们在世界文化激荡中站稳脚跟的根基。中华文化渊源流长，积淀着中华民族最深层的精神追求，代表着中华民族独特的精神标识，为中华民族生生不息、发展壮大提供了丰厚滋养。中华传统美德是中华文化的精髓，蕴含着丰富的思想道德资源。

第二是中华优秀传统文化的具体内涵。他指出要深入挖掘和阐发中华优秀传统文化讲仁爱、重民本、守诚信、崇正义、尚和合、求大同的时代价值，从而全面阐述了中华优秀传统文化六个方面的丰富内涵。

第三是讲方法论。怎样正确地对待传统文化，他指出不忘本来才能开辟未来，善于继承才能更好创新。要有鉴别地加以对待，有扬弃地予以继承。他特别强调要处理好继承和创造性发展的关系，重点做好创造性转化与创新性发展。重点做好创造性转化与

创新性发展这句话特别具有方法论的意义，也是我们当前需要重点做的事情。

这三个方面，一是讲重要性，二是讲内涵、内容，三是讲方法——创造性转化与创新性发展。习总书记很多场合的讲话都讲到文化问题。他关于文化讲得特别多，也非常深刻、非常到位。过去我们一般讲文化，还是策略性的、具体措施的，而习总书记这些讲话是从战略的、总体的高度来把握的，因此需要引起我们的高度关注和深刻领会。

从重点内容看，习近平总书记强调积极引导人们讲道德尊道德守道德

培育和弘扬社会主义核心价值观，必须加强道德建设。国无德不兴，人无德不立。要把中华优秀传统文化、中华传统美德作为涵养社会主义核心价值观的重要源泉，把道德建设作为培育和弘扬社会主义核心价值观的一个重点内容。

习近平总书记2014年5月4日在北大的讲话中指出，古人说："大学之道，在明明德，在亲民，在止于至善。"核心价值观其实就是一种德，既是个人的德，也是一种大德，就是国家的德，社会的德。他又说，为什么要对青年讲社会主义核心价值观这个问题，因为青年的价值观决定了未来整个社会的价值取向，而青年又处在价值观形成和确立的时期，抓好这一时期价值观的养成十分重要。这就像穿衣服扣扣子一样，如果第一粒扣子扣错了，剩余的扣子都会扣错。人生的扣子从一开始就要扣好。总书

记把青年人的价值观养成比喻为人生的第一个纽扣，十分形象生动，在青年学生和全社会激起强烈反响，获得广泛认同。

实现中国梦，既要物质生活充实无忧，又要道德境界充分升华。中国的社会进步既要体现为物质进步，更要体现为道德进步。比如我们现在的立交桥、五星级大饭店、有房、有车、有手机、有电脑，这是物质层面的进步。但是还要体现为道德层面的进步和人的进步，人的道德修养、精神气质、健康人格、文化水准，要有一个总体的提升。从具体的方面来讲，老人跌倒要不要扶，就不应该是问题；中国式过马路就不应该存在；地沟油、瘦肉精、问题奶粉、染色馒头，就更不应该出现。从大的方面来讲，就是全社会培育、弘扬、践行社会主义核心价值观，认知认同，崇德向上，用社会主义核心价值观来进一步提升我们的道德素养，引领社会风尚。

从实现路径看，习近平总书记强调培育和弘扬社会主义核心价值观的具体要求与方法

一是知行合一，行胜于言。知和行是中国古代一对重要的哲学范畴，我们今天的理论古代叫知，我们今天的实践古代叫行，我们今天讲理论与实践相结合古代叫知行合一。培育和弘扬社会主义核心价值观不仅是知的问题，也是行的问题，不仅是理论问题，也是实践问题。关键是知行合一，行胜于言，自觉践行。

二是在落细落小落实上下工夫。要润物细无声，运用各类文化形式，生动具体地表现社会主义核心价值观。要发挥政策导向

作用，使经济、政治、文化、社会等方方面面的政策都有利于社会主义核心价值观的培育，使社会主义核心价值观像空气一样无所不在，无时不有。

三是要日常化、具体化、形象化、生活化，使每个人都能感知它、领悟它。总书记这个“四化”的要求十分重要，日常化既是日常性也是经常性，社会主义核心价值观就在我们身边，而且是持续不断的。具体化是说社会主义核心价值观要大众化、接地气，宣传教育要通俗易懂、深入浅出。形象化表明社会主义核心价值观的宣传是鲜活的，老百姓喜闻乐见。生活化是指社会主义核心价值观与人的生活和实践、成长和发展紧密联系，成为人们的行动自觉与生活规范。

四是内化为精神追求，外化为实际行动。要切实把社会主义核心价值观贯穿于社会生活各个方面，通过教育引导、舆论宣传、文化熏陶、实践养成、制度保障等，使社会主义核心价值观内化为人们的精神追求，外化为人们的自觉行动，凝聚成民族复兴的强大力量。

（作者为北京大学校务委员会委员，
中国特色社会主义理论体系研究中心副主任、教授、博导）

和谐是中国文化的核心价值观

贾磊磊

文化的核心价值观是一个民族、一个国家、一种文化整个价值体系中处于中心地位、具主导作用的价值取向，它集中体现着人们关于个人、家庭、国家乃至人类社会的终极理想，左右着人们在政治、社会、伦理、审美、历史领域对于是非、善恶、美丑、正邪的基本判断。文化的核心价值观是人们在长期实践活动中逐渐形成的一种主流社会意识形态，它主导着人们普遍的文化认同倾向，所以，文化的价值观并非只是经典文献中的理论学说，而是绵延在普通百姓世俗生活中的思维方式与行为方式，它具有广泛的社会基础和恒久的历史传承性。

和谐，是中国古人在长期社会实践中逐渐意识到的人与自然、人与社会、人与人之间相互依存的一种理想状态，是万物生生不息、繁荣发展的内在依据。中国文化中，以“和”为本的宇宙观，以“和”为善的伦理观，以“和”为美的艺术观，共同构成了中国文化核心价值观的重要内容。

以“和”为本的宇宙观

中华文化的和谐理念滥觞于尧舜时代。《尚书》就有“协和万邦”、“燮和天下”的记述，《周易》中也贯穿着“天下和平”的政治理念。先哲的目光遍及万邦，所向天下，反映着中国上古时期人们对普天之下芸芸众生“协和”、“和平”生活的美好憧憬，对国家社稷安定繁荣的无限期望和对万邦归顺、诸侯称臣的和谐天下的向往。时至春秋初期，管仲明确提出“和合故能谐”的和谐观念。他认为只有协调、合作才能达到和顺、和睦、和谐，反之则会失度、失衡、失败。作为农业文明时代的思想家，管仲特别强调“四者俱犯，则阴阳不和，风雨不时”，灾害横生。管仲在对自然界客观规律的认识与把握的基础上，提出他的“察和之道”。他把君臣之间、上下之间、百姓之间的和睦相处看作是国家政令通畅、政治昌明的文化标志。在法律制度并没有建立的古代社会，《管子》提出的和谐之道不仅具有引导国家政治的社会意义，这种推及家庭伦理，倡导父母、夫妇“不失其常”、“中和慎敬”的和谐思想，在客观上也为中华民族的和谐文化价值观的实现，敷设一条从个人、到家庭，直至社会的基本架构。

以“和”为善的伦理观

在《管子》提出人与自然和谐共存的自然观，人际之间和睦相处的伦理观，社会和谐发展的历史观之后，道家哲学以“道生万物”为核心理念，对中国和谐文化的价值体系进行了丰富和延展。老子认为“万物负阴而抱阳，冲气以为和”，在阴阳两极对立基础上提出有无相生、难易相成、长短相较、高下相倾、音声相和、前后相随等一系列具辩证思想的基本命题，扩充了中国传统文化的和谐观，将和谐从一般社会层面提升至哲学高度，赋予和谐理念更为普遍、深邃的哲学内涵。以孔子为代表的儒家学说是中国传统文化和谐观的重要组成部分。在古代儒家的思想体系中，无论是讲人类社会，还是讲客观世界，都是建构在“中”“和”的基础之上。在儒家的自然哲学中，“中”是“天下之大本”；“和”为“天下之达道”，只有“中”“和”一致，才能实现“天地位焉，万物育焉”的和谐天下。在思维方式上，孔子一贯秉承“执两用中”之道，反对偏执、极端的思维方法，倡导在相互对立的两极状态中保持一种不偏不倚的中间状态，以达到和谐完美的境界。需要强调的是：中国传统文化中的和谐观并非以取消事物个性差异为前提。实际上，孔子所谓的“和而不同”强调的正是在保持自我个性精神基础上的和谐与统一。《国语》中记载的“和实生物，同则不继。以他平他谓之和，故能丰长而物归之；若以同裨同，尽乃弃矣”，强调的也是不同事物之间只有在保持多样化前提下，才能生存发展。如果完全趋同，和谐就失去了相互协调、共存的基础。

中国古代哲人还特别善于把精深玄奥的哲学理念通过日常生活中的具体事物来进行生动的阐释。如《左传》所说“和如羹焉，水火醯醢盐梅以烹鱼肉”。这看似讲的是最寻常不过的饮食烹饪，实际上是以烹饪为例，强调众多差异性事物的中和汇聚是和合的基本要义，进而明确了事物之间各自的差异性、个性是和谐共生、相互发展的基础。所以，和谐并非要取消原有事物的自身品格，而是在相互认同基础上中和、融会。东汉史学家荀悦在《申鉴》中也认为，君子应当“食和羹以平其气，听和声以平其志，纳和言以平其政，履和行以平其德”。“和”在此讲的并不是二者相加之和，而是和谐、和顺、和美、和睦之和。这表明中国的和谐观念是古代哲人有感于对现实生活的切身体验而作出的理性升华，是东方民族在社会生活中群体智慧的结晶。同时亦表明，中华民族的“和谐”观并非局限在国家政治、艺术美学与伦理道德等形而上的观念层面，也体现在普通百姓的世俗生活之中。中国传统文化的和谐价值观本身便是多种观念形态的多元统一，是中华民族理性思维与生活智慧的集中体现，它反映了中华民族对和谐社会的真诚憧憬和不懈追求，成为中华民族思想宝库中的一笔精神财富，具有传承与弘扬的历史意义与恒久价值。

以“和”为美的艺术观

通观中国古代美学史，我们会发现其中蕴涵着一种一以贯之的审美理想，即以“和”为美。以“和”为美不仅涉及艺术的表现形态与艺术风格，还关涉文艺与自然、社会、政治、伦理等相互联系的重要问题。在《中国美学史》中，李泽厚、刘纲纪曾将中国古代美学思想的基本特征概括为高度强调“美与善”、“情与理”、“人与自然”的统一，可以说揭示出中国古代美学思想的精神主旨。但是，中国古代美学思想强调的所谓“统一”，并非仅指对应物间的交融、汇合，而是始终强调在对立两极中持不偏不倚的中间取向。由此探寻下去，我们还会发现，以“和”为美的美学观与中国传统文化中的宇宙观和人生观也翕然相通。《周易》曰：“乾道变化，各正性命，保合大和，乃利贞”，其“大和”意指和谐的最高境界，正是古人对自然世界与人类社会的由衷憧憬。荀子曾说：“万物各得其和以生”，西汉哲学家董仲舒亦云：“和者，天之正也，阴阳之平也，其气最良，物之所生也。”他们都把自然万物的生衰兴灭视为“和”的最终结果，认为“和”是整个宇宙发展的根本规律。在古代思想家心目中，“和”已成为一种具普遍意义的本体论命题，是万物生生不息、繁荣发展的内在依据。

中国古代哲学家认为，“大自然及人类社会按其本性来说就是和谐的，而最高意义上的美就在这种和谐之中”。在此基础上，古人还推导出一套立身行事的行为准则和价值尺度，提倡以中庸之道为核心内容的人生哲学，从而在中国传统文化价值体系中赋予“和”以主体的人格意义。孔子说：“君子和而不同，小人同而不和”。“和”即成为区分君子与小人的内在尺度。《论语·述而》中记载“子与人歌而善，必使反之，而后和之”，“和”又指通过音乐而达到的人际之间亲善友爱的人伦关系。孙家正部长曾以北京故宫的核心建筑为例，说明它们集中反映了中国传统文化以和谐为核心的价值观。太和殿：天地祥瑞，喻人与自然和谐；中和殿：中庸平和，喻人世和谐；保和殿：心态和顺，身体安适，喻人的身心和谐。这三个大殿反映了中国传统文化以和谐为本的价值观。所以，在中国传统文化中，以“和”为本的宇宙观，以

“和”为善的伦理观，以及以“和”为美的艺术观，在文化精神上一脉相承，在思想方法上相互一致。和谐是以中国哲学观念为支柱、以普遍的社会心理认同为根基的核心价值观。

（中国艺术研究院院长助理、文化发展战略研究中心主任、研究员）

全球化时代建构文化软实力的路径

邹广文

在文化建设已经上升为国家战略的今天，如何通过扎扎实实的努力来提升中国的文化软实力，夯实民族文化自信的社会基础，让中国文化真正走向世界，这是摆在每个中国人面前的历史课题。对此习近平同志在全国宣传思想工作会议、中央政治局第十二次集体学习、中央政治局第十三次集体学习等多个场合讲话中强调要重视提高文化软实力，强调一个国家综合实力最核心的还是文化软实力，这事关精气神的凝聚，我们要坚定理论自信、道路自信、制度自信，最根本的还要加一个文化自信。不仅指出“讲清楚中华优秀传统文化是中华民族的突出优势，是我们最深厚的文化软实力”，强调要“讲好中国故事，传播好中国声音，阐释好中国特色”，而且集中点明了提高我国文化软实力的四个方向：夯实国家文化软实力根基、传播当代中国价值观念、展示中华文化独特魅力和提高国际话语权。

的确，一个民族仅有经济的发展与振兴是远远不够的，因为文化才是一个民族进步的灵魂，文化建设是中国特色社会主义事业总体布局的关键部分，文化的繁荣发展、国民素质的整体提升才是我们全面建设小康社会的核心目标。所以只有切实提升文化软实力，创造出符合时代发展要求、引领世界潮流的先进文化，我们的民族文化自信心才能增强，才能切实展示中国的综合国力。

建构文化软实力是中国步入全球化发展时代的紧迫任务

“软实力”（soft power）的概念最早是由哈佛大学学者约瑟夫·奈（Joseph Nye）在其1990年出版的《注定领导：变化中的美国力量的本质》一书中提出的。他认为，面对前苏联、中国、欧洲、日本对美国霸权地位的挑战，美国可以少用“硬”而多用“软”，运用包括美国文化的吸引力、意识形态和国家制度在内的软实力，作为一种同化行为的权力，来继续维持美国在国际社会中的领导地位。①

约瑟夫·奈的“软实力”概念一经提出便迅速走红，成为国际政治文化讨论中的热词。依笔者看来，“软实力”概念的提出，其现实实践层面的价值远远高于学术层面的价值，具有明显的战略防御性质。今天，中国对于文化软实力的关注，同样是基于对中国文化在未来世界文化发展格局中的地位这一考量。从这一角度看，文化软实力就是文化的影响力、凝聚力和感召力，就是一

① Joseph S. Nye Jr.： Bond to Lead： The Changing Nature of American Power， New York： basic books， 1990.

个民族的文化在与“他者文化”的遭遇中所彰显出来的创生力量。

面对 21 世纪全球化发展格局，人类需要重新阐释文明的价值，重新定位本民族文化对世界的意义。随着中国经济影响力的提升，中国的文化自觉与文化自信也在增强。费孝通先生曾认为，文化自觉指的是生活在一定文化历史圈子的人对其自身文化的自我觉醒、自我反省和自我创建，对文化的发展历程和未来有充分的认识。就此来看，中华民族的文化自觉，是在基于中华文明绵延不绝的悠久历史和灿烂辉煌的文化传统的基础上，对未来中国文化在与世界文化交流融合过程中如何健康发展的自觉。

建构文化软实力是中国步入全球化发展时代的紧迫任务。在改革开放三十多年来的进程中，伴随着国家硬实力的不断增强，中国文化软实力也得到了全面而迅速的提升，实现了从被动到主动，从无意识到有意识的积极发展。但我们同样看到，中国的文化软实力的建设才刚刚起步，与发达国家之间仍有着相当大的差距，软硬实力发展水平的不平衡所带来的负面影响正在逐渐显现，国际国内社会对我国软实力的现状和未来也有着很多忧虑。尤其是在我国加入 WTO 后，文化贸易和经济活动要遵守国际准则，对外开放的程度大大增加，无论是在国际文化市场，还是在国内文化市场，都面临一个和国外资本同台竞争的问题，如果不重视文化产业的发展，不建构文化软实力，不仅我们自己的文化产品输出有问题，影响力受到限制，而且还会被别人占领本土市场，直接影响到国家的文化安全。

文化自信的实践，最重要的是坚守文化之“本”，培育稳定的文化价值系统

基于这种自觉，在文化实践层面，我们进行了一系列卓有成效的努力。近10年来，国家在100多个国家和地区建立了150多所孔子学院和500多所中小学孔子课堂，这有效促进了中华文明在全球传播；中央和地方的电视台所播录的“汉字听写大会”、“汉字英雄”、“中国成语大会”等节目，增强了人们对汉语的自信，有效地宣传了汉字文化；北京市教育考试院关于“中高考提高语文分值”的改革方案，注重对学生了解中华民族优秀文化传统的考查。毫无疑问，这些努力对于打造中国文化软实力具有战略意义。

的确，增强文化自信，不能坐而论道。文化建设重在“落地”，要和大众百姓的生活相对接，以彰显文化自信的践行性品格。中华传统文化历来强调躬行践履，如孔子就主张“讷于言而敏于行”，认为人文教化单凭理论认识的提高是不够的，要成于内而形于外，人性修养的高低要付诸行动。今天，我们要把对民族文化的自信心自觉熔铸于中国经济发展、社会进步和民族振兴的每一个历程，通过具体的文化活动、文化实践来张扬和展现文化自信。

文化自信的实践，最重要的是坚守文化之“本”，培育稳定的文化价值系统。文化自信的前提是要知道“我从哪里来”，即对我们民族文化传统的自知之明。中华民族在漫长岁月所形成的核心价值系统，是我们面向未来创建新文化的“理由”。我们的文化实践应该凸显我们的文化个性。而属于中国自己的文化“个

性”往往是在漫长的历史传统中积淀而成的。所以，我更倾向于从我们中国的文化传统当中提炼中国文化的核心价值。而中国文化核心价值，就是八个字“贵和持中，自强不息”。“贵和持中”强调了我们如何做事，“自强不息”强调了我们如何为人。全球化时代我们强调文化的主体性、本土化，须知本土文化与我们的文化传统有着密切的联系，其核心价值有着强大的凝聚力和向心力。守住文化之本，就是要在“现象”的复杂多变中保持清醒头脑，坚守中华文化的恒常价值。

增强文化自信需要解决的问题

在增强我国文化自信的实践操作层面，我们需要有效解决以下三个问题：

首先，在宏观层面，要在中国的发展进程和世界的发展格局的二元张力中，准确把握中国文化建设所处的历史方位。全球化时代我们要树立世界性视野，克服两极对立的思维模式。我们既不能一味固守传统，也不能盲目模仿别人，应大力破除文化自卑心理、文化弱势心理和文化防御心理，在比较中自觉吸收世界文明的发展成果，并逐渐找准复兴民族本土文化的发展路向。

其次，在中观层面，要加强我国文化产品积极参与国际交流的策略设计，扩大中华文化的影响力。今天中国文艺家的国际交流日益增多，在世界文坛、舞台上自我发声展示的机会也日益增多，所以政府要着力完善跨部门协调机制，加强“走出去”战略的宏观指导和服务。要有植根中国时代生活、贴近中国百姓人生、有说服力和感召力的具体实践配套举措。综合运用文化外交、文化贸易、政府对外文化交流项目、国际论坛、汉语教学和企业对外文化投资出口等多种渠道，推动中华文化的国际传播。在全球化的背景之下，夯实我们和世界交流的文化资本，特别是在文化的核心价值层面，去展示我们可以跟各方对话的、可以亮出去的东西，这是最为关键的。

最后，在微观层面，文化自信最终的实践指向是现代人的塑造。我们常说，人创造文化，文化也创造人。文化自信的最根本的标志，就是每个中国人在走向世界中充满自信，从内心深处树立起对中国文化的认同感和自豪感，并不断激活自我的积极性和创造力，更为自觉地以不懈努力去砥砺自我、改造现实、实现理想。每个人要自觉将对民族文化的承传上升到文化担当的高度，通过具体的践行把其转化为真正有影响力的文化软实力。

踏踏实实进行文化实践

提升当代中国的文化软实力，任重而道远。在社会生活的诸多领域中，文化发展是最忌急功近利的，切不可操之过急，需要我们克服浮躁心态，葆有一颗平常心，本着对历史负责、对民族未来负责的态度，踏踏实实地去进行文化实践，以确保文化的真正进步。具体说来：

第一，要注意开掘新文化创造的生命力。一方面，开掘文化生命力不能忽略了文化的根——即民族的传统。只有与传统对接并对传统的自觉认同，文化生命才能找到源头活水；另一方面，我们还要善于在继承前人文化创造的基础上，面向未来不断进行新的文化创造。文化创造需要更加开放的社会环境以及更加自由的思想空间，只有自由思想才有创意，才可能激发更多的创造灵感。开掘新文化创造的生命力还要注意关注当下百姓民生，真正融入生活的文化才有生命力。在对时代生活的感受中，文化才愈加变得开放、包容，才得以绵延发展。

第二，要加强中华民族文化传统的自觉认同。民族文化认同一般是指对本民族长期历史发展中所形成的优秀文化传统的理性认知和感情依附，并在此基础之上对其自觉地坚守和维护。一个民族要想自立于世界民族之林，前提是要善于认同民族文化传统。一个民族向前发展的核心内容及恒久动力恰恰是来自于本民族成员对该民族内在文化精神以及个性的文化认同。只有在民族文化自觉认同的前提下，不同文化形态间才会达成有效的理解与沟通，形成彼此的相互依赖与尊重。中华传统文化作为中华民族理性和智慧的积淀，启迪着一代又一代中国人，范导着人的生存和发展。中国文化传统所强调的“天人合一”、“贵和持中”、“自强不息”等思想不但为世界文明做出了卓越的贡献，而且也是我们今天进行文化建设、文化发展的根基与源泉。今天我们呼唤文化自觉，首当其冲的应是对中华民族文化传统的自觉认同，我们要心怀敬畏之心去反思传统文化，重估其人文价值。自觉的文化认同肩负着对自身民族文化传统的自觉反思和对新文化的主动建构的双重历史责任。

第三，培育公民健康人格、提升国民现代人文素养。文化本质是人化，提升文化软实力的重要目标就是培育公民的健康人格、提升全体国人的人文素养。近代德国宗教改革思想家马丁·路德曾认为：一个国家的繁荣，不取决于它的国库之殷实，不取决于它的城堡之坚固，也不取决于它的公共设施之华丽；而在于它的公民的文明素养，即人们所受的教育、人们的远见卓识和品格的高下，这才是真正的力量之所在。的确，今天的中国在国库殷实、财政收入增长、经济大踏步发展的同时，应切实关注人的发展与进步，着力提升公民的文明素养。一个民族的整体素质提升了，国家的文化影响力才得以展现，强大的国家形象才得以产生，才会赢得世人的尊重。一个人不能只热衷于物质的占有、沉湎于感官快乐，具有健康人格的人应该是具有创造力的、超越自我的人，这应当包括正确的自我意识、乐观向上的生活态度、和谐的人际关系、庄严的道德感、使命感和社会责任感以及开放的文化视野。在此意义上，文化中国的价值内涵体现在公民健康人格和人文素养的生成，只有通过全社会的人文教化，才能使人们步入一个道德、情感和智慧融合一致的生活境界，进而为文化中国的建设奠定坚实的基础。

（作者为清华大学哲学系教授、博导）

中华文明内核如何实现良性延伸

黄 元

近代以来中华文明在国家治理方面明显的力不从心

19世纪中期后，中华民族在历经鸦片战争、甲午中日海战失败后，有识志士深感到中华文明在国家治理方面呈现出明显的力不从心。在中华民族孱弱岌危且深处知识饥荒之际，严复将英国博物学家赫胥黎《进化论与伦理学》摘译成《天演论》率先传入中国，其中“物竞天择，适者生存”的生物学实证原理第一次给中国人提供了人类社会发展同样是遵循“优胜劣汰”生物学原理的坚实理论依据，拨亮了中国人的理性。之后，西方的一些哲学、政治、经济、文化、逻辑、教育、医学、军事学、生物学、宇宙学等各个领域的学说，在20世纪上半叶，通过各种途径得以先后译传到中国。其中陈望道、陈独秀、李大钊等有识之士引进了马克思主义思想体系的社会主义理念，促成了中国共产党的成立，中国走向了一个新的历史发展阶段。自此，可以说民族和国家治理的实践才踏上重新探索民族和国家兴盛的治理实践之路。

全人类的文明生态是从全球各地分别开始与发展的，也即并非源于单支独流。在发展过程中，任何一支文明都有可能因为多种因素导致的发展停滞，便可能会被领先发展的其他文明支系所超越以至取代。这就是“物竞天择，适者生存”的生物学基础原理之于人类社会的直接反映。

就中华文明而言，在系统构建之后，迄今历经 2000 多年的岁月，尽管文明的内核仍然在熠熠生辉，但其中的“综合性能”已经呈现出“取用不敷、应用不胜”的现象。

中华文明的内核面临着严峻的挑战与围堵

中华文明体系的实质性外延，无疑至少是包含整个东亚地区，乃至包括整个东南亚的。

眼下，中华文明的内核可能面临着如下正在重组或者业已形成的文明支系的严峻挑战与围堵：以美国为代表的新西方文明支系，这一支系以代表上苍理性自居，在未来全球范围内的政治、军事、经济、文化、哲学等领域的发展方向上将具有十分强大的构建能力与驱动能力，也是目前在全球文明系统中治理水平最高的文明支系；努力融入西方文明元素的印度新文明支系，这一支系具有顽固性与在一定程度上的进攻性和干扰性；长期脱亚努力产生的日本新文明支系，是一支怀有欲灭亡中华文明或者取而代之野心的极端凶恶的异质力量，是对于中华文明最具侵略意识的真正的敌人；背离中华文明而逐渐形成的东南亚新文明支系，这一支系的特征是各自为政、貌合神离、欺软怕硬、唯利是图，是一支中华文明生态良性伸展的干扰支系；因为美国的拿捏而将可能会重组或形成的朝鲜半岛新文明支系，这是一支将与中华文明若即若离的文明支系。

以上这五股支系都已经在实际上包围或者干扰着我中华文明支系的有效生长与良性延展。之于西亚和中东的伊斯兰文明支系、中亚文明支系、俄罗斯文明支系和欧洲文明支系以及其中的组成部分与我中华文明的关系，在未来则将充满着变数，其中变数的要津便取决于中华文明的内在驱动力是趋向于强劲还是弱小，或者说是依赖于民族和国家自身治理的现代化的进程的切实和快速与否。

中华民族的复兴是对中华文明主体的有效维护

首先，便是须切实有效地构建起能全面激活整个民族的创新能力和创新效率的现代国家治理机制；其次，则是要建构起国家疆域寸土不失地捍卫决心，这是中华民族复兴中最基础也是须确立为必要条件的题中本义。中华文明主体的有效维护与良性延展的切实驱动力，则来源于善于学习和思考的能力、善于求真和探索的能力、善于自省和自新的能力。

中华民族的复兴不仅是属于中国的，也是属于全人类的。在全人类文明发展的现阶段里，中华民族切实复兴需要来自于中华文明跨越发展的原动力。归根结底，中华文明能否得到可持续地有效维护与良性延伸取决于：国家和民族治理的现代化所赖以支撑的哲学思想与治理实践，在新的历史条件下能否有领先于全人类的全面的除旧布新能力；国家的军事理论和实践能力能否在新的历史背景下得到切实的可支配构建；全面市场化的治理规则和市场要素的配置方式，能否得以有根本性地、无缝隙地根植于社会和国家治理的全面的基础结构的层面里，以使全民族的创新能力和创造效率得到根本性释放，以及全民族的国家凝聚力能否切实地形成理性的爬升能力和冲击力量。

（作者为中共中央编译局中国现实问题研究中心研究员）

中国儒释道之间的融合是世界奇迹

许嘉璐

“儒释道融合之因缘”，第一关键词是“融合”，显然这是对当今世界上流行的、统治着整个地球的思想——文明必然冲突，只有冲突才能解决问题这一思路的回应。第二关键词是“因缘”。在对儒释道的研究中，大家有一个共识：儒释道在两千多年中相融相济，携手并进；“君子动口不动手”，在辩论中学习了对方，丰富了自己，于是把中国的儒学、佛学、道学都推进到了世界思想和哲学的顶峰。

当西方还沉浸在，或者说迷惑在中世纪黑暗中的时候，宋代的学者已经为中国构建了完善的哲学体系，可以说那时候的中国哲学就是世界哲学的顶峰。后来，由于欧洲中心论的影响，一些哲学家认为中国没有哲学，于是人们一直流传着这种误解，而我们也曾经自卑过。今天，中国的哲学已经得到了世界哲学界的承认，大家已经看到媒体上的报道，2018 年，从未在中国举行过的世界哲学大会将在北京举行，而且从这次会议开始，汉语将作为世界哲学大会的会议用语。这是一个标志，这是一个转折，这是中国的文化、中国哲学正式地跨入世界领域、世界论坛的一个标志。

儒释道的融合是当今充满冲突的世界所需要的

在这个总的缘起下，我有以下几点思考：

第一，儒释道已经逐渐成为国际化的宗教和学说。这三种宗教和学说，它们自身的理念，以及它们相互之间相融的经验，是当今充满冲突的世界所需要的。而要想让儒释道的学说真正成为显学，还需要我们做两方面的工作：一是提高，二是普及，应该让精深和通俗结合。基督教经过马丁·路德和加尔文的改革，由英国的清教徒的实践已经证明了这一点。而佛教、基督教传入中国的过程也说明了这个问题，这就是要想让一种学说成为显学，从而在广大民众当中普及，似乎不能够从基层做起，而应该拿自己的精义去说服、感染不同阶层的精英与执政者。基督教初期的失败、佛教传入中国时曾经有过的不成功，都证明了这一点。而到了南北朝，佛教之所以在中国迅速铺开，就是走了我刚才所说的路线。因而，普及是必须的，而提高、深化也是不可少的，必须二者有机地结合。今天，在两岸四地的儒释道中，似乎普及占了主要的精力，而提高、培养一批大师反而被忽略。我们开展儒释道融合之因缘的研讨，就是希望能够激励和引导更多的学人对儒释道进行更为深入的研究。

第二，在中国儒释道之间的融合是世界的奇迹。反观世界史，特别是号称“世界中心”的欧洲，自古以来，不同信仰之间，一种信仰的不同宗派之间往往都是兵戎相见、血光滔天，直到今天这种趋势仍旧没有得到完全的遏制。因此我们需要研究儒释道为什么能够相融共进，这种经验是极其宝贵的，也是今天的世界所急需的。过去所有涉及到这个问题的论著都提到了中国文化的包容性，但是如果论述只停留到此，其实我们和相融之因与缘还有相当的距离，我们应该深化这方面的研究，这不仅仅是我们的需要，也是世界的需要。

第三，儒释道现在面临着共同的国际和国内形势的挑战。两千多年来在应对现实的挑战中，儒释道不断提升、不断突破自身。在应对中相融，这是极其重要的启示。只有在应对挑战中进行创新，儒释道才能够传承，而只有在不断的传承中，才能给创新提供机遇，传承与创新从来是一个硬币的两面。

儒释道融合的研究应当如何推进

下面我冒昧地就儒释道相融因缘的问题，对今后的研究提出一点浅见。

第一，我们应该从不同的层面上进行思考。首先，借用西方哲学的术语说就是宇宙论的问题、本体论的问题。儒释道有一个共同点，也是相融因缘之，这就是一元化的思考，一统的观念。正因为这样，所以对所谓的“终极关怀”我们都不是先验的，不是“预设”的，而是从实践中总结提升的。例如孔夫子把人生中最高的境界定义为圣人，要做到圣必须高而又高，他则“若圣与仁，则吾岂敢”，直到死还在努力地践行着，追求着。道教最高的境界是真人，如果我们读道教经典会知道，道家对真人的要求也和儒家对圣人的要求相近。而佛教，人们所共知，它的最高境界就是佛。佛教讲应该“十行”、“十住”，攀登“十地”，只有到“十地”才可以和佛陀接近。

人的道德、思想的提高是有阶段性的。从某种意义上说，是在我们一生当中永远达不到终点的，但是这并不妨碍人们对真理、对最高境界的追求，这就引导着人们永不停顿。同时在走向终极关怀的路上，儒释道都主张内求，儒家的反求诸己，佛教的见性成佛，道家的修真身、抱朴守一，都是这个道理。

另外在思想方法上，或者叫方法论上，我们是辩证的，讲周流变化、无始无终，讲中庸、讲中观、讲守中。我们在伦理上讲和合，己所不欲、勿施于人，讲慈悲等都是如此。因而我们应该从世俗面、伦理面、方法面以及形上面，多方面采用多种工具、多种视角进行研究，这种研究就是三家一体携手研究真理，而这个真理并不是绝对的，它是随着人类意识、思想、水平的提高不断前进的。同时它不是先验的，它不是超越者，它是现实中来、还要回到现实中去的。

第二，我们应该从历史过程中寻觅相融之因缘。这就是要从三家两千多年来不断的丰富完善中去研究，要从相互的争辩中去研究，从宋代以来三家相融的理论和实践中去研究，从当代理论与实践的发展趋向中进行研究。实际上这两千多年来，相生相克的过程就是和而不同的丰富过程，就是相融之因缘充分展现的过程。

第三，从国际的思想和宗教的演变中借鉴。例如，从 19 世纪开始，犹太教就在探索和基督教之间的相互融合问题，因此在犹太教内部先后出现了几个改革的派别，提出了多种改革的学说，促进了犹太教对当代社会的适应。再如婆罗门教，有不少大师已经在设想与佛教之间的沟通。又如100多年前产生的巴哈伊教，它的教义就是世界所有宗教的融合。巴哈伊教历史只有一百多年，但是教徒已经遍布世界各地，且不断增加，什么原因？值得我们思考。

我们之所以要在历史的过程中寻觅，要从国际的形势中去借鉴，就是因为我们三家都秉承着从现实出发的思路，讲主观体验、认真思考和扎实践履。我相信，沿着这条路走，积以时日，我们在相融之因缘的课题上一定能够取得前所未有的成果，促进三家共同发展，给世界以重要的参考。

（作者为第九、第十届全国人大常委会副委员长，
北京师范大学人文宗教高等研究院院长）

儒家的恕道是全球文明对话的基础

杜维明

儒家作为一种精神性的人文主义，在世界文明对话中具有重要价值。

在2001年，我接受联合国秘书长安南的邀请，参加了“文明对话年”活动的“名人团”，探索文明对话的原则。我当时提出“己所不欲、勿施于人”，即儒家的恕道应该是文明对话的基础。孔汉思先生，著名的天主神学家，提出基督教的金科玉律“己所欲，施于人”：好东西应该和别人分享，要把福音传播给其他人。当时我跟他沟通说，福音这个观念我是可以认同的，但是它可能异化成为一种抽象的普世主义，这和儒家恕道不同。恕道首先是尊重他者。有了尊重才能承认差异，才能够互相学习和交流，所以“己所不欲、勿施于人”比“己所欲，施于人”更能达到良好的对话机制。如果我认为好的就要向你传播，你认为好的要向我传播，那么如果我是基督徒，你是伊斯兰教徒，我们就冲突了。后来我花了比较长的时间写了个报告，这个报告叫《跨越界限》，成为联合国主导文明对话的基本文本。

2004 年联合国教科文组织执事局召开会议，讨论文明对话。这时候主要议题就是，能不能在抽象的普世主义和封闭的特殊主义中间找出一条路来。抽象的普世主义，例如美国用人权，特别是政治化的人权向世界各国传播，甚至向世界施压；封闭的特殊主义也就是原教旨主义，对外来的任何观念都排斥。这两种观念都是造成文明冲突甚至战乱的原因。

联合国教科文组织有一个基本的信念，认为文化多样性是人类不可消解的重要条件，应在文化多样性的基础上寻找共同的价值。

这里面孟子的"掘井及泉"为我们提供了重要思路。每个文明首先要建立自己的主体性，我们讲"学者为己"，为己就是发展自己、成就自己；而这个己，儒家里面是圣贤，佛教里面就是佛性，道家里面就是真正的自我。达到这个"我"要下很大功夫，要有精神磨炼，这个过程非常艰巨。孟子用"掘井"比喻扎根到非常深刻的自我。如果扎根不深，就被封闭在自己所挖的井里面；如果挖得够深，就能掘井及泉，而这个泉水和其他的井是相通的，不同井底的泉水之间可以交流。所以我跟孔汉思说，你一生是基督徒，写了一千页的书讲如何做一个基督徒，而我一生做的是儒家的学问，我们有差异，但也有共通性，这个共通性是你我的特殊性不能消解的。

儒家思想是一种精神性的人文主义，和西方启蒙运动发展出的凡俗性的人文主义完全不同。凡俗性的人文主义在世界观上强烈地排斥宗教，同时对自然科学有一种强烈的推崇。而儒家所代表的人文主义提倡兼容并包，是一个学习的文明、包容的文明、对话的文明，同时也是具有天下情怀的文明。儒家的天下情怀，体现在《中庸》的“赞天地之化育”“与天地参”，程颢的“仁者以天地万物为一体”，张载的“民胞物与”，所有人都是兄弟姐妹，所有的东西，包括自然万物都是我的伙伴。这种思路强调尊重自然，尊重我们社群，有利于大家和谐共处。

为什么儒家这条入世的思路可以和今天佛教、道家、基督教合作呢？

佛教经过太虚的人生佛教，经过印顺的人间佛教，一直到今天的人间净土，认为真正的价值就在我们的世界，红尘就是净土，这是佛教最高的智慧。今天一个基督徒不能说为了未来的天国，现在可以放任战争、污染；佛教徒不能说这个世界只是红尘；道家也不能离开这个世界，到深山野地去隐居。我们所处的世界就是神圣的，就是有价值的，就是净土，我们要为这个世界努力。

儒家所具有的这种人文精神可以和基督教配套，所以出现了儒家式的基督徒；可以和佛教配套，出现了儒家式的佛教徒，如人生佛教、人间佛教，还有西方说的“参与的佛教徒”。当然和道教、伊斯兰教都可以配套。精神性的人文主义，是所有的宗教都能接受的。我们主动选择做一个基督徒、佛教徒，或者做伊斯兰教徒，但我们不能选择是否做人。宗教信仰可以不同，但在如何做人这一点上是可以相通的。做一个真正的人就是成全自我的过程，我希望人类成全自我的过程对各种宗教是尊重的，同时与整个自然世界是和谐的。

除了儒释道等宗教的对话，我希望还有两个方面的对话在中国能够发展。一个对话是过去和现在的对话，就是要重新发掘传统的资源。另一个对话就是宗教和科学的对话，我们讲科教兴国，但是不要忘了是科学精神，不是狭隘的科学主义，狭隘的科学主义是 19 世纪已经过时的、不了解宗教的科学主义。我们今天的科学精神必须和宗教联手，而宗教就是一种使人能够向上、能够充分完成自我的精神价值。

（作者为北京大学高等人文研究院院长）

中华文化的多元通和模式

牟钟鉴

人类的生存发展和向文明社会进化，需要以人为本的人文主义，它使人们直接面向人生遇到的各种现实问题，为了人的幸福，以清醒理性的态度探索解决各种问题的学说和途径。同时，人生的短暂和现实的苦难又引起人们的焦虑，需要以神为本的宗教信仰，它能够在情感心理上寄托人们向往来世和天堂的梦想。前者就是中国古人讲的人道，后者就是神道。神道归根结底还是人道，它是为了满足人的精神需求而出现的，它是人道的一种特殊形态。因此，在正常情况下，以人道为主，以神道为辅，用人道引导神道，是符合两者的本质与功能的。中国历史上的儒释道三教以儒为主、释道为辅的格局恰恰就是一种健康的文化生态，它弥补了儒家宗教性的不足，又使佛道二教具有了较强的人文理性。三家内部又各有人文与宗教的相互制约。儒释道三家作为中华思想文化的核心，还把它们的人文与宗教兼顾的精神辐射到中国其他宗教和不断进入的外来宗教，遂形成中华文化的多元通和模式。它有几个显著特点：一是多信仰多宗教相互包容，没有一教坐大独断；二是温和主义占主流，反宗教的和宗教自身的极端主义不易流行；三是人文学说有宗教的情怀，宗教信仰有人文的关爱；四是人们可以在三家之中自主选择信仰，也可三家或两家共信，社会不以为怪异。

西方文化从源头上说乃是“两希”文化互动的结果。源自古希腊文化的人文主义、理性主义与源自古希伯来文化的一神宗教（先后发展出犹太教、基督教、伊斯兰教），在彼此吸收又斗争中推动西方文化向前发展。在人文哲学方面柏拉图的理性主义形成深厚传统。在宗教信仰方面基督教成为主流宗教。彼此的推扬为西方文化的繁荣作出了贡献。但柏拉图理性主义有追求绝对理念的倾向，而基督教则有信仰绝对唯一神的传统，于是两者在互动中呈现此消彼长、互相排斥、大起大落的状态。如欧洲中世纪基督教垄断思想文化，哲学和科学成为神学的奴仆，宗教之间发生长达两百年的宗教战争，出现迫害异端的宗教裁判所。文艺复兴到十八世纪法国大革命，战斗无神论者登上思想界中心舞台，用简单化的唯物论激烈否定基督教和教会，掀起反宗教运动。当代西方文化正在探索人文与宗教良性互动、宗教与科学协调发展、宗教之间对话沟通之路，并取得可喜成果。但在宗教文化方面，一神教先天的唯我独尊传统和从原教旨主义孳生出来的宗教极端主义，仍在阻碍文明对话并折磨着人类社会。

回观中华儒释道三家融合的过程，人道与神道，人文与宗教，一直彼此相摄，三家之间你中有我、我中有你，并无不可逾越的界限。它们共同为铸造仁慈、中和、尚德、宽容的中国精神作出了重大贡献，也为今日世界文明对话树立了良好的榜样，提供了有益的经验。

（作者为中央民族大学哲学与宗教学学院教授）

第六章

蓝天、绿地、清水

人类在近现代200年的工业化进程中，形成了发达的生产力，创造了巨大的物质财富，但也消耗了大量的地球能源和不可再生资源。大规模的开发扰乱了原有的自然秩序，造成土壤、河流污染，形成面状污染，并引发食品与饮用水安全等严峻问题。

如何走出这种窘境，走向发展与环保共赢？解铃还须系铃人。要解决经济发展与环境保护两难问题，力挽人类危机，人类自身必须树立绿色发展理念，发展智慧经济，做好顶层设计。

发展现代生态农业要从实际出发

丁　刚

现代生态农业具有多种发展模式。世界各国在推进农业现代化的过程中，采取的发展模式可大致归为三种：第一种情况像美国、加拿大，人少地多，劳动力短缺，以提高劳动生产率为目标，凭借发达的现代工业优势，大力发展农用机械来取代人力，通过扩大单位农场的种植面积和经营规模来提高农产量；第二种情况像日本、荷兰，人多地少，耕地资源短缺，以提高土地生产率为主要目标，把科技进步放在重要位置，通过改良农作物品种，加大农田水利建设，增加化肥和农药的使用量等措施来提高单位面积的农产品产量；第三种情况像法国、德国，土地和劳动力都比较适中，以提高劳动生产率和土地生产率为主要目标，既重视用现代工业装备农业，又重视科学技术的推广应用。以上各国根据各自的自然资源和经济社会基础，选择了不同的发展模式。因此，在实现农业现代化的过程中，没有一成不变的模式，唯有从实际出发，才是取得成功的正确选择。

我国在推进农业现代化方面，具有很多特殊的情况。如耕地、水资源稀缺，大量农村人口向城市转移等。在工业化、城市化进程中，走出了一条独特的农民转移进城的路子，但也存在着农业现代化的发展明显滞后等问题。因此，要结合我国农业发展的现状，结合国情、省情、市情，因地制宜地进行总体规划，走中国特色的农业现代化道路。用现代的物质条件装备农业，用科学技术水平的提高发展现代农业，用现代的产业体系提升农业。发展生态农业落脚点还是在农业，要统筹好经济、生态和社会的效益，做到宜游、宜居相结合。同时，在项目开发建设过程中，注重保护农民的切身利益。

（作者为国家发改委对外经济研究所副所长）

尊重客观规律　稳妥推进城镇化

谢志强

城市有一个自然生长的过程，经济性城市是先有市，后有城。必须有市，有交易，有经济

在社会建设中，具体到城镇化、城乡一体化方面，需研究三个重要的问题：第一，城市成长的规律。城市有一个自然生长的过程，经济性城市是先有市，后有城。必须有市，有交易，有经济，有劳动就业的岗位，才有城市形成的基本前提条件。第二，人的需求规律和城市增长之间的匹配。城市是为了人而建，应以人为本，考虑人的需求和本性。在不同的发展阶段，城市的发展与人的本质需要之间是成正比的对应关系。第三，城乡一体化的规律。城市发展存在很多问题，农村也有不少困难，解决这些问题，要将城乡统筹起来考虑。例如重庆、成都正全方面地推进制度改革、土地流转、产权交易等，是我国统筹城乡综合配套改革的实验区。城乡一体化有很多工作要做，包括规格的一体化、产业的一体化、基础设施的一体化、城乡社会管理的一体化、服务的一体化等。

不同于传统农业，现代农业既要有经济效益，又要有附带价值。现代生态观光农业的建设与发展，一要立意远、定位高，将生态文明、企业文化、社会效应结合起来统筹考虑；二要规划合理，具备人文关怀。整合内在和外在的各种要素，将内在的优势和外在的条件通过新的理念有效结合起来；三要严格落实执行，这是建设好生态观光农业的必要保证。

（作者为中央党校社会学教研室主任）

中国城市如何重新找回特色

蔡永洁

快速城市化进程的惨重代价就是古老的城市从中国土地上消失殆尽，取而代之的是千篇一律的旧城更新和新城建设，全中国的城市都穿上了统一的外衣。

城市规划：如何避免“千城一面”，彰显不同特色

围绕新型城镇化战略，各地纷纷出台了 2013 年地方投资、规划及增速目标。数据显示，全国 20 多个城市群、180 多个地级以上城市和 1 万多个城镇的建设发展都将与新型城镇化关联。如此大规模投资之下，不少学者担心新型城镇化会不会变成造城运动？须知标准化的新城建设不仅保存不了特色，更会丧失中国城市的生命线：文化与历史。

大约从上世纪九十年代开始，中国城市便开始逐步失去原有的吸引力，它们变得千篇一律，原有的旧城被拆除，被取而代之以式样统一的新建筑，新城建设更是呈现出单调的标准化模式。

两种误区

据媒体报道，中国目前每年还有 100 处以上的历史文物建筑遭到拆除，城市历史保护迫在眉睫。但是，已有的保护措施与活动中存在两种误区。一种是前些年盛行的与商业、旅游开发相结合的旧建筑的修复与改造，而且在许多城市取得了空前的成功。这方面的案例诸如早些时候的江南六大古镇的再开发，近期的尝试则如瑞安集团在上海成功之后又在多地进行的“新天地”项目。这些项目在不同程度上改变了原有的社会生态结构，将生活空间变成了商业空间，归根结底，商业动机远远大于文化的传承与保护，事实上是一种非真实的保护。另一种误区是将对历史建筑或城市的简单复制作为找回已经失去的传统和特色的手段，没有理解历史建筑或城市是一种生活方式的载体，当一种生活方式发生了变化时，再去模仿复制这种载体，就不真实了。我们时常可以看到许多地方拆掉老建筑以修建新的老建筑（假古董），媒体近期还讨论了中国北方多项雄心勃勃的古城再建计划，这些从严肃的科学视角都不可取，因为我们在作假。

历史的消失

理解城市地域特色可以从两个层面出发：中国城市在国际文化背景下的角色以及在中国自身不同地域条件下城市的差异。以发展的眼光看，这二者既与以历史建筑为代表的城市文化传统特征紧密相关，但又不仅仅局限于此。

中国文化能在人类文明史上占据重要的席位，原因有二：一是悠久的历史；二是鲜明的特色。关于历史的悠久无需太多的论证或说明，而特色的鲜明则可以从中国独特的营城理念与实践中获得答案。古代中国第一部工科巨著《考工记》提出了中国城市特别是都城的基本规划思想和城市格局，这种营城手段鲜明地反映了中国古代封建帝王管理城市及国家的理念，它同时也是封建社会等级、礼仪以及朴素宇宙观的体现。由于中国古代文化的连续性，直到近现代，中国的城市在漫长的文明进程中始终保持了其一贯的特征——不论是以南北轴线和方格网道路体系为特征的城市空间格局，还是以木结构和大屋顶为标志的建筑风貌，这些都与欧洲城市建设的多元和多变特征形成了鲜明的对比。

快速城市化进程的惨重代价就是古老的城市从中国土地上消失殆尽，取而代之的是千篇一律的旧城更新和新城建设，全中国的城市都穿上了统一的外衣，在城市获得了新面孔的同时，中国城市的传统特色彻底消失了，还剩下可怜的几个如博物馆的文物般被供奉起来的样板城。可以说，中国的城市建设正面临着前所未有的身份危机和价值危机。这一发展进程受到两种倾向的影响：一是很多人相信只有高楼大厦才能展现梦寐以求的现代化；二是在史无前例的发展速度下，没有时间思考“向何处去”这些更深层次的问题。总之就是先拿来用，发展了再说。中国人在放弃自己传统的同时，缺乏对新的价值的思考探寻，如此情景下，中国的城市失去了历史，也就失去了特色，即地域性。

重新找回城市特色

伴随着历史文化载体的消失，我们的城市特色已丧失了很多，我们还能否重新找回我们的特色？我们应该从哪里开始？

有一种观点称“地域的才是国际的”，它道出了当今人类文明已形成共识的多元价值观。在全球文化的多元体系中，中国文化应将占据一席之地。这是我们这一代人的历史任务，也是为后代必须留出的发展空间。还有一种观点认为，“我们的未来在过去之中”，这是一种尊重自身文化传统，面向发展的积极态度。我们的身份认同不允许我们割裂历史，这种身份标签是文化传承的基础，未来的重大挑战之一就是传承与发展的平衡以及在传承中发展。基于这样的理解，必须从两个层面认识和推动城市建设中地域特色的保护与创新工作。

指导思想层面，具体可以从三个方面理解：第一，全球化背景下对中国城市建设发展道路的批判与创新思考。中国过去的发展促使我们反思，我们必须放弃对待自己文化传统的粗暴态度，重新认识现代化、国际化、商业化大背景下中国特色概念的价值与定位，找回文化的自信，但绝不是暴发户般的过分与盲目，而是积极面对发展，探讨自身文化的未来之路。

第二，理解中国文化的独特之处，并将这种特色融入城市建设过程中。中国城市的地域特色源自于一种长期恒定的文化传统，它与政治体制、文化习俗、朴素的宇宙观以及地域性的自然条件相关联。对地域特色的保护必须理解这种特点，并将这种理解批判性、创造性地运用到今天的城市建设中，而不是肤浅的历史复制。

第三，认清中国不同地域文化的差异，并在城市建设中体现这种差异。中国幅员辽阔，尽管一直是统一的帝国，但因为气候条件和生活习俗等的不同，地域之间存在着明显的差异，这种差异性导致了中国城市的多样性，今天的城市建设应挖掘这种多样性，体现这种差异。

技术操作层面，同样可以从三个方面展开：第一，对尚存的城市历史遗存进行精心的保护和再利用。我们不能继续破坏仅存的城市建筑遗存，必须对其进行无条件的保护，通过精心的修复进行合理的再利用；必须避免对其历史价值进行粗暴的商业利用和剥削。历史建筑的再利用方式不应是消极的博物馆式的保护，应该使其融入新时代的城市生活，赋予它与其身份相适应的新的功能和价值，从而使其继续存活下去。

第二，在旧城改造中谨慎面对历史，在新建筑中体现今天的价值观。我们生活在历史的长河之中，因此应体现这种历史的延续性特点。旧城必须改造，但绝不是失去历史关联的简单粗暴的新建。城市建设一方面展示与历史的关联，同时又必须适应今天的生活，体现今天的价值需求。2012 年度的普利茨克建筑奖授予了中国美术学院的王澍，正是因为他在自己的建筑设计中贯穿了对自身传统的深刻思考，同时巧妙地展示了这种传统的无尽魅力和生命力。

第三，建筑文化创新，应在传统的基础上创造新的传统。这是最难的一点，也是答案最不确定的一点。但突破的契机也存在于可持续发展的挑战之中，不断出现的新课题促使我们的思考，生态城市、绿色建筑结合我们的建筑文化传统，这些都可以是城市特色创新的出路。从而使我们的城市在历史的长河中得到发展，并形成新的传统。

（作者为同济大学建筑与城市规划学院教授）

规划软肋拖累“美丽城市”

唐道明

坚持市场友善型的规划原则，规划只用来弥补市场失效的部分，而不是完全取代市场

现有城乡规划体系对市场与规划的双重失效应对乏力

总结分析当前中国的城市化，有两条线索是清晰的：一是农村人口确实发生了向城市的集中流动转移，但这种流动转移仅仅是以农村人口进入经济发展、产业集聚的城市的工厂、企业、用人单位，即以出卖劳动力的形式出现，单单实现了职业的转变，并未实现从农村家庭向建立城市家庭这一标志性的转变，也未实现真正意义上农村人口向城市人口的转化。

二是从城市的角度看，一方面，家庭（供给资源与生产要素，需求产品和服务）、企业（购买生产要素，生产私人产品与提供私人服务）、政府（提供公共产品和服务，同时向家庭和企业收

取税收）、对外部门（通过市场实现城市内外产品与服务的交换），这些相对独立的行为主体，常为利益谋求发展，为效率而参与竞争。在以经济增长和自身财力扩大为主要目标的竞争中，竞争者更倾向于采取以吸引资本、劳动和其他要素投入为主要目标的战略，旨在扩大生产、促进增长，从而实现自身政绩利益的最大化。在这样的竞争中，具有优势地位的城市往往胜出，吸引人口资源要素的大量流入。城市公共产品和服务的提供者，往往会把增进当地城市户籍人口人均收入和社会福利作为重要目标，而缺乏保障外来务工人员福利的硬性约束和内在动力，更无动力改变现行户籍制度去帮助外来务工人员进城安家落户。

流动人口和城市各自从实现自身利益最大化角度出发的行为，带来了产业布局、人口分布的严重非均衡发展。一边是经济高速增长、人口急剧膨胀、土地高度稀缺的发达城市体，一边却是经济落后、人口萎缩、土地闲置的中小城市、小城镇和广大乡村地区。由此看来，市场显然是失灵了，而政府的理性干预便很有必要。但现有的城乡规划体系对此却无能为力，这是市场与规划的双重失效。我们亟待创新完善我国目前的规划体系，有效应对解决日益严重的非均衡发展造成的“城市病”难题，通过规划调控引导恢复发展平衡，走区域均衡、城乡统筹、持续发展的新型城市化之路。

新加坡、香港规划调控的经验

新加坡、香港等均是市场经济高度发达的城市体，在发展初期也均面临过市区交通过度拥挤、住房、就业等方面的问题。在应对这些挑战中，其逐渐探索形成了一套系统、全面、行之有效的规划体系，值得我们总结借鉴。

其一，城市规划的目标明确，即社会发展、经济增长和优质环境协调统一。充分尊重市场对资源配置的基础性作用，但当市场出现外部不经济损害社会利益时，政府坚持以社会公众利益最大化、个人利益不受或少受影响为最高原则进行坚决的规划干预。坚持市场友善型的规划原则，规划只用来弥补市场失效的部分，而不是完全取代市场。在持续保持城市竞争力的同时创造宜人舒适的城市生活环境，建设一个适宜居住、工作与休闲的卓越城市。

其二，规划体系的完善统一。市区重建局是新加坡的国家规划局，业务内容涵盖规划工作的各个层面：从长期战略性的规划（概念规划）、详细总体规划、协调相关机构间的土地需求与利用，再到实施政府土地售卖计划和日常发展项目管制与审批等等。

其中，概念规划主要负责勾勒出综合性、长期性、策略性的结构图，综合考虑人口增长及居住、工业、商业、休闲、文化、娱乐、绿地、交通、基础设施等各大类用地的需求，指导未来40—50年的土地利用策略。总体规划是以概念规划出的长远战略方针为基础而制订的中期发展蓝图，它反映了每个地块的用途、容积率等重要规划指标，详细、清楚地指导未来10—15年的发展，并具有法律约束力。

此外，规划过程中，市区重建局还注重各部门间的横向合作与协调，客观谨慎地审视主要政策和决策，确保在战略层面平衡各个发展目标，避免日后具体实施中面临冲突和矛盾。

其三，注重城市规划连续性，确保规划有效实施。概念规划和总体规划都必须定期修编，分别为每 10 年和每 5 年一次。为确保规划实施，除了规划外，还有确切的实施计划，对规划实施的手段和资源予以充分保障，及时评估规划实施效果，对未知因素以及新的需求做出适当调整。

其四，公共政策配套衔接，强化规划的引导调控作用。将规划作为重要的公共政策工具，从法律法规、政策配套衔接、权力配置、机构设置，以及人力、物力、财力保障上全方位配合，确保有效落实。如实施公交导向式的建设发展模式，政府投入大量资源优先发展高速公路、干路和轨道交通网络，在公交枢纽周围规划较高密度的、便捷、低廉的服务，从而鼓励市民使用公共交通工具。同时通过实行拥车证制度控制车辆增长，实施电子公路收费系统管理城市中心区道路使用，提高城市交通效率。通过这一系列举措，新加坡公交出行率达到 59%，香港则高达 90%。

另一个规划成功的案例是新加坡“居者有其屋”的公共住屋政策，其成功实施归功于完善的政策配套设计。具体来说，土地征用政策可确保政府能够大规模收购建设公共住屋及基础设施所需的土地；放宽公积金条例则方便了国人以公积金储蓄购房；通过实行组屋价值定价，确保公平分配公共津贴给所有购屋者。全面规划、整体开发的新镇，除了高质量、可负担的住房，还就近配套学校、公园、诊所、市民俱乐部、图书馆、体育设施、商场等。新镇周边同时规划了低污染的工业区，为居民就近提供就业机会，既减少居民出行需求，又大大缓解了城市交通压力。政府组屋成为新加坡城市有机组成部分，约 80% 新加坡人居住在全岛 23 个新镇的政府组屋里。

新加坡、香港城市规划经验中最成功的一点在于，通过科学预测人口增长，并通过适当的人口政策和移民政策的组合恰当控制人口增长，在此基础上，对全境有限的土地采取充分有效的利用策略，既满足中近期建设发展的需要，又满足长远经济发展、人口增长的需要，同时确保优质生活环境。可谓人口、资源、环境协调可持续发展的典型。可见，成功的规划能有效地将城市的过去、现在和未来联系起来，更好地把城市从起点带到终点。

（作者为湖南大学兼职教授、湖南省住房和城乡建设厅副厅长）

相关链接

大城市病需要城市布局的重新调整

国务院参事，全国政协委员，中国科学院可持续发展战略研究组组长、首席科学家牛文元：目前中国特大城市的城市病，老百姓抱怨最多的就是环境和交通。修路，或者说增加公共交通，并不能根本解决这个问题。要从根本上解决，就必须客观上减少人们的出行需求。我觉得，这就需要城市布局的重新调整。新型城市化需要构建双向流动，农村人要流动到城市，城市人也要向农村流动，把城市的功能、工作机会流动出去。比如说在国外，有的大学、企业，会把部分学院、车间、部门迁移到郊外去，提供稳定的就业和良好的公共服务，从而形成新城区，分散城市的压力。政府需要做的，是要把公共设施做好，比如提供便利的交通和配套设施。另外，还要通过规划和政策倾斜，在当地配备高质量的医疗、教育、商业机构，要做得比城市更好，让人不再需要每天往城市中心跑。这不仅能解决交通问题，也能促进就业、改善城市环境。

城镇化要汲取国家工业化教训

北京大学国家发展研究院教授周其仁：国家工业化后来又搞了多少规划和布局？成功的也有，两弹一星、国防建设是起来了。但整体而言，资源的动员强度很大，利用效率不高，计划布局还搞了很多定点工厂，不过看来看去，后来有市场竞争力的不多。以家电为例，海尔、美的都不是当年轻工业部的重点布局。当年国家定点的是万宝，设计规模可覆盖整个华南六省。低压电器也有过国家部署，在遵义、上海、西安布了三大块，最后加在一起，还不如一个温州。这类例证很多，说明不注意适当的制度安排，包括企业体制、市场竞争和人力资本，仅用行政手段追求工业化的物理外观，绩效不理想。城镇化比工业化复杂。比较起来，一个工业项目定错了，一个厂子建错了，比起城市布局、投资和建设的出错，太“小巫见大巫”了。要承认，城市出错的迹象，现在已经不少。

以智慧经济促进发展与环保共赢

刘治彦

人类在200多年的工业化进程中，形成了较为发达的生产力，创造了巨大的物质财富，但也消耗了大量的化石能源、矿产等不可再生资源。这种大规模的资源开发，扰乱了原有的自然秩序，在利用矿产中一些元素的同时，也将余下的物质弃掉在环境中。具体表现在两个方面：一是煤炭、石油等化石能源使用引发的大气质量问题；二是矿物利用问题，尾矿弃置污染水质和土壤，并通过动植物食物链的累积效应，影响人类健康。同时，由矿物提炼出来的各种化工产品，如农药、化肥等造成土壤、河流污染，形成面状污染，并引发食品与饮用水安全等更为严峻问题。

人口数量也呈爆炸式增长。实践经验表明，人均收入水平必须与人口总量稳定或下降同步，才有可能使得环境好转奏效，否则过多人口势必会拉长这个过程，并加重环境污染累积效应，加大治理恢复的难度，并可能迈入生态系统崩溃的险境。

在这一背景下，如果按照传统理念与路径继续发展，势将给全球资源环境形成难以承受的压力，并可能进一步引发一系列矛盾与冲突。如果工业化与城镇化在全球全面展开，在资源保护与污染治理责任缺失的情况下，必将导致资源加快枯竭、环境质量急剧恶化，甚至可能出现全球生态系统崩溃。人类在短短的二三百年的发展历程里，似乎无意中闯入了越发展越危险的怪圈，时刻面临“创造性毁灭”之威胁，进入了经济发展与环境保护的两难窘境。

当下窘境实为人类错误的发展理念和路径所致

溯本求源，深刻反思，当下窘境实为人类无节制的欲望与错误的发展路径所致。早在18世纪末，经济学家马尔萨斯就指出了人口无节制增长的后果。1962年，美国生态学家蕾切尔·卡逊（Rachel Carson）发表了《寂静的春天》一书，宛如旷野中的一声呐喊，震惊世人，告诉人类可能面临的生态危机。1972年，罗马俱乐部发布《增长的极限》报告，讨论未来人类发展困境，这一年也是全球第一次召开人类环境会议。可见，人类为保护环境做出了诸多努力，但资源环境问题仍然是威胁全球健康发展的首因，且呈恶化趋势。究其原因，在于我们过分恪守于“规则至上”的法律教条，过分依赖于“技术万能”这一形而上学的机械论，从而忽略了绿色发展理念与智慧经济路径。

从理念来说，我们长期以来仅将经济发展视为社会发展的基础，而忽略了自然生态环境是人类发展的根基；一直将物质财富不断增长视为经济增长的全部，忽略了人的全面发展与智慧增长的重要意义。在传统工业化与城镇化发展模式下，人类使用传统工业技术与市场化资源配置方式，势必导致经济社会发展与自然生态环境保护的矛盾日益突出。在市场规律作用下，人类为了自身的发展，要开发利用自然资源，通过一系列技术加工变为满足自身需要的物质产品，各种批量化的物质产品在市场交换中又称之为物质商品，以货币为媒介又成为可以度量的物质经济产值。在工业化过程中，人类对物质财富的追求重点表现为工业产值增长，因此 GNP（国民生产总值）增长成为人类追求的基本目标。

从路径上来看，人类发展史上每次产业革命和社会进步都是以能源使用方式变革开始的。从钻木取火、薪柴利用，到化石能源开发、电力使用，印证了文明进步的阶梯。在过去的两个多世纪历程里，发达国家通过化石能源大量开采，以及蒸汽机和电力的使用，完成了传统工业化与城镇化重任。正是能源方式的改进，使得机械化代替部分简单劳动，并使批量化生产成为可能。纺织、矿业开采、钢铁、电力、化工、汽车等传统产业快速发展，消耗了大量的化石能源，导致大气中累积的温室气体激增。相较于工业化以前，全球平均气温增高近 1 摄氏度，引发一系列极端天气现象出现，并带来生态环境恶化和生物多样性减少。同时，煤炭粗放使用导致空气质量下降，威胁人体健康。而石油、天然气等清洁化石能源成为争夺的稀缺性战略资源，并成为引发世界争端和战争的导火索。

总之，近现代传统工业化大量使用化石能源成为一系列环境危机的罪魁祸首。同时，大量粗放型的资源开采与加工，导致污染治理缺失，为环境问题埋下了隐患。

走出窘境，迈向发展与环保共赢

如何走出这种窘境，迈向发展与环保共赢？解铃还须系铃人。解决经济发展与环境保护两难问题，力挽人类之危机，必须从人类自身做起，树立绿色发展理念，发展智慧经济，做好顶层设计。

一是确立绿色理念。绿色作为植物颜色，是生命本源象征。绿色理念就是人类尊重自然和社会发展规律，按照生态学、环境科学、社会学等学科的基本原理，适应环境和社会，与环境协同发展、与社会和谐共进的发展思路，保护环境、呵护生命、共存共进的文化意识与文化伦理。基于绿色理念，形成一系列绿色制度体系，引导和约束全社会形成绿色规划、绿色设计、绿色企业、绿色生产、绿色生活、绿色再生等覆盖经济社会活动全过程的绿色经济体系。确保全社会形成节约资源、保护环境、维系生态平衡的行为范式与生活习惯。

二是做好顶层设计。利用城市区域发展模拟技术，根据各地自然生态环境承载能力，合理布局产业、人口与城市群，真正做到发挥各地比较优势。既要把各地经济社会发展强度控制在环境容量与资源总量允许范围内，也要将良好环境作为资源来经营，发挥其潜在价值，实现在开发中保护，在保护中开发。

三是发展智慧经济。智慧经济就是依靠人的智慧发展起来的经济。经济发展只有回归到依靠人自身智慧上来，才能实现可持续发展。目前面临的问题在于我们尚未找到解决发展问题的根本办法。新世纪以来，新一轮产业革命发展，一批新兴战略产业快速崛起。

第一是新能源。既然传统化石能源使用是导致一系列环境问题的首因，因此寻找新能源就成为当务之急。现在共识是，核聚变使用是从根本上解决人类能源问题的最佳途径，但这大约还需要 30 余年的时间。在这一过程中，太阳能、风能、生物质能的开发使用成为现实新能源的选择。同时，煤炭的清洁利用尚有较大的潜力。

第二是新型材料使用。既包括新型结构材料与新型功能材料研发；也包括既有钢铁、有色金属、建材、废弃物等循环利用。

第三是信息技术。3S、物联网、云计算、大数据等新一代信息技术为智慧地球、智慧城市建设提供了可能，这将极大提高资源配置效率。据有关估测，在投入不变的情况下，智慧城市建设能使产出翻两番，极大缓解发展对环境的压力。

第四是生命技术。包括医学与生物技术在内的生命技术，将极大提高人类健康水平与寿命，使得人类智慧得以充分发挥，知识能够快速增长。

第五是海洋技术。海洋开发使得人类活动由单一的陆地转向陆海统筹，发展空间新增两倍，可获取更多更好的新资源。

第六是航天技术。人类借助航天技术得以拓展未来资源与环境空间。

第七是环保技术。环保技术为发展静脉产业提供可能，使得人类经济发展形成闭路式的可循环型模式，为可持续发展提供了可能。

与此同时，人类几千年的文明史所积淀的文化，正在成为人们消费的精神食粮。文化创意、观光旅游、生态休闲等精神追求、自我完善与价值实现领域，正成为经济发展高级阶段的人们的重要需求。因此，良好环境不仅是一、二产业发展所需的资源载体，更是第三产业发展的重要载体和资源，绿水青山就是金山银山。

可见，凝聚人类知识与智慧的高新科技产业和文化产业将成为未来经济发展的主体，有可能协调发展与环境保护的矛盾，促进两者互动互进，协调共赢。

（作者为中国社会科学院城市发展与环境研究所研究员、博导，中国社会科学院城市信息集成与动态模拟实验室负责人）

第七章

构建国家安全新模式

当前我国国家安全的内涵和外延比历史上任何时候都要丰富，时空领域比历史上任何时候都要宽广，内外因素比历史上任何时候都要复杂。我们必须既重视外部安全，又重视内部安全；既重视国土安全，又重视国民安全；既重视传统安全，又重视非传统安全。要构建集政治安全、国土安全、军事安全、经济安全、文化安全、社会安全、科技安全、信息安全、生态安全、资源安全、核安全等于一体的国家安全体系。

中国的总体安全以人民安全为宗旨，以政治安全为根本，以经济安全为基础，以军事、文化、社会安全为保障，以促进国际安全为使命，要走出一条中国特色国家安全的道路。

新型大国安全治理新方略

苏长和

党的十八大以来，习近平总书记围绕国防军队工作、网络与社会信息化工作、海洋安全、地区安全、国际安全和核安全等一系列讲话，系统阐述了在我国综合国力迈上了一个大台阶，同时国内外安全形势面临新的复杂考验情况下，如何实现人民安康、社会安定、国家安稳、世界安宁四位一体的总体国家安全观思想。总体国家安全观为新时期中国国家安全治理体系现代化和巩固国家安全建设提供了指导思想，是中国共产党治国理政体系的重要组成部分。习近平总书记关于总体国家安全观的论述是一个系统的整体，概括起来，就是在一个总体国家安全观思想指导下，围绕两个大局进行安全思忖和谋划，把握新时期安全的三个内涵，在处理好五对关系中，实现国家安全的四大目标，走一条中国特色的大国国家安全道路。

“一个指导思想”

一个总体国家安全观指导思想：总体安全观是世界各大国处理安全问题的基本趋势，也是安全治理需要走综合治理道路的需求。总体安全观强调认识和解决安全问题需要全局思维和战略思维，针对不同阶段面临安全威胁的轻重缓急和目标的优先次序进行科学的研判和决策，统筹协调各方力量，综合运用各种手段，有效调动分配各类安全资源，从而形成巩固的国家安全综合治理体系。

“两个大局”

围绕两个大局进行安全谋划：两个大局就是要将国内安全与国际安全两个大局紧密结合起来，看待国家安全治理体系建设。一个国家的安全从来不是与外部世界孤立的，总是因时因势而变，因地因事制宜，建立在与外部世界关系的认识基础上的。习近平指出，国际安全是国家安全的依托。没有一个有利的外部环境，国家的发展和安全就会受到干扰。所谓有利的外部环境，既包括争取对我有利的外部环境，也包括将外部消极因素转化创造为对我有利、为我所用的积极因素的能力。当前中国与世界的关系发生了历史性变化，时空交错、内外联动是国家安全议题重要的表现形式，国家安全建设必须要放在国内安全和国际安全两个大局之下进行思忖和谋虑，搞国内安全工作的要懂国际安全，搞国际安全工作的也要懂国内安全。

“三个内涵”

把握新时期安全的三个内涵：在中央国家安全委员会第一次会议上，习近平指出，当今世界的安全概念发生着深刻的变化，表现在安全内涵和外延的变化、安全时空的变化、安全内外关系的三大变化上。抓住这三点内涵，有助于我们从总体和综合角度思考国家安全性质和内容。这三大内涵变化，使得当今安全问题具有新旧叠加、时空交错、内外联动的特点。以国民安全为例，2013 年大陆出境人次超过 1 亿，而改革开放前近 30 年，我国出境人次总和只有 21 万人次，对这么大规模的国民出境人次，其人身财产安全的保护就是前所未有的一个新课题；再以经济安全为例，我国现在是世界上最大的货物贸易国家，在构建开放性经济新体制进程中，如何提高抵御国际经济金融风险能力、有效维护海外经济权益、完善海外投资安全的监管，也是一个新课题；同样以生态安全为例，生态安全具有很强的空间转移和隔代转移的时空交织特点，其治理体系就要有“功不必成于当代”的长远眼光。

“四大目标”

实现四大安全目标：中国特色的国家安全道路，在发展和目标上是实现人民安康、社会安定、国家安稳、世界安宁，概括起来就是在国内建设平安中国，在国际关系中坚定不移地走和平发展道路，努力建设一个和谐世界。这四个“安”是一个相互依存的整体，社会安定和国家安全的根本宗旨是保障人民安康，国家内部人民的安康和社会安定离不开一个和谐共生的世界。今天的世界仍不安宁，和平与发展两大问题一个都没有解决，作为一个拥有人类五分之一人口的中国，其自身实现人民安康、社会安定、国家安稳的模式和方式，本身就是对国际安全和世界和平的巨大贡献。

“五对关系”

处理好五对关系：既重视外部安全又重视内部安全，既重视国土安全又重视国民安全，既重视传统安全又重视非传统安全，既重视发展问题又重视安全问题，既重视自身安全又重视共同安全，切实做好国家安全各项工作。五对关系不是孤立、割裂的，而是辩证统一关系，核心是在处理安全问题时，要有整体思维、战略思维、全局思维、历史思维。

中国特色的国家安全道路

中国特色的国家安全道路是在将国家安全的一般治理原理与中国具体国情结合基础上逐步形成的。例如，从国家安全的一般原理讲，中国作为一个大国，必须拥有与其他大国一样的巩固的国防和军队，但是中国作为一个奉行和平主义的社会主义国家，其安全思想又具有自己的历史、文明、制度和实践特色，中国反对黩武好战，黩武好战则必衰必亡，但中国不忘战荒兵，忘战荒兵必招寇招侵。中国特色国家安全治理体系初步形成了以下几个鲜明的特点。

第一，党对国家安全工作的领导是中国特色国家安全道路和国家安全保障的根本和核心。认识中国国家安全治理结构，必须放在中国政治和制度体系坐标下，国家安全治理结构不能照搬或者完全参照别的国家。以新设立的中央国家安全委员会为例，其简称不能为“国安会”，而应为“国安委”，而且，“国家安全委员会”前面加“中央”两字，突出党的领导统筹协调意义。我们不能以议会制国家下的国家安全委员会看中国的中央国家安全委员会结构，也不能以美国总统制下的国家安全委员会来理解中国中央国家安全委员会的运行，中国的中央国家安全委员会必须放在中国制度模式体系下去理解。

第二，独立自主的国家安全体系是国家安全的最坚实基础。中国不是一个中小国家，在国家安全问题上不可以依附其他大国；中国是一个处于社会主义初级阶段的国家，仍将长期与资本主义国家竞争并存。历史的正反经验和教训使得中国在国家安全保障上不能对外部心存幻想，必须埋头重视独立自主的物质基础建设，包括独立自主的科技、工业、国防、经济、金融体系、网络等，将国家安全的主导权牢牢掌握在自己手中。

第三，实现国家安全与世界安宁互补互进是中国作为新型大国的安全道路特色。中国特色的国家安全道路是有利于世界安宁的道路，它不将自己的安全建立在别国不安全甚至损害别国安全的基础上，也绝不允许别国危害中国的主权、安全和发展等核心利益。西方的地区国际关系以及对外关系史中之所以频繁出现国强必霸、强权干涉、以邻为壑的安全实践，给人类文明带来了巨大的灾难，根本上在于其惯于将自身安全与他人安全对立起来的零和思维有关。中国作为一个新型大国，致力于从相互依存状态、命运共同体意识、和谐共生思维、互补互进实践等方面，破解国家安全与国际安全的二元难题，努力探索出国家安全与国际安全共生的道路。习近平在国内外场合多次指出，国与国关系发展要将心比心，要互谅互让，彼此照顾对方的安全关切和核心利益，既重视自身国家安全，又要重视与他国的共同安全。

中国作为一个新型大国、社会主义大国，不会走过去一些大国以强凌弱、以大欺小、损人利己的国家安全道路，这是中国根据自己历史以及世界历史道路的正反经验和教训得出的国家安全新路。中国特色的国家安全道路是世界之福，而不是世界之祸。以人民安全为宗旨，以政治安全为根本，以经济安全为基础，以军事、文化、社会安全为保障，以促进国际安全为依托，这就是一条中国特色的国家安全道路。

（作者为复旦大学国际关系与公共事务学院副院长、外交学系教授）

参考文献

①彼得·卡赞斯坦：《国家安全的文化：世界政治中的规范与认同》，北京大学出版社2009年版。

从亚信峰会看习近平亚洲安全观

薛福岐

在中国上海举行的亚洲相互协作与信任措施会议第四次峰会上，习近平主席代表中国提出共同、综合、合作、可持续的亚洲安全观及有关亚信会议下一步运作的四项建议。这是中国新一代领导人面对新的历史条件，从中国自身定位和发展需要出发所作出的一项至关重要的政策宣示，体现出中国作为大国的担当。在亚洲新安全观基础上建设覆盖本地区的安全与合作框架机制无疑是未来一个时期中国对外政策，尤其是周边国家政策的主调和努力方向之一。

当前亚洲发展与安全形势

对 21 世纪的亚洲国家而言，发展与安全是具有多个维度的两大任务目标，既有一定的独立性，但在更多情况下是相互制约、相互促进的关系。经济社会发展和政治稳定是安全的必要条件，而安全则是发展的必要前提。

亚洲当前面临的安全形势可谓错综复杂。从东北亚的朝核问题到中东的伊朗核问题和巴以冲突，从阿富汗的安全局势到中亚、西亚、南亚地区面临的恐怖主义威胁、跨国贩毒、跨国有组织犯罪，等等，都是十分棘手、牵一发而动全身的难解之题。亚洲国家各自所面临的安全威胁既有共通之处，也有特殊性。此外，受自身经济社会发展水平的制约，亚洲国家应对传统和非传统安全威胁的能力也存在巨大差异。而在应对安全挑战方面，除上海合作组织和东盟之外，亚洲缺乏全面对话的平台。与此同时，区域外大国等通过双边安全机制，频繁插手本地区事务，试图利用亚洲目前高度分散的局面来主导地区安全。这在一定程度上无疑使原本十分复杂的安全领域变得更加难以控制。

当然，在全球化加速发展的今天，亚洲安全与经济发展一样是一个开放体系。但亚洲安全事务首先关涉到本地区国家的切身利益，首先应该由本地区国家积极合作、掌握主动权。只有这样，才能更加有效地与世界其他地区国家共同应对全人类面临的安全威胁，对全球安全作出自己的贡献。

就亚洲国家的政治发展而言，一些亚洲国家采用西方民主制度，但更多国家一直在独立自主探索适合本国国情的发展道路和模式。从历史发展的长远角度看，找到适合自身历史传统和文化特点的政治发展道路，也许是亚洲国家保障经济社会发展、有效应对安全挑战的重要前提。在这方面，许多亚洲国家一直面临来自西方的巨大压力和种种批评。而西方的批评往往从自身利益出发，对亚洲国家自身发展利益的关切是浮浅甚至虚伪的。这也从另一个侧面说明亚洲国家需要加强交流，互学互鉴，增强自信心。

中国倡导新亚洲安全观，正逢其时

习近平主席在亚信峰会上代表中国提出，中国的发展要惠及亚洲国家。此前中国已经提出建设丝绸之路经济带和21世纪海上丝绸之路、设立亚洲基础设施投资银行等倡议。在安全领域，中国主张建立常态化交流合作机制，共同打击“三股势力”，探讨建立亚洲执法安全合作论坛、亚洲安全应急中心，开展执法安全合作（譬如可借鉴湄公河流域执法合作经验），应对突发安全事件（如马航MH370航班失联事件等）。此外，中方还倡议召开亚洲文明对话大会。这一系列主张和倡议，是中国作为亚信2014—2016年轮值主席国对亚洲安全事务的应有贡献。

亚洲国家在经济社会发展、安全乃至政治发展方面差别巨大，诉求和关切则高度一致。亚洲需要自己的对话机制和平台。作为一个发展中的世界大国，中国在此时倡导新的亚洲安全观，主张逐步建立新的常态化交流合作机制，可谓正逢其时。

中国提出上述主张的基础，无疑是中国国家利益格局的变化，随着中国国力上升，利益范围的扩大。中国无意挑战现有秩序，但也不再会对涉及自身利益的问题瞻前顾后、三缄其口。

中国的主张可谓是经济发展与安全并重。这是因为中国深刻认识到，经济发展与安全可以相互促进，相得益彰。建设一路一带，加强互联互通，投资亚洲基础设施等建议，无疑是来自中国自身发展经验。安全领域合作的“虚”（譬如安全合作论坛）与“实”（譬如执法安全合作、亚洲安全应急中心）与平台建设，则是未来建设常设机制和机构的探索和试验。而文明对话更是促进亚洲国家人民、宗教之间相互了解的重要平台。经济、安全与文化三位一体，多管齐下，可以构成亚洲安全机制的基石。

中国的主张和目标是亚洲国家平等参与、共同应对安全领域的重大课题。作为地区大国，中国无意单独为亚洲提供公共产品，因为这既不符合中国的利益，也不符合中国的能力，更不符合时代的潮流。时代潮流是亚洲事务要由亚洲人自己主导，不是建立排他性的、针对特定国家和国家集团的军事政治联盟，而是广泛的对话与合作。亚洲的公共产品只能由亚洲国家通力协作共同提供。

未来亚洲安全合作展望

习近平的亚洲安全观对中国和亚洲的发展无疑具有重要意义。这关系到实现中华民族伟大复兴的中国梦，进而关系到实现亚洲的全面繁荣、合作与发展的前景。

当前，中国处在一个特殊的发展时期，处在实现两个百年目标的关键期，需要统筹国内国际两个大局，协调发展，营造良好的发展环境。而亚洲安全观提出的时机与中国自身的变化趋势相契合，是中国应世界和亚洲大格局的调整与变革而提早布篇谋局。

如何通过不懈努力，将亚洲安全观落实在一系列常设机制和平台上，使之成为安全合作的有效工具，无疑是一项艰巨任务和巨大的挑战。

首先是中国自身发展的复杂性。中国既是一个发展中国家，同时也是一个区域大国，正在从一个发展中国家到区域大国，从区域大国到全球大国迈进。历史上中国是一个伟大的文明型国家。1840 年以来中国的发展实际上是对西方挑战的回应。中国案例在亚洲具有十分典型的代表意义。而中国文明能否有新发展取决于我们自身的努力。从当前来看，中国主动下调经济增速，更加注重增长的质量，更加注重社会公平公正。这是中国经济社会可持续发展的必然选择。鉴于中国经济的体量，中国保持稳定可持续发展无疑为亚洲经济体提供广阔的合作空间。

其次是世界发展的复杂性，这里既有全球力量格局的变化，也有包括中国在内的新兴国家崛起等因素。西方世界与非西方世界之间力量对比的此消彼长和转换是否平稳，依然是一个未知数。

第三是亚洲国家内部发展水平千差万别，诉求也是千差万别。一些新独立国家万分珍惜自己的独立主权与领土完整，在合作当中对涉及主权的问题十分敏感。这意味着在维护亚洲安全机制的建立过程中，必须认真考虑到这些伙伴的关切，平等协商，求同存异。

第四是目标设定，也就是亚洲安全领域的议程设定。结合近年来中国一系列倡议，以及上海合作组织运行的经验，可以得出结论是，亚洲地区未来全新的地区安全合作机制，必然不是由一个或者几个大国主导，而应以协商一致原则为根本，务必使所有参与者的声音都能够被听到，尤其是小国的诉求与关切必须得到较为恰当的安排。

相信亚洲在安全合作方面有能力建设一个个平等合作、排除特殊优先责任和双重标准的平台。而中国与亚洲国家共同倡导的和平共处五项原则，完全有可能成为新架构的基础政治原则。相信亚洲智慧应该能够使我们建立起适合本地区特点、行之有效的平台，使亚洲未来实现共同、综合、合作、可持续的安全，造福亚洲人民和世界人民。

（作者为中国社会科学院俄罗斯东欧中亚研究所研究员）

命运共同体：国家安全观的重要元素

周方银

习近平在主持召开中央国家安全委员会第一次会议时指出，要“既重视自身安全，又重视共同安全，打造命运共同体，推动各方朝着互利互惠、共同安全的目标相向而行”。这是继 2013 年 10 月在中央周边外交工作座谈会上，习总书记提出“要把中国梦同周边各国人民过上美好生活的愿望、同地区发展前景对接起来，让命运共同体意识在周边国家落地生根”后，再一次重申“命运共同体”的概念。随着时间推移，命运共同体的理念在中国国家安全和外交工作中的内容越来越充实，但命运共同体的建设也面临一定的现实困难和挑战。如何使中国与周边国家的命运共同体建设稳步推进，成为中国未来一个时期的重要议题。

命运共同体既是中国外交的手段，也是重要目标

中国与周边国家试图建设的命运共同体，既是经济合作不断加深的关系，也是成员国在安全问题上互相谅解、相互提供支持，

在发展与合作的过程中提升所有国家的安全水平的关系，同时，它更为中国与周边国家的关系提供一种精神上的联系。在命运共同体内部，各成员国具有共同的目标、一致的理念和相通的情感。由于国际形势风云变幻以及国家利益具有可变性，从长期角度，对命运共同体的集体认同，以及在此基础上形成的归属感，是周边命运共同体的核心竞争力，需要所有成员共同进行精心的耕耘和培育。

从性质上说，命运共同体意味着成员国之间不是对抗的关系，而是合作的关系，但它不是一般的合作关系，不是生意性质的合作关系，而是朋友、伙伴之间的合作关系。从国与国合作的角度，命运共同体是一种具有高度政治共识和稳定合作预期、能够经受一定程度压力考验的关系。它在政策层面的一个重要体现，是成员国不机会主义地利用国际环境变化过程中出现的形形色色的机会，不把通过向对方施压以获取利益作为优先的政策手段。

从功能上说，命运共同体具有重要的政治作用，它有助于把相关国家更紧密地结合在一起，使它们在面临经济危机、外部安全压力、全球或地区层面的共同威胁与挑战等问题时，能够提供更可靠和更有效的相互支持。在困难的时候，能够互相扶持和帮助，在平时也能在国际层面相互提供物质和道义的支持，更好地在国际社会中发挥每一个成员的积极作用。通过命运共同体建设，可以把我们长期执行的与邻为善、以邻为伴的睦邻外交政策推向更高水平。

命运共同体既是中国周边外交的手段，也是中国周边外交的一个重要目标。作为手段，它有助于提升中国与周边国家的合作水平。作为目标，命运共同体与本地区长期的和平、稳定与繁荣本身具有高度的一致性。同时，命运共同体建设也高度契合了中国的和平发展道路。中国积极推动周边命运共同体建设，本身说明了中国试图走什么样的发展道路，说明了中国对地区与国际事务所采取的建设性态度。周边命运共同体建设要取得成效，意味着中国与周边国家要同时走和平发展道路，在这样一条发展道路上相互支持、共同推进。

建设命运共同体的每一步都十分不易

周边命运共同体的建设是一个长期的过程，它不可能一蹴而就，建设的过程中也不会一帆风顺。

命运共同体有多方面的深厚内容，从建设的过程来说，第一步可能是通过提升区域经济一体化的水平，建设比较深入和完善的经济共同体，在此基础上，逐渐建设安全共同体，然后才是包含政治、经济、安全、社会、文化等多方面内涵的成熟的周边命运共同体。在建设的过程中，每一步推进都十分不易。同时，经济共同体的建设不会自动导致安全共同体的形成，安全共同体的发展也不会自动导致十分紧密的命运共同体的完成。在这个过程中，要经历中国与周边国家关系多次质的提升过程，这需要相关各国政府共同努力推进。

从建设的策略上来说，我们需要从以下一些方面做出努力：

增强共识，在本地区凝聚起支持命运共同体建设的稳定力量。中国与周边国家一道，加强命运共同体建设的顶层设计，使之获得持久的推动力。在政府、社会、个体等不同层面，形成立体多元，地域范围广泛，时间上可以持久的支持力量，使命运共同体的建设即使在不利的国际环境下也能保持内在的生命力，而不是昙花一现，或者经过一段时间之后不了了之，没有下文。

要求同存异、顾全大局、宽仁相待、包容融合。命运共同体不意味着没有矛盾，由于国际关系的复杂性，中国与周边国家地理范围的广泛性，即使中国与周边国家真正建成了命运共同体，它们之间也不会没有问题和矛盾，甚至会存在一些较为深刻的问题和矛盾，更不用说在命运共同体的建设过程中了。命运共同体建设，需要有不破不立的思路。对命运共同体的建设性态度体现在，当出现问题和矛盾时，各方表现出较为高度的宽容、理解和克制，而不是无中生有地制造矛盾，或者轻易地激化已有的矛盾。

从长远的视野出发，要坚持互利互惠、共同安全，不断深化和拓展合作的基础。中国与周边国家在处理国与国关系时，都需要经常转换视角，更多地考虑和照顾对方的关切和感受。常见面、多走动，多做得人心、暖人心的事，在这个过程中以越来越大的力度展现各方的善意，用善意回馈对方的善意，而不是经常用最大的恶意去揣测对方的动机，并在此基础上进行政策回应。

通过一些可见的成果推动命运共同体的建设。命运共同体是中国周边外交的一种富有远见的顶层设计，但它真正要取得成效，还要靠一件事一件事的落实来体现。它的成功，可说是“一分部署，九分落实”。命运共同体在建设的过程中，会遇到这样那样的困难，不同领域的困难会在不同的时候出现。特别是，在这个过程中，要啃一些硬骨头。但是，有很多硬骨头一时半会啃不动。

在这样的情况下，需掌握好命运共同体建设过程中的节奏。既不能太急于求成，也不能轻易松劲。相关国家需总体上保持地区合作向前发展的态势，努力用一个阶段的成功推动下一个阶段的成功，为命运共同体建设不断走向深入打开战略空间。

命运共同体是一个远大的理想，它的成功需要中国与周边国家的人民共同进行长期和辛勤的耕耘。在这样的耕耘之下，它也必然会结出丰硕的果实。

（作者为广东外语外贸大学广东国际战略研究院教授）

警惕两种形式的“颠覆性错误”

宋　俭

“中国是一个大国，决不能在根本性问题上出现颠覆性错误，一旦出现就无法挽回、无法弥补。”2013年10月7日，中国国家主席习近平在亚太经合组织工商领导人峰会演讲上如是强调。

“第一位”的根本性问题：坚持和发展中国特色社会主义

什么是当前中国的“根本性问题”？我们不妨先来看看党的十八大以来习近平是如何认识和阐述这一问题的。2012年11月17日，在十八届中央政治局第一次集体学习时的讲话中，习近平指出：中国特色社会主义是党和人民90多年奋斗、创造、积累的根本成就，必须倍加珍惜、始终坚持、不断发展。要“紧紧围绕坚持和发展中国特色社会主义学习宣传贯彻党的十八大精神”，要“把坚持和发展中国特色社会主义作为学习贯彻党的十八大精神的聚焦点、着力点、落脚点”。2013年1月5日，在新进中共中央委员会的委员、候补委员学习贯彻党的十八大精神研讨班开班式上的重要讲话中，习近平强调：道路问题是关系党的事业兴衰成败第一位的问题，道路就是党的生命，党的十八大精神，说一千道一万，归结为一点，就是坚持和发展中国特色社会主义。从这些重要讲话精神中我们可以清晰地看出，在习近平的思想中，坚持和发展中国特色社会主义就是当前中国“第一位”和“根本性”的问题。坚持和发展中国特色社会主义的关键则是全面深化改革。在2012年12月31日中共中央政治局的第二次集体学习中，习近平强调，改革开放只有进行时没有完成时。没有改革开放，就没有中国的今天，也就没有中国的明天。改革开放中的矛盾只能用改革开放的办法来解决。要积极回应广大人民群众对深化改革开放的强烈呼声和殷切期待，凝聚社会共识，协调推进各领域各环节改革，努力把改革开放推向前进。在2013年8月27日的中央政治局会议上，习近平深刻指出：全面深化改革关系党和国家工作全局。实现党的十八大描绘的全面建成小康社会、加快推进社会主义现代化的宏伟蓝图，坚持和发展中国特色社会主义、不断推进中国特色社会主义制度自我完善和发展，解决我国发展面临的一系列突出矛盾和挑战、实现经济社会持续健康发展，都要求全面深化改革。

在亚太经合组织工商领导人峰会的主旨演讲中，习近平正是在介绍中国正在制定的全面深化改革的总体方案时，谈到中国“决不能在根本性问题上出现颠覆性错误”的，选择这一时点，意味深长。改革是一场深刻的革命，涉及重大利益关系调整，涉及各方面体制机制完善。中国改革已进入攻坚期和深水区。当前改革需要解决的问题格外艰巨，都是难啃的硬骨头，这个时候必须一鼓作气。瞻前顾后，畏葸不前，信心动摇，甚至放弃改革，中国改革开放30多年取得的进展将可能前功尽弃。所以，当前中国的“根本性问题”说到底就是坚持全面深化改革的问题。因为“最根本的是，改革开放符合党心民心，顺应时代潮流”，也只有改革开放才能发展中国、发展社会主义、发展马克思主义，“停顿和倒退没有出路”。

全面深化改革，警惕两种形式的颠覆性错误

习近平在十八届三中全会上所作的关于《中共中央关于全面深化改革若干重大问题的决定》的说明中再次阐述了这一“底线思维”：党的十八大以来，中央反复强调，改革开放是决定当代中国命运的关键一招，也是决定实现“两个一百年”奋斗目标、实现中华民族伟大复兴的关键一招。党的十八届三中全会以全面深化改革为主要议题，是我们党坚持以邓小平理论、“三个代表”重要思想、科学发展观为指导，在新形势下坚定不移贯彻党的基本路线、基本纲领、基本经验、基本要求，坚定不移高举改革开放大旗的重要宣示和重要体现。

那么，在改革开放这一决定当代中国命运的根本性问题上，我们要警惕和防止什么样的“颠覆性错误”呢？

我们首先需要警惕和防止的颠覆性错误是否定改革开放、否定中国特色社会主义的错误认识和错误思潮。这种极“左”错误思潮从1978年党的十一届三中全会以来就一直存在，从来没有

销声匿迹过，并且在党的十八大以后，又趋于活跃。他们无视中国改革开放所取得的巨大成就，有意曲解和放大改革开放以来中国在发展过程中出现的矛盾、困难和问题，指责“现在中国进行的改革是变公有制为私有制的改革，是变社会主义为资本主义的改革”，“现在所谓的‘中国特色社会主义’，从主要特征来说，实际是走的‘中国特色资本主义’邪路”。他们甚至全面否定“邓小平理论”、“‘三个代表’重要思想”、“科学发展观”，否定中国特色社会主义理论体系，认为党的十一届三中全会以来“执行的是一条以错误的理论和错误的思想为指导的错误路线”，攻击中国特色社会主义道路是“错误、邪恶之路，资本主义之路”，是“使国家和民族走向毁灭的绝路”。他们主张要彻底改弦更张，“再来一次全面拨乱反正”，实际就是要彻底颠覆党的十一届三中全会以来的改革开放路线，让中国重新回到封闭僵化的老路上去。

另一种必须警惕和防止的颠覆性错误是背离改革开放的社会主义方向。这种颠覆性错误又有两种情况：一种是企图改变中国改革的社会主义方向，他们在经济上鼓吹“私有化”，要求取消公有制主体地位；政治上要求取消中国共产党的领导，否定中国特色社会主义政治制度；文化上宣扬西方的普世价值，否定社会主义核心价值体系，实际是要使中国的改革走改旗易帜的邪路。另一种情况是打着“改革”和“中国特色”的旗号，利用手中掌握的权力和资源，疯狂谋取个人和小团体的私利，漠视人民群众的利益，罔顾国家民族大义，形成利益固化的藩篱，而当改革危及到他们的自身利益时，他们又极力阻碍改革的深化和改革共识的形成，他们的行为完全背离了党的宗旨，背离了中国特色社会主义共同富裕、公平正义的根本原则，背离了改革开放社会主义的方向，严重损害了中国共产党执政的民意基础，是危害性极大的另一种形式的“颠覆性错误”。

八届三中全会：党在根本性问题上犯颠覆性错误的重大教训

中国共产党历史上，曾经在根本性问题上出现过颠覆性的错误，留下了极为深刻而沉痛的教训。1956年9月召开的中共八大，曾对社会主义改造基本完成以后中国阶级关系和国内主要矛盾的变化进行了正确的分析，提出在生产资料私有制的社会主义改造基本完成以后，国内的主要矛盾不再是工人阶级和资产阶级之间的矛盾，而是人民对于建立先进的工业国的要求同落后的农业国的现实之间的矛盾，是人民对于经济文化迅速发展的需要同当前经济文化不能满足人民需要的状况之间的矛盾。这一矛盾的实质，在中国社会主义制度已经建立的情况下，也就是先进的社会主义制度同落后的社会生产之间的矛盾，解决这个矛盾的办法是发展社会生产力，实行大规模的经济建设。为此，会议作出了把党和国家的工作重点转移到社会主义建设上来的重大战略决策。中共八大的路线无疑是正确的，但这一条正确的路线并没有能够得到坚持，一年以后召开的中共八届三中全会随即改变了党的八大关于中国社会主要矛盾的正确论断，认为中国社会的主要矛盾仍然是无产阶级和资产阶级的矛盾，社会主义道路和资本主义道路的矛盾。此后，更在阶级斗争扩大化的问题上愈行愈远，直至“文化大革命”的发生，从而彻底颠覆了党的八大制定的探索中国社会主义建设道路的正确路线，给党、国家和人民带来深重的灾难。类似的教训在国际共产主义运动史上亦不鲜见，最深刻的当数前苏联在改革的进程中，动摇和放弃社会主义原则，最终导致苏共丧失执政地位，社会主义在前苏联和整个东欧遭遇失败。可见，在根本性问题上一旦出现颠覆性错误，就无法挽回、无法弥补。

改革开放作为一场新的伟大革命，不可能一帆风顺，也不可能一蹴而就。今天，中国改革已进入攻坚期和深水区，改革和发展面临一系列突出矛盾和挑战，需要解决的问题格外艰巨。在改革开放这一决定当代中国命运的“根本性问题”上，要防止出现“颠覆性错误”，就必须高举中国特色社会主义伟大旗帜，坚持改革的正确方向，不为任何风险所惧，不为任何干扰所惑，既勇于冲破思想观念的障碍，又勇于突破利益固化的藩篱，以极大的政治勇气和政治智慧，全面深化改革，并在重要领域和关键环节的改革上取得决定性成果，形成系统完备、科学规范、运行有效的制度体系，特别是要在完善中国特色社会主义基本经济制度、维护宪法法律权威、建设社会主义法治国家、强化权力运行制约和监督体系、加强和改善党的领导等方面的改革中取得实质性的进展。只有建立起较为完善的中国特色社会主义制度，才能从根本上防止各种颠覆性错误影响中国改革的进程。

（作者为武汉大学马克思主义学院副院长、教授，国家社会科学基金重大招标课题“中国特色社会主义政治发展道路研究”首席专家）

网络安全战略的意义及新趋势

汪玉凯

2014 年 2 月 27 日，习近平总书记主持召开中央网络安全和信息化领导小组第一次会议并发表了重要讲话。他强调，网络安全和信息化是事关国家安全和国家发展、事关广大人民群众工作生活的重大战略问题；没有网络安全就没有国家安全，没有信息化就没有现代化。总书记的讲话，体现了中国最高层在保障网络安全、维护国家利益、推动信息化发展的决心。

中央网络安全和信息化领导小组的成立影响深远

2011 年，美国总统奥巴马发布《网络空间国际战略》，第一次提出当网络受到攻击以后可以用军事手段进行反击，这引起各国的高度重视。当时中央办公厅召开了一个高层专家座谈会，组织专家们讨论美国的战略意图是什么，我们应该如何来把握。近期发生的“乌克兰事件”也给我们带来很大震撼，突然发生的政治更迭因为网络的作用而变得异常快速，一夜之间时局大变。

互联网是把双刃剑，搞不好甚至会影响到国家政权稳定。习近平总书记强调："网络安全和信息化对一个国家很多领域都是牵一发而动全身的，要认清我们面临的形势和任务，充分认识做好工作的重要性和紧迫性，因势而谋，应势而动，顺势而为。"正是基于这样的考虑，在国家层面上，我们成立了"中央网络安全和信息化领导小组"。这个小组的成立可能出乎很多人意料，它与我们过去一直所说的"国家信息化领导小组"有了重要区别：这次设立的小组层级更高，上升到了中央。"小组"由习近平担任组长，李克强、刘云山担任副组长，这是把整个网络安全和相关的内容安全、技术安全、管理安全以及整个信息化融为一体来考虑。习近平强调："网络安全和信息化是一体之两翼、驱动之双轮，必须统一谋划、统一部署、统一推进、统一实施。"在过去的"国家信息化领导小组"下面曾经有一个网络安全协调小组，这次中央成立网络安全和信息化领导小组，把网络安全上升到了和国家信息化同等重要的位置。

这个小组成立以后，最关键要为建立网络强国服务，为国家信息化全局战略服务。它不仅仅是议事协调机构，也会支持重大政策的制定，是一个最高的决策机构。我认为这个小组的建立属于最高层组织结构的调整和设置，将会深入影响未来中国的网络化、信息化发展，具有战略意义。

中国网络安全与信息化面临的挑战

从全球范围来看，信息化、网络化对经济、政治、社会等各领域的渗透、融合趋势越来越明显，成为推动经济社会转型，实现可持续发展，提升一个国家综合竞争力的强大动力。中央对这一点已经有充分认识，习近平讲到："网络信息是跨国界流动的，信息流引领技术流、资金流、人才流，信息资源日益成为重要生产要素和社会财富，信息掌握的多寡成为国家软实力和竞争力的重要标志。"可以说谁掌握了先进的信息技术、网络技术，谁掌握了丰富的网络信息资源，谁就抢占了发展的先机。

在这个全球信息化、网络化发展大背景下，中国信息化网络化发展既面临重大机遇，又面临严峻挑战，我们首先看挑战。

第一，中国信息化排名越来越下降。根据国际电信联盟发布的信息与通信技术发展指数（IDI），中国 2008 年信息化水平在国际排名中位于第 75 位，相比 2007 年下降 6 位。自 2008 年以来这个下降趋势一直没有改变，直到现在还在持续下降。我国信息化排名下降原因之一，就是信息化管理比较混乱，国家对信息化领导也很薄弱，信息化资金投入缺乏有效管理。具体表现为：管理机构缺乏权威，难以决策；协调机制不力；部门各自为政，重复建设严重，综合效益下降。所以，习总书记强调，"中央网络安全和信息化领导小组要发挥集中统一领导作用，统筹协调各个领域的网络安全和信息化重大问题，制定实施国家网络安全和信息化发展战略、宏观规划和重大政策，不断增强安全保障能力"，这是非常必要的。

第二，网络与信息安全形势不容乐观。网络与信息安全既包含网络内容安全，还包括技术安全、管理安全、信息安全。如何看待网络安全问题，我认为这次习总书记的讲话就做了很精准的判断——“没有网络安全就没有国家安全”。

第三，核心技术受制于别人。我认为这是目前在整个国家信息化战略和网络化过程中存在的最大问题之一。未来中国建设网络强国，首先网络要安全。从国家层面来说主要是制定国家信息网络安全战略，在国际上需要有一定的话语权，注重自主可控技术的研发，在国际上打破美国对整个网络的话语霸权。习总书记强调，“建设网络强国，要有自己的技术，有过硬的技术”，这个我非常认同。互联网是从美国发展起来的，到目前为止美国还是网络大国，很多游戏规则都是它制定，虽然很多国家都想打破，但还是比较艰难的。要想拥有话语权，首先要做到核心技术自主可控。而我们现在很多的技术不能自主可控，很多行业借助美国的操作系统开发。底层技术没有安全保障，上面开发应用出来的东西自然谈不上有安全保障。2013年美国斯诺登事件，震撼了整个中国高层，我们才清晰地看到核心技术受制于别人之后可能带来的可怕后果。因此，早日解决核心技术受制于人这个问题具有紧迫性、重要性。

未来中国网络安全与信息化发展的重点领域及趋势

从习总书记讲话可以看到，在中国未来网络安全与信息化的重点领域，我们将采取系列重大举措。

在信息技术领域，实行自主创新战略，组织国家力量，包括通过运用市场化手段，打中国信息技术翻身仗。习总书记强调，“建设网络强国，要把人才资源汇聚起来，建设一支政治强、业务精、作风好的强大队伍。‘千军易得，一将难求’，要培养造就世界水平的科学家、网络科技领军人才、卓越工程师、高水平创新团队”，“要制定全面的信息技术、网络技术研究发展战略，下大气力解决科研成果转化问题”。目前中国的操作系统几乎都由苹果、安卓、微软垄断，这三大操作系统几乎控制了中国所有的移动终端和台式电脑。我们如果在这方面不能搞出自己的操作系统，我想这个安全就没有保障。

在网络安全领域，要通过发展自主可控的信息安全技术，保障网络安全，维护国家安全。

在信息化的基础设施领域，总书记讲，“要加强核心技术自主创新和基础设施建设，提升信息采集、处理、传播、利用、安全能力”，我想主要是推进宽带战略，发展物联网、移动互联网、云计算、大数据。要想从网络大国走向强国，就必须占领基础设施方面的制高点，在网络控制国际战略方面要有自己的话语权。

未来我国网络安全和信息化工作应当关注以下几个方面：

第一，在信息技术方面，要大力实施国产化战略。从企业层面来说关键是国家政策要对路，要鼓励企业创新。总书记讲话中也提到，“要出台支持企业发展的政策，让他们成为技术创新主体，成为信息产业发展主体”。国家通过政策的引领，而不是通过行政手段实行配置资源，这是非常关键的。我国有非常大的信息化需求，每年国家财政的投入资金非常大，但是我们很少培养出像华为、中兴这样在国际上有竞争力的本土企业。我认为，从实施国产化战略这个意义上来讲，应该通过政府采购来培植中国大企业。国内现在虽然有了一些有名企业，但是还不够大，不够强。如何能够让更多的像华为、中兴这样的一些企业真正在世界上有更大的影响力，是我们在政策方面要去考虑的。

第二，网络内容安全方面，要有法律规范，还要培育全体社会成员、网民的社会责任感。习总书记强调："要抓紧制定立法规划，完善互联网信息内容管理、关键信息基础设施保护等法律法规，依法治理网络空间，维护公民合法权益。"从国家层面上来讲，建立网络管理队伍是非常必要的，但是首先要有法治，要通过立法，通过法律来规范，这才是最根本的。如果没有一套完整的规范法律框架，光靠行政手段，不能解决根本问题。另外，要制定提升网民素质战略，这是中央网络安全和信息化领导小组对社会个人的要求，是非常紧迫的。

（作者为国家行政学院电子政务专家委员会副主任，国家信息化专家咨询委员会委员，国家行政学院教授）

“醒狮”中国主动塑造世界的途径

王义桅

中国崛起与全球化紧紧地联系在一起。改革开放，开启中国融入全球化的步伐。以 2011 年底加入 WTO 为标志，中国全面参与全球化。如今，中国已深深打上全球化烙印；全球化也深深地打上中国烙印。以 2009 年中国对世界经济增长的贡献超越 50% 为标志，中国已成为全球化的弄潮儿。这便是习近平曾说的，“中国这头狮子已经醒了，但这是一只和平的、可亲的、文明的狮子”。中国不是靠战争崛起，而是靠和平融入全球化获得发展机会。

然而，事物的发展从来不是一帆风顺的。全球化如此，中国与全球化的关系也如此。近年来，尤其是国际金融危机爆发后，对中国的质疑、刁难纷至沓来。西方舆论将中国塑造为全球化最大得益方、搭便车者，要求中国承担更大国际责任；国内也有发展靠摸着石头过河的言论，认为中国经济增长和发展模式不可持续。里应外合，出现看衰中国的苗头。美国更是加紧推进 TPP、TTIP 谈判，将中国排斥在外，或者逼迫中国付出更高成本重新融入它所主导的国际体系。

中国当然不再是过去的中国，世界也并非往日之世界。虽然尚未从“全球化的中国”向“中国的全球化”转变，但是中国已不是全球化的被动参与者，而是积极的塑造方。中国塑造全球化的能力，源自中国改革开放所积攒的实力与经验，源于中国五千年古老文明底蕴，源于中国多重国家身份——发展中国家、新兴大国、东方文明古国。

新一代领导人执政以来，中国通过引领全球化而塑造世界，关键的一环是倡导建设丝绸之路经济带、海上丝绸之路。“一路一带”成为中国塑造欧亚大陆版本全球化的积极倡议，其要旨是将中国开发西部的战略，通过与中亚、南亚、欧洲等地的互联互通，与欧亚经济一体化密切联系起来，推动形成中国全方位开放格局。

然而，主动塑造全球化的过程，充满着挑战与陷阱，对中国外交战略和战术要求极高。百年前，德国崛起时希望用自己的力量改变世界，结果遭遇了悲剧。那么，中国外交应该如何把自己塑造成“一只和平的、可亲的、文明的狮子”？中国塑造世界的逻辑应是通过引领全球化，化中国梦为世界梦。其中的途径关键有三条：

其一，己欲立而立人。中国是发展中国家的佼佼者，中国梦对广大发展中国家产生强大吸引力。中国要实现中国梦，也要帮助其他发展中国家实现脱贫致富、提升国际地位的共同梦想。为此，中国秉承真、实、亲、诚理念，倡导正确的义利观，着力打造命运共同体，就是化中国梦为发展梦。

其二，己欲达而达人。中国是新兴国家的领头羊，对其他新兴国家产生极大的示范、鼓励。中国梦也是新兴国家的发达梦。发展中国家和新兴国家在中国外交中地位越来越重要，因为随着中国在全球产业链中从低端迈向高端，与发达国家竞争性一面上升，而与发展中国家、新兴国家互补性增强——发展中国家是承接中国产业转移的后方市场，与发展中国家中的新兴大国合作则具有推动国际关系向民主化方向发展的战略意义。针对世界银行由美国把持并推行“华盛顿共识”、IMF 由欧洲人把持而美国拥有否决权的惯例，金砖银行开创崭新合作模式：金砖国家开发银行总部将设在中国上海，首任理事长来自俄罗斯，首任董事长来自巴西，首任行长来自印度，南非则拿到非洲分行。这种安排就超越了传统西方主导的全球化机制。

其三，己所不欲勿施于人。中国不会重复国强必霸的历史循环，正在展示传统文化的忠恕之道，努力开创新兴国家关系，提出亚洲新安全观，倡导和谐地区、和谐世界。亚洲是中国和周边国家的共同家园，各方有责任共同维护好和平繁荣稳定的局面。要做到这一点，关键是实现中国与周边国家的“政策沟通、道路联通、贸易畅通、货币流通和民心相通”这五通。中国与发达国家的竞争性有所上升，但合作性仍有待发掘。中国提出与美国建立新型大国关系，并倡导与欧洲国家共同开发第三方市场，就是避免零和博弈，实现中国梦与美国梦、欧洲梦的共赢。

（作者为中国人民大学国际事务研究所所长、教授）

国际关系中的战和定律

梁云祥

如果我们做足了该做的功课仍然被迫卷入战争，那么当然最根本的目标就是争取战争的胜利。然而，一旦爆发战争，尤其大国之间的战争，谁也难以保证其可控，战争已经越来越不再是走向和平的手段

战争与和平构成了国际关系的永恒主题

自人类社会出现国家以及国家之间交往以来，国际关系中就不断地交替或同时出现战争与和平的状态。也就是说，在国际关系历史的大部分时间里，各种规模不等的战争从来就没有完全绝迹，与此同时，正是因为战争的存在及其所显示的残酷性和所带来的巨大牺牲和痛苦，才迫使人类不断地追求和平，先后提出了各种制止战争实现世界和平的思想和方法，例如，在 18 世纪著名的德国哲学家康德就曾提出通过培育世界公民和建立以宪政共和国为基础的世界联邦等途径来实现世界的永久和平。也正是从

这个意义上而言，战争与和平构成了国际关系的永恒主题。

正如著名的德国军事理论家和军事历史学家克劳塞维茨所指出的那样：战争是政治的一种表现形式，是政治的继续，是解决政治矛盾的最高形式和最后手段。或者说，战争是流血的政治，政治是不流血的战争。至于为什么会爆发战争，则可以有各种各样不同的解释。从根本上来说，在一个存在众多主权国家且彼此相互联系的国际社会中，生存资源短缺和生存观念对立，是导致战争的最终根源。也就是说，国家之间会为了争夺某些生存资源或者拥有不同的生存观念且找不到缓解和解决的办法时发生冲突以至走向战争。只要这种情形存在，战争就不可能完全避免。

人们对和平的几种理解

和平，则像战争的一个孪生兄弟，与战争结伴而行，相对存在。也就是说，和平是国际社会或国内社会不存在由于某种政治目的而引起大规模暴力冲突的一种非战争状态。不过，人们对于和平概念的理解和解释，却比对战争概念的理解和解释更为复杂。在国际关系中，几乎所有的国家都会认为自己的对外活动是为了和平，甚至一些发动和进行战争的国家也往往声称自己的行为是为了和平。

之所以如此，就是由于人们对和平有着不同的理解，这其中既有广义和狭义两种不同意义上的理解，也有从不同政治意识形态上的理解。例如，20世纪初列宁提出的“帝国主义论”就认为资本主义发展至垄断阶段即帝国主义阶段后就必然会出现帝国主义国家之间为争夺世界市场而爆发世界性战争的现象，因此维护世界和平就必须以消灭帝国主义为前提，所以主张通过人民革命甚至战争的手段推翻帝国主义的统治以实现人民自己的统治，与此同时也就实现了永久性的世界和平。

与此相对，20世纪70年代西方国家一些学者提出的“民主和平论”则认为实现国内的民主体制是实现世界和平的必要条件，因为民主体制避免了个人专制独裁者为了某种私利而诉诸战争，以及民主政府能够体现大部分具有理性的民众的声音，而民众一般是爱好和平的，以及民主国家之间具有共同的价值观也避免了彼此之间的冲突和战争，因此在全世界追求和推行民主就是和平，其中包括影响和改变那些专制独裁的所谓不民主国家，甚至不排除具有民主体制的国家对那些被认为属于独裁专制的国家进行战争。

由此可见，和平可以有绝对意义上的和平与相对意义上的和平，或者称为永久的和平与暂时的和平。从绝对和永久的意义上来说，战争是和平的对立物，但是有时却需要通过战争手段来实现和平。例如，第二次世界大战期间，遭受法西斯侵略的国家为了维护国家独立和世界和平而不得不进行反抗以及卫国战争；20世纪90年代初面对伊拉克对科威特的侵略和吞并，国际社会也不得不组成多国部队通过战争维护了中东地区的和平。因此，和平又是相对和暂时的，即有些和平反而需要通过战争来获得和维护。

迄今为止，人类已经经历了两场世界规模的大战和无数次的局部战争。20世纪90年代冷战结束之后，虽然大国之间进行大规模战争的可能性在降低，全球化趋势也使得国家之间的相互联系与相互依存在加强，但是在这种密切联系的同时也有可能激化国家之间的各种利益矛盾。因此，战争的根源并未完全消除，局部冲突乃至引发局部战争的危险因素依然存在，国家之间相互不信任导致的安全困境，以及围绕某些观念和资源的矛盾和冲突，都有可能成为战争的理由。也就是说，只要仍然是以国家为基本行为体所构成的国际社会，绝对意义上的和平就仍然难以实现，永久和平在当今还只是人类的良好愿望和理想。

如何在维护国家利益和遵守国际规则方面进行平衡，将严重考验中国

长期以来，新中国的基本外交政策就是追求独立的和平外交。20 世纪 90 年代之后的 20 多年时间里，我们久居和平环境，战争离我们似乎越来越遥远和陌生，目前中国也正在谋求和平崛起、和平发展，即通过和平手段成为一个得到国际社会认可的大国。然而，中国的快速发展必然会改变国际社会的力量对比结构，甚至会同一些国家的利益发生碰撞，甚至不排除有发生局部战争的危险。例如中日钓鱼岛危机以及中菲黄岩岛争端，其火药味就相当浓厚。即使中国并非直接当事国的朝鲜半岛问题，如果爆发危机，同样也有可能被卷入其中。因此，和平固然美好，但在和平的环境里也应该居安思危，谨记“忘战必危”的古训，做好思想和物质上的战争准备，这样才能够保障更为长久的和平。当然，对战争有所准备并非意味着过度渲染战争和总是试图通过战争手

段解决争端，也就是说任何时候都决不轻言战事，还要谨记另一句古训“好战必亡”。在适度增强军事能力的同时，更应该提高我们的外交能力和更多地展示我们的和平形象，即使有矛盾有争端，也应该主要谋求通过外交谈判或国际司法的途径加以解决，只有在面对别国大规模侵略的情形下才可行使自卫权进入战争状态，这样才能够保证我们处于正义的一方。

目前中国遇到的战争危险，确实有可能影响中国的和平崛起。因此，如何平衡自身国家利益与其他国家的国家利益以及国际利益之间的关系，至关重要。在重大的国家利益面前，当然不应该一味地强调为了和平而无原则地让步以至于损害了国家利益，但是如何准确地界定国家利益，以及使其符合国际利益同样是一个不容忽视的问题。近代以来，我们国家曾经遭受殖民侵略与压迫，导致至今我国国民思想中仍然存在着一种近代悲情意识，历史的屈辱感与悲情意识很大程度上左右了我国国民对世界的认识，以及长期以来模糊虚幻了的领土主权观念与实力不足及法律意识淡薄之间的差距，导致了我国众多利益的丧失。在中国崛起的过程中，我国的利益需求范围也必然增大，而且很多利益都会涉及到近代以来的一些恩恩怨怨，以及改变某些现有的国际规则，自然就会与其他国家之间出现碰撞和摩擦，这些碰撞和摩擦如果处理不好，就有可能上升为危机乃至爆发战争。因此，中国目前及未来一段时期面临的周边国际环境将更加艰险，如何在维护国家利益和遵守国际规则方面进行平衡，将严重考验中国的外交能力。

如果我们做足了该做的功课仍然被迫卷入战争，那么当然最根本的目标就是争取战争的胜利，然而能否取得最终的胜利，取决于很多因素，其中有武器的效能、军队与国民的士气、指挥的艺术、外交的艺术等。不过，现代战争已经是高科技的战争，一旦爆发战争，风险巨大。尤其大国之间的战争，一旦爆发，谁也难以保证其可控，战争已经越来越不再是走向和平的手段，稍有不慎，就有可能成为毁灭人类文明的危险游戏，这绝不是危言耸听。因此，为了全人类的利益，同时也是为了自己的利益，国家之间即使出现争端，也还是要尽力避免走向战争。

（作者为北京大学国际关系学院教授）

中国安全环境与和平崛起策论

林宏宇

2012年以来，我国国家安全形势空前严峻，大有“山雨欲来风满楼”之势。中菲“黄岩岛之争”尚未平息，中日“钓鱼岛争端”又进一步加剧；美国国会高票通过国防授权法案，高调表明美日安保适用钓鱼岛。早已习惯于和平环境的中国人突然感到战争幽灵的迫近，爱好和平的中国人民似乎突然面临空前的战争压力。这使得我们不得不开始认真思考“战争与和平”——这一国际关系的永恒主题。

战争与和平是什么关系？当前中国的国家安全环境如何？中国该如何超越战争而实现和平崛起呢？本文试从以下几个方面回答上述问题。

关于战争与和平：战争充斥着国际关系史的太多时间

战争与和平，是国际关系的两种状态，其中，战争状态时间似乎更长。如果从某个角度来看，一部国际关系史，就是一部世界战争史，战争充斥着国际关系史的太多时间。所以，有人甚至认为，和平只不过是战争的“中场休息”。例如，德国军事理论家克劳塞维茨在《战争论》中写道：“战争是人类社会存在的一部分，是国际社会冲突的最高体现，而且这一冲突只能由战争来了结。”出于对人类理性的悲观看法，克劳塞维茨对人类保持和平的可能性几乎不抱任何希望。他认为民族国家虽然并不总是诉诸战争以获得或推进某个政治目标，但是它们却总是面临战争的危险，因为国际环境总是变化莫测，国家之间绝对的力量均衡很难建立。因此，克劳塞维茨认为，两个武装敌对的国家之间所出现的和平，不能以均势原则来解释，唯一的解释是它们都在等待最佳的行动时机，“和平只不过是战争的暂时缺失”。

如果有人问：“你喜欢战争吗？”我想大多数理性人都会做出否定的回答，反战、厌战、求和平似乎应是共同人性。但实际上，人们对战争的认识有一个历史的过程，有些时候，有些国家的人们甚至觉得战争是个好东西。他们认为战争可以磨砺民族的意志，战争可以使国家变得强大。

例如，1868 年明治维新之后的日本，就是通过一场又一场的对外战争，快速崛起为身居亚洲的“西方国家”。1894 年通过甲午战争打败中国，获得天价的赔偿，两亿三千万两白银造就了工业化的日本；1904 年通过日俄战争打败俄国，攫取了沙俄在中国东北的诸多特权，跻身西方强国之列；1914 年通过对德国宣战，攫取了德国在中国山东半岛的势力范围，进一步壮大了日本实力；1931 年又通过炮制“九一八事变”，全面占领了中国东北三省。因此，在“二战”以前，包括许多普通日本人在内都觉得战争是个好东西，每打一仗国家就能强大一次，这很可能是日本国内至今始终有一股军国主义狂热的原因，其国内右翼的军国主义分子绝对不是“一小撮”，而是“一大拨”。

这也正如法国思想家卢梭在《永久和平计划》中所写道的：“统治者总是贪得无厌，扩张领土和集权统治的欲望不断刺激着他们的野心，而民众被异化，歇斯底里地为统治者的征服与战争贡献财力和人力，而丝毫没有意识到因此带来的痛苦，统治者的贪婪和民众的异化是相辅相成的。”今天，我们似乎又看到了日本国内民众的这种“异化”。例如，据最新的日本媒体民调数据显示，约有六成的日本民众支持安倍首相参拜靖国神社，这是非常少见的，不能不引起世人的高度警惕。

关于中国国家安全环境：中国周边诸多不稳定因素能量集中释放

当前中国国家安全环境是冷战结束以来最为严峻的时期。这主要表现为两方面：其一，周边地缘安全问题突出；其二，海洋战略环境恶劣。

首先，我们看一下我国的周边地缘安全环境。

从历史视角来看，中国当前的周边地缘安全环境源于近代以来的欧亚大陆地缘政治格局的演变。这个演变大致可分为三阶段：第一阶段从1840年“第一次鸦片战争”之后的东亚“朝贡体系”崩溃至1949年新中国成立，这是一个激烈动荡、激烈抗争的阶段，古老的中国终于突破西方的围堵，重新屹立于世界的东方，重塑了东亚地缘战略环境结构；第二阶段从 1949 年至 1991 年冷战结束，这是一个调整的阶段，中国根据国际形势的变化，努力调整其国际角色，较好地适应了美苏争霸的地缘战略环境，并在苏东剧变之时成功转型生存下来；第三阶段从 1991 年起至 2030 年左右，这是中国努力突破西方新的一轮围堵，实现和平崛起的阶段。这个阶段中国的周边地缘安全环境将呈现从动荡渐趋于稳定的特点。当前中国正处在第三阶段的“时间中值”位置，也即由不稳定趋向稳定的时间节点上。这个节点在宏观上表现为当前中国和平崛起进程遭遇现存国际体系的空前挑战，在微观上则表现为中国周边诸多不稳定因素能量的集中释放，周边安全问题频发。

从区域视角来看，中国当前的周边地缘不稳定因素主要分布于东北亚、东南亚、南亚与中亚等四个次区域，形成环绕中国的“地缘不稳定圈”。在这个圈内，又有众多的双边与多边因素，涉及美国、俄罗斯、日本、印度以及其他中小国家。特殊的地缘特点与历史遗留问题决定了中国周边安全与争端呈现出范围广、多发性、复杂性等特点。此外，冷战后世界还出现了五条“地缘冲突带”：东欧与巴尔干半岛、中东、中亚、印巴地区以及亚太的第一岛链。其中，后四条冲突带都与中国的周边地缘安全息息相关，是危及中国周边地缘安全的蛰伏地带，与中国有较大利害关系的邻国多位于这些“地缘冲突带”上。东北亚的日本、韩国与中国台湾地区，东南亚的越南、印尼、菲律宾、新加坡、缅甸，南亚的印度、巴基斯坦、阿富汗，中亚的吉尔吉斯斯坦等是关键点。这些国家（地区）要么和我国有领土、领海纠纷，要么因其特殊的地缘位置而成为大国争夺的焦点。在过去，这些矛盾基本属于双边性质，而在当前的特定时期，这四个次区域内的不稳定因素却产生了“联动效应”：要么不发生，要么是同时或连续发生并呈逐一蔓延之势，导致中国周边地缘安全环境“到处冒烟”，而使得我国疲于应对，四处出击，战略安全处境较为被动。

其次，我们再看一下当前我国所处的海洋战略环境。

中国以龙自诩，中国人以龙的传人自称，龙本应属于海洋，但却搁浅于黄土高坡。近现代以来，中国饱受海洋屈辱，陷于某种战略困境与尴尬境地。这主要表现为：一、海权弱小，对海洋问题没有发言权，这与中国的大国地位严重不相称；二、海洋权益争端频发，任何国家似乎都敢欺负中国、挑衅中国，中国似乎总陷于被动应付、消极防御的状态。

造成这种尴尬的海洋战略困境主要有内外两个原因：

从外部客观因素来看：第一，在当今世界大国中，中国的海洋地缘环境最为恶劣。美国最好，它不受阻隔地直接面对三个大洋（太平洋、大西洋和北冰洋），大洋战略通道顺畅；其次是俄罗斯，直接面对两大洋（太平洋和北冰洋）；而中国仅一面向洋（太平洋），但却阻隔着许多政治制度与意识形态不同的国家和地区，海上战略通道非常狭窄，可谓“有海无洋”。第二，历史遗留问题众多，矛盾涉及面广。且不说台湾当前还孤悬海外，成为我国东部海权的缺口；在东海，我国与日本有钓鱼岛争端；在黄海，与韩国有苏岩礁争议；在南海，与多个国家存在岛礁争议；而且，这些岛礁争议有愈演愈烈之势。第三，中国崛起所带来的国际体系的压力。尤其是近年来，由于国际金融危机的影响，中国崛起的节奏“被加快”了，由此导致国际体系的压力也空前增加。

从内部主观因素来看：第一，我国整体海洋意识比较薄弱，海权观念淡薄。受传统的陆权文化的影响，再加上明清以来数百年的闭关锁国，我国国民对海洋生疏了，在许多中国人意识中，老觉得海洋离我们很远，海南三亚就已是“天涯海角”，殊不知我们还有遥远的曾母暗沙。海洋意识的薄弱，导致我们对海权的忽视，对海权的忽视又使得我们对海洋管控能力建设（比如海军建设）重视不够，而这是致命的。第二，某些战略时机没能很好地抓住。由于我国缺乏系统的海洋大战略，加上陆权思想严重，致使我国失去了某些战略良机，这又进一步加剧了我国目前的海洋困境。例如，在钓鱼岛问题上，我们曾有机会利用 1972 年尼克松访华造成的我国战略主动与优势，以当时日本当局在建交问题上有求于我的态势，适时提出钓鱼岛主权归还我国的问题，如再辅以我国为了中日人民的长期友好而主动放弃日本对华战争赔款相交换，笔者认为 1972 年是解决钓鱼岛问题的绝佳机会。又如，在南沙岛礁问题上，我国也有三次战略良机解决与越南的岛礁问题。这三次时机分别是 1974 年、1979 年和 1988 年。第一次时机是指我们可挟“西沙海战”胜利之余威，南下收复南沙诸礁；第二次时机是我们可利用 1979 年对越自卫反击战的时机，收回南沙；第三次时机是我们应适时扩大 314 海战的战果，狠击越南的挑衅气焰，多收回几个被侵占的岛礁。

关于中国的应对：反战但绝不惧战，求和但绝不苟和

当前严峻的国家安全环境对我国的和平崛起进程提出了严峻

的挑战，我国面临着冷战结束以来空前的外部压力，甚至是战争的压力。如何才能超越战争并突破困境呢？笔者认为，要“知彼知己”，努力做到三点：（1）看清美国，处理好与美国的战略关系，反战但绝不惧战。（2）看透日本，可适度“矫枉过正”，求和但绝不苟和。（3）突破海洋战略困境，构建海洋强国。只有这样，中国才能“不战而屈人之兵”，才能真正赢得战略机遇期，实现和平崛起。

（一）看清美国是影响我国当前国家安全环境的最关键因素。

近年来，奉行“重返亚洲”战略的美国，把遏制中国过快崛起、管控中国的国际影响力，作为其最重要的战略目标。为此，美国首先大力破坏中国在东亚的地缘安全格局，“定向引爆”处在第一岛链上国家，如日本、韩国、菲律宾等，并与这些国家“借美抑华”形成正向互动。因此，当中日、中韩、朝韩、中菲之间出现双边问题时，我们总会看到美国的身影。其次，拉拢印度、越南、缅甸，破坏中国的战略能源通道，阻断中国能源供应。利用与中国有领土与领海争端的背景，把印度、越南变成扼守中国能源战略通道的关键点。对缅甸政府软硬兼施，打破中国既定能源战略。2011 年的“密松水电站事件”和近期的“克钦族事件”等都是信号。第三，破坏中国周边的区域经济合作机制，削弱中国地缘经济影响力。目前中日关系的“政冷经冷”局面也可看作是美国这个战略图谋的结果，此外 TPP 谈判也是一个手段。

另外，冷战结束以来，美国可谓世界上最大的战争始作俑国，波黑战争、阿富汗战争、伊拉克战争、利比亚战争等都是美国的“杰作”。美国之所以如此好战，除了外部因素外，还有一个重要的内部因素，那就是其国内存在一个影响巨大的军工利益复合体。这是一个规模庞大、结构复杂的利益集团，包括各级政客、军工企业、高校、科研机构、民间智库等。据美国国会研究局统计，每 10 亿美元的军火消费，就可以创造约 1 万个就业机会，所以军工产业对美国经济举足轻重，其对美国 GDP 的贡献率超过 23%，这在西方国家中是最高的。而军工产品属于“终极产品”，不像其他工业产品那样可以转化，它们只有被战争“消费”时，才能实现其价值。这样的宏观经济结构，就决定了美国有“好战”的经济利益动因。因此，从某种意义上可以说，美国是导致当前我国介入战争的最大因素。对此，我们要有充分的认识，要揭露、反对美国的战争图谋，但同时不要惧怕战争，而要做好战争准备，包括心理准备，要克服长期和平的麻痹思想，不要以为和平就是理所应该的，是轻而易举的。

（二）我们还要看透此次日本政府“购岛行为”背后的因素。

除了上述美国战略介入背景外，日本政府本身的“战略误判”或“错觉”也是当前中日关系紧张的重要因素。而且从某种意义上可以说，正是我们在钓鱼岛主权问题上的某些政策失误，才导致日本政府的“误判”或“错觉”。当年邓小平同志所提出的“主权在我、搁置争议、共同开发”的指导方针，应该说是符合当时的国情与世情的。但后来我们在贯彻执行时，片面重视了“韬光养晦”，而忽略了“有所作为”，在钓鱼岛主权问题上过于消极、被动，以为不主动出击，不去惹事，就可以保持和平，争取发展时间。但客观上来说，虽然争取了一些时间，但后遗症很大，最大的后遗症就是让日本人觉得长期实际控制钓鱼岛是“很自然”

的，是“合理的”，久而久之他们就产生了钓鱼岛主权没有争议的错觉，这是很危险的。这有些类似日本对待侵华历史问题。尽管近代以来日本给我们中华民族造成了巨大伤害，但宽容的中国人民为了中日人民的长期友好，不计前嫌，以德报怨。可是，我们对日本人的宽厚仁慈，换来的却是日本人对历史问题的错觉，就像2012年日本名古屋市市长居然认为“不存在南京大屠杀”，原因是因为当年中国人友好善待其作为战俘的爷爷，他没法理解中国人居然能够善待犯下滔天罪行的对手，因此他认为“历史有问题”。所以，目前在钓鱼岛主权问题上，我们要吸取教训，求和但绝不苟和，必须采取“矫枉过正”政策，坚决主张钓鱼岛主权完全归我，否则根本就回不到“中线”——承认钓鱼岛主权问题有争议。

（三）中国应努力突破海洋战略困境，构建海洋强国。

首先，发挥国民在维护海洋权益中的作用。从现代外交实践来看，民间力量在国际争端中有时可以起到官方政府起不到的特殊作用。海洋权益争端也是如此，我们可以考虑对有争议的海洋国土采用官民结合的办法来诉争和维护。例如，可以考虑借鉴“希望工程”、“爱心工程”，设立“南沙工程”，充分发挥民间爱国力量，由民间捐款“认养”南沙的一些无人岛礁，并以各地名称冠名。比如，北京人认养的可以叫“北京礁”，广州人认养的可以叫“广州礁”。各地可定期组织捐款的国民到这些岛礁进行海洋环保活动或海洋科学考察。这种民间的维权活动方式符合当今世界通行的NGO参与国际事务方式，容易得到国际社会的同情与支持。而且，这种维权方式还可以对国民进行爱国主义教育，给民间的爱国之情找到寄托之处。

其次，大力培育海权，进一步加强海军建设。我们要建设远洋海军，未来中国海军的作战半径至少应扩大到第一岛链之外。我们要明确告诉外部世界：第一岛链不能是封锁中国的岛链，而是中国保卫东部国土安全的第一防线。因为东部国土集中了中国60%以上的财富和最重要的政治经济文化中心。未来中国海军将经常在第一岛链附近活动，得让西方国家尤其是日本适应这个事实，不要老是惊呼“中国海军又一次穿过第一岛链了”！这不仅是维护中国国家安全的需要，更是维护亚太地区和平的需要。只有中国海军实力达到与其国力相称的地步，才能达到“不战而屈人之兵”。我们不想挑衅，不想打仗，但我们要有打大仗的实力才能达到这个目的。尤其是在南海问题上，只有当我国海军拥有绝对的优势时，与我国有争端的国家才不会冒险挑衅，如果优势不明显，则会激发他们军备竞赛的野心，试图靠购买几艘军舰的办法来挑战我国，继续侵占甚至扩大侵占我国的海洋国土，那样战争的可能性倒是增加了。

总之，当前中国国家安全环境是冷战结束以来最为恶劣的时期，我们面临空前的外部压力，甚至是战争的挑衅。中国要想实现和平崛起，就要处理好战争与和平的关系。和平不是想当然的，和平只留给有准备的国家。我们要看清美国的战略图谋，审慎处理好对美关系，做好必要准备，反战但绝不惧战；打破日本的战略误判和错觉，在钓鱼岛主权问题上决不退让，求和但绝不苟和。未来几年，中国仍将面临空前的周边安全压力，这种压力将一直持续到以美国为首的西方认为中国已强大到“难以打倒”时才会自动消失，从而实现中国的和平崛起和中华民族的伟大复兴。

（作者为中国国际关系学院国际政治系主任、教授、博导）

案例借鉴

绥靖政策的恶果

一战后，欧洲进入和平时期，世界大战的阴影也使英、法等国都不愿再卷进战争。然而希特勒上台后，纳粹德国侵略扩张的冲动越来越明显。面对战争风险，英、法等国妄图将祸水引向他国，他们同德国签订《慕尼黑协定》，捷克斯洛伐克等国的利益被牺牲。然而，这并没能阻止大战的爆发，不久英、法就尝到了二战的苦果。

朝鲜战争维系新中国的安全环境

朝鲜战争爆发前的局势对新中国非常不利。美国当时是世界头号军事强国，而新中国刚刚结束了解放战争，百废待兴。在武器装备上，中美两国根本不在一个水平上。可以说，中国有很多理由不出兵朝鲜，许多人担心“如果我们打败了怎么办？”。然而，为了保家卫国，中国政府还是决定出兵朝鲜，“抗美援朝”。最终，历史证明，朝鲜战争对于维系新中国的安全环境起到了非常重要的作用。

中印边界战争通过战争争取和平

中印边界战争爆发的大背景，同朝鲜战争一样，对我国非常不利。1962 年，中国国内刚刚经历了“三年自然灾害”，国内经济状况很差，蒋介石此时图谋反攻大陆。国际上，中国同美、苏两个大国关系不睦，他们都站在印度一边。就是在这种条件下，中国面对印度的不断挑衅，最终果断出击，并取得胜利，而且胜利后主动撤出已占领区，并将印度被俘士兵、被缴武器全部送回。这正是通过战争争取和平，而不是因为“好战”而战的经典实例。

对战争与和平的哲学思考

——把握解决钓鱼岛争端的主动权

李大光　李学军

近年来，日本全然不顾中国希望“通过和平谈判来解决钓鱼岛争端”的善意，在美国的唆使、纵容下，一意孤行，蓄意要霸占中国钓鱼岛的领土主权，甚至叫嚣不惜动武。鉴于双方都坚持“绝不妥协”的高调，似乎已经陷入“谁都输不起”的困境，有关中日之间的战争论调又出现在一些媒体的言论中。有鉴于此，有必要对“战争与和平”问题进行一点哲学思考，厘清两者之间的辩证转换关系，以免一旦真的要面对战争时，手忙脚乱、惊慌失措、进退失据。

平时只有做好战争准备，才可以遏制战争

和平与战争是社会存在和发展的两个基本形态，任何夸大其中之一都易对国家与国民带来灾难，必须对其认真分析和把握。今天面对令人堪忧的周边海洋形势，必须加强中国海军力量建设，

发展强大的人民海军，营造威慑之势，以达“不战而屈人之兵”目的。同时做好军事斗争的准备，把握解决海洋争端特别是钓鱼岛争端的主动权，要用和谈与武力的两手对付强盗的侵权行为，最大限度地争取以和谈的方式解决岛礁及其海域争端，不排除必要时用武力维护被占岛礁及其海域权益。

和平是人类在动物世界吃足原始野蛮、血腥残酷的争斗苦头，又尝到分工合作甜头后，一种出自内心良知的潜意识选择，是一种真正的文明追求。战争是手段，“战争无非是政治通过另一种手段的继续”，按“丛林法则”获取对抗的最大利益。这种用“以力服人”的最终手段，迫使战败者被迫接受自认为“以理服人”的方式，逐渐养成“文明”的习惯。不过最不幸的是，战争作为一种手段，往往会被一部分国家以“争取世界和平的目的”为幌子，来发动名目繁多的战争，更因为尝到甜头而乐此不疲。以至于已经把“发动战争”当成了自己的“看家本领”。不但始终维持着独一无二的军事实力，而且更以各种“莫须有”的借口发动战争。除了可以对全世界进行威慑，甚至“敲诈勒索”外，更藉此来训练自己士兵的实战经验和能力，以便最后靠战争手段来称霸全球，并按自己的天性意愿一统天下。

我党第一代领导人毛泽东主席首先运用对立统一法则，对战争与和平这两种社会现象的一般关系给予了正确揭示。1957年，毛泽东在阅苏联编写的《简明哲学辞典》一书时，针对书中提出的战争与和平这两种社会现象不能是同一的，而是根本对立的和互相排斥的这一观点，指出这种说法是根本错误的。因为它割裂了这两种现象之间的内在联系，否定了相互转化的可能，而这种转化却是客观存在的。毛泽东认为，战争与和平之间存在着同一性，这种同一性表现在它们都具有政治性。“和平时期的斗争是政治，战争也是政治，但用的是特殊手段。战争与和平既互相排斥，又互相联结，并在一定条件下互相转化。”1958年，毛泽东指出：“战争转化为和平，和平转化为战争。和平是战争的反面，没有打仗哪会有‘和平’二字。三八线一打仗是战争，一停战又是和平。战争是特殊形式的政治，是政治的继续，政治也是一种战争。”

1970年4月30日，时任美国总统尼克松宣布向柬埔寨出兵，美国把侵略越南的战争扩大到了整个印度支那。5月20日，我们发表了声明，标题就是《全世界人民团结起来，打败美国侵略者及其一切走狗！》。声明说道：“美帝国主义看起来是个庞然大物，其实是纸老虎，正在垂死挣扎。现在世界上究竟谁怕谁？不是越南人民、老挝人民、柬埔寨人民、巴勒斯坦人民、阿拉伯人民和世界各国人民怕美帝国主义，而是美帝国主义怕世界各国人民，一有风吹草动，它就惊慌失措。无数事实证明，得道多助，失道寡助。弱国能够打败强国，小国能够打败大国。小国人民只要敢于起来斗争，敢于拿起武器，掌握自己国家的命运，就一定能够战胜大国的侵略。这是一条历史的规律。”声明发表还不到两年，1972年2月21日，尼克松就到北京与毛泽东来谈“哲学”；3月13日，中英发表联合公报，宣布把两国外交关系从代办级升格为大使级；9月25日，时任日本首相田中角荣访问中国；10月10日，德意志联邦共和国与中国建交。由此可见，只有坚持斗争，不惧怕战争，才能赢得和平和胜利。

和平与战争虽然可以互相转化，但从目的与手段的关系来看，平时只有做好战争准备，才可以遏制战争，才能维持较长时间的和平环境。一个强国的建立不是五年十年的问题，是需要五十年和一百年的问题。中国从1949年中华人民共和国成立起，邓小平设想到21世纪中叶实现现代化是十分科学的。今天，我们要创新“和平崛起”的新内容，和平既是目的，又是实现目的的主要手段，但不能放弃军事斗争准备，这是获取和平重要的也是不可缺少的手段。

充分做好必要的军事斗争准备

中日是否会为钓鱼岛开战的问题，近期随着钓鱼岛争端的升级而现实地提出来。在中国方面，许多网民和一些鹰派人物主张用武力手段收复钓鱼岛；在日本方面，武力护岛的言论也渐成趋势。中日两国因此矛盾加剧，并有激化和上升的可能。因此，我们必须做好军事斗争准备。只有我们准备好了，才可能遏制战争的发生。

如今，鹰派色彩浓厚的安倍新内阁，积极加紧扩充军备。近年来，日本政府，无论是民主党当政，还是自民党当政，都表现出鹰派的色彩，军事战略调整外向性、扩张性特征日益突出。

安倍晋三出任首相后呼吁针对与中国领土争端问题采取强硬措施，并计划从2013年4月1日开始的财年，军费开支提高2%，达到4.7万亿日元（534亿美元）。增加的开支将用于增加陆上自卫队人员及加强海空力量，并为陆海空三军购买现代军事装备。日本防卫省已开始就在修改《中期防卫整备计划》时写明，就引进美军“全球鹰”最新型无人侦察机展开协调。该整备计划决定着自卫队至2015年度的规模及装备。日本政府除了购置“全球鹰”无人侦察机外,还准备斥巨资为自卫队配备MV-22“鱼鹰”运输机。就在中日钓鱼岛争端紧张时刻，日本唯一拥有伞兵部队的陆上自卫队第一空挺团于今年1月13日展开了空降训练，而这次作战训练是以收复敌占离岛作为作战的假想。这是首次以保卫岛屿和以夺取敌占岛屿作为作战的假想，指向的分明就是钓鱼岛。

针对日本政府的一系列举措，做好军事斗争准备是必须的。然而，军事斗争准备不是战争行动，必须适度进行，而不是国家战略的全部。有鉴于此，在进行必要的军事斗争准备方面应注意把握三点：一是必须深刻汲取苏联在冷竞赛期间陷入恶性扩军备战,最终在经济上被拖垮的教训,决不能夸大外患威胁的严重性,从而反应过度，把国家有限的资源空耗在无限制的战备之中。二是必须坚持必要的扎扎实实的军事斗争准备，也决不能一进行适度的必要的军事斗争准备,便过分担心被拖上军备竞赛的“贼船”,从而放弃适度必要的军事斗争准备。三是我们也决不能因为遏制了战争，战争没有爆发，却回过头来指责当初必要适度的军事斗争准备工作是多余的，甚至认为是战略决策失误。这也是我们在军事斗争准备方面有益的历史经验。

（作者分别为国防大学教授；国防大学军事后勤与军事装备研究所副所长，教授）

第八章

把权力关进制度的笼子里

加强对权力运行的制约和监督，把权力关进制度的笼子里。这是对权力与制度关系的形象概括，是马克思主义权力观的生动写照。把权力关进制度的笼子里，就是要把权力运行纳入制度轨道，用制度监督、规范、约束、制衡权力，保证权力正确行使而不被滥用。

制度主要应该由法律提供。按照法治的基本原理，围绕制约公权保障私权所形成的国家法律制度体系，加强权力制约与监督，才能有效地把权力关进制度的笼子里。

政治生态修复方略

毛寿龙

廉洁的官员不怕威慑，腐败的官员才怕威慑，这在理论上也许是成立的，但是实际上腐败的官员才不怕威慑，廉洁的官员却因为要更加廉洁而瞻前顾后。而这恰恰是政治生态中官员怕干事，不干事的重要原因。

一个健康的政治生态系统，能够正常地吸收民意，吸收财政收入，然后转变为公共政策，向外输出公共服务

在自然世界，生态是一个系统，在这个系统里，每一个生物都有自己的位置，都有自身生存和发展的空间和技巧。一个完整的生态系统，是一个相对稳定的生态系统，一年四季都存在着有规律的变化。但一旦有新的因素发生，生态系统就会发生变化，出现生态危机，从而危及整个生态。比如一个生态系统富营养化，某些生物就会过度生长，从而导致其他生物的灭绝，结果整个生

态系统出现危机。

政治世界也是一样的。每一个人在政治系统中都有自己的适当位置，都有自己的生存空间和发展技巧。一个健康的政治生态系统，能够正常地吸收民意，吸收财政收入，然后转变为公共政策，向外输出公共服务。一个健康的政治生态系统，每一个官员都有自己的位置，积极向上、努力工作、运用自己的专业知识和技能，做好吸收民意、征收税收、制定公共政策、提供公共服务。有了良好的政治生态系统，国家政治稳定，经济发展，老百姓安居乐业。公务员在政治系统里努力工作，凭自己的工作来获得报酬，并根据自己的贡献得到升迁。

如果政治系统出现了腐败的因素，比如某些人搞特殊利益，变成了公共政策的民意，这时政治生态的入口就被腐败了。或者公共财政为一部分人创造了收入，却让其他人承担了不应有的负担，公共财政的入口也就腐败了。如果公共服务为一些人提供了特别的服务，而不再是普遍的服务，政治生态的出口也腐败了。如果公务员在里面无所事事、公款吃喝、整天为了权力和利益勾心斗角，其结果是公共权力变成谋取私利的工具，公共财政变成了其自家的财政，公共服务变成了私人的服务。这时候，政治生态系统就产生了腐败，腐败官员迅速发展，占据政治生态系统，整个官场就乌烟瘴气。有人认为，腐败就像癌症，可以以失控的速度迅速扩展并生长，从而危害政治生态的生命。

政治生态畸形发展在于腐败利益让法律和规则失去基本功能

为了消灭腐败，就需要采取严厉的反腐败措施，其中第一个措施是严厉打击贪污腐败分子，“老虎”、“苍蝇”都要打击，“蚊子”也要打击。不管官有多高，官有多小，只要涉及腐败，都要一律打击。把腐败官员放进笼子里。其次，通过一系列的制度建设，解决治理体系和治理能力现代化的问题，通过制度建设，把权力放进笼子里。

经过一段时间的强力反腐，可以说官员的心态也在大起大落，有些官员甚至无法承受这种变化引起的压力。《人民论坛》的基层调研发现了基层官员干事动力不足、官员不作为的问题（详见2014 年 7 月下《人民论坛》杂志）。很多人都在谈论，在目前这种官不聊生的情况下，官员都在力求自保，干一事不如少一事。的确，反腐败强调要遵守法律和规则，而在改革开放的环境下，做任何事情都需要突破法律和规则的勇气和魄力。在强调法律和规则的情况下，官员不得不在法律和规则面前力求自保，自然也是理所当然的事情。

腐败导致整个政治生态系统在一段时间里生气蓬勃，因为很多人通过腐败可以获得更多的利益，在巨大利益的驱使下，很可能在某些领域获得比较大的突破。从生态的角度来说，某些部分的腐败，也的确可以给一些生物提供丰富的营养，从而促使其更好更快地成长。但是腐败一旦蔓延，全面富营养化，整个政治生态就会出现严重的畸形发展，其最大的问题是在外部失去民心的支持，在内部因为腐败利益而勾心斗角，让法律和规则失去基本的功能，从而导致政治生态严重退化。

因此，反腐败是必须的。反腐败引起政治生态的不稳定、缺乏生气也是自然的。反腐败值得重视，反腐败引起的对政治生态系统的损害也必须引起重视。一个正常的生态系统，一旦出现一部分腐败，它就会出现一些替代更新的元素；一个正常的政治生态系统，一旦因反腐败而出现反常的问题，就需要有一定的生态修补和恢复措施。

公私分明是政治生态系统修复和重建的关键

政治生态修补和恢复的措施，应该是多方面的。首先，在反腐败的理念上，不应该把反腐败当作一个集体的、不确定的目标，而应该作为一个针对腐败分子个案的目标。如果把反腐败当作一个政治生态集体的目标，对腐败官员会产生一种威慑力、让腐败官员有所收敛，但是在反腐败的时候，谁也不知道谁是腐败分子，所以威慑的对象其实是全体官员。全体官员中腐败官员有较强的心理素质，可以口口声声反腐败而自己却一直在腐败，但廉洁的官员本来平时就很小心谨慎，做到严于律己，在反腐败高压下反而更加小心谨慎、更加严于律己，高标准严要求，自然对工作的专注投入水平就下降了。

所以，不唱高调、不全面出击、不实行全面威慑，而是专心致志于每一个腐败的案子，是反腐败工作的重要方法。主张全面威慑的人认为，廉洁的官员不怕威慑，腐败的官员才怕威慑，这在理论上也许是成立的，但是实际上腐败的官员才不怕威慑，廉洁的官员却因为要更加廉洁而瞻前顾后。而这恰恰是政治生态中官员怕干事、不干事的重要原因。

其次，反腐败的标准要统一。反腐败的确要宽严相济，但这个准则应仅仅在使用个案时才适用。因为在某些个案里，对其是否要处理，是纪律处分还是法律惩罚，是免于刑罚还是从重从快，这都是个案的标准，而普遍的标准应该是现有的法律标准。反腐败，如果标准不统一，或者说纸面上一直从严要求，但实际执行上紧一段时间，然后再松一段时间，就让不同的官员群体有不同的行为，其结果是腐败官员在松的时候大肆腐败，在紧的时候稍有收敛，而廉洁的官员则在松的时候不敢腐败，在紧的时候更加注意不腐败。结果腐败官员打得开局面，廉洁官员往往靠边站。廉洁官员给人的印象是胆小怕事，腐败官员给人的印象是有魄力有勇气，还干了好多事情。在这种情况下，就形成了腐败的政治生态。敢于腐败的人反而获得了更多的支持，反腐败让他们坐牢，很多人觉得他们有些冤。这和反腐败的标准不够统一有很大的关系。

第三，公私分明是政治生态系统修复和重建的关键。腐败的政治生态在若干年的时间里就可以形成，但廉洁能干的政治生态的形成却需要长期的努力。生态系统的修复和重建，往往是从局部开始的，而腐败系统的形成则可能是局部的，也可能是整体的。政治生态系统的修复和重建，关键是要明确每一个公务员的权利和义务。公务员个人的生命和财产权利得到尊重，政治生态的重建才有良好的制度基础。公务员的腐败，应该仅限于其公共行为和职权行为。因此，反腐败也应该仅限于针对公务员的公共行为和职务行为。如果平时特别强调公务员的奉献精神，牺牲精神，而在实践上也不顾及公务员的生命和财产，那么政治生态里公私的边界也就不会存在，而公私边界模糊，恰恰是腐败产生的重要的制度根源。尊重公务员的生命和财产，是公务员行为边界的开始。如果公务员天天加班，经常超负荷工作，经常无法回家和家人在一起，而工资待遇却没有相应的补偿，公务员势必把单位当作自己的家，自然也会把公家的事情当作家里的事情来处理，甚至把公家的钱当作自家的钱来花。日常工作和日常生活公私不分，势必导致公私标准含糊不清，其结果就是法律和规则上的公私不分，而公私不分恰恰是腐败政治生态的规则基础。所以，在日常生活和日常工作上提倡公务员公私分明，是修复和重建政治生态的关键。只有公私分明，腐败的政治生态才会失去形成的基础，而廉洁的政治生态才会有生长的空间。

（作者为中国人民大学公共管理学院公共政策与安全研究所教授、博导）

政治生态重构亟需构建国家廉政体系

朱春奎

腐败是当前世界各国政府和公众普遍关注的重大问题。官场边腐边升的现象更是毒化了政治生态，客观上导致了“官场逆淘汰”。治理与防范腐败的国际经验与中国实践表明，与腐败作斗争是一个复杂的博弈过程，反腐败的根本措施是制度建设，即建设现代国家廉政体系。中国特色国家廉政体系建设的核心在于通过有效的透明革命与监督革命，解决在权力不对称和信息不对称情况下如何实现国家治理现代化的问题。

政治生态重构的根本措施是建设现代国家廉政体系

国家廉政体系犹如一座希腊神庙，有十一根由机构和规则组成的制度支柱支撑着这个神庙大厦，这些支柱包括通过自由而公正的选举产生的立法机构、拥有解决利益冲突规则的行政机关、独立的司法机关、可以审计所有公共账目并公开发布审计报告的审计机关、拥有高标准的公共服务道德准则的现代公务员制度、拥有不良行政行为处理权的议会监察专员、拥有完善的反腐败机构和监督机构、能够自由获取公共信息的新闻媒体、拥有言论自由的公民社会、鼓励公平竞争的私人部门、可以提供有效司法协助的国际行动者。这座神庙的地基是深入公众内心的廉洁意识和廉洁价值观。这十一根制度支柱相互依赖，缺一不可。

腐败是一个与国家治理密切相关的问题，国家治理体系与治理能力现代化意味着合理运用公共权力，公平分配公共支出，有效利用公共资源，增进和扩大公共福利。反腐败的重点是从深层次推进政治体制改革，铲除滋生腐败的体制温床，堵塞诱发腐败的制度漏洞，使腐败变成“高风险”、“低回报”的行为。中国特色现代国家廉政体系建设就是依靠整体推进的方法解决腐败问题，必须有关于体制机制缺陷的综合评估。

现代国家廉政体系建设的主线是制度建设

新中国成立以来，我国国家廉政体系的演进经历了初步建立、遭受重创、逐步恢复、形成特色、不断完善的历史过程。改革开放以来，我国的国家廉政体系主要经历了以下三个阶段：

第一阶段从十一届三中全会召开到邓小平南巡讲话，在经济改革和发展商品经济的背景下，这段时期的反腐倡廉工作的重点是恢复计划经济体制下的廉政制度体系，并在新形势下做一些初步的探索。从 1984 年 7 月到 1992 年 6 月中共中央和国务院先后发布了近十个文件抑制党政领导干部以权谋私的腐败行为。国家廉政制度建设取得初步成效。

第二阶段从邓小平南巡讲话至十六大召开，在市场经济条件下以制度体制建设推进反腐廉政建设。在与腐败作斗争的过程中，我国逐步摸索出了一条社会主义市场经济条件下的廉政建设和反腐败工作之路。这段时期国家廉政体系建设在以下几方面有新的突破：一是国家公共机构的透明度逐步增强。二是政府公共采购行为开始规范化。三是国家廉政制度建设快速发展。1993 年 1 月，中纪委、监察部开始合署办公。在继续加大教育、惩治力度的基础上，党的十五大又提出“标本兼治”的思路，逐步加大制度预防的力度。

第三阶段是十六大以来，以制度的完善与创新为主的反腐廉政建设不断完善。十六大以来党在反腐败斗争和国家廉政建设方面的一个显著特色，就是形成了一个以制度治腐为主轴，融教育、制度、监督与预防、惩罚于一体的多途径联动、防惩结合的国家廉政体系。当前，廉政支柱不断丰富和扩大，民营经济部门、公民社会、新闻媒体（特别是网络媒体）以及国际社会在反腐败中日益发挥作用。

新中国成立尤其是改革开放以来我国国家廉政体系的演进表明，我国的国家廉政体系经历了由廉政支柱单一到支柱健全，廉政制度由不成熟到成熟、完善并且系统化的历程，廉政制度建设正如一根主线贯穿于国家廉政体系建设的历史过程。

现代国家廉政体系建设的必由之路是透明革命与监督革命

反腐败的根本措施是制度建设，核心是要解决在权力不对称和信息不对称情况下如何约束国家的“掠夺之手”，而充分发挥其“公共服务之手”。所谓权力不对称性，指的是公共权力和制约、监督公共权力的力量的不对称性；所谓信息不对称性，指的是由于腐败隐秘、敏感特性而造成的腐败者和反腐败机构所掌握的信息的不对称性。解决权力不对称性问题需要“透明革命”，即公共信息必须依法全部披露；解决信息不对称性问题需要“监督革命”，即公共权力必须受到各种制衡和监督。

建设现代国家廉政体系需要强化人民代表大会对财政预算的监督作用，加强审计机关在反腐败工作中的独立性和权威性。目前存在的问题是各级人民代表大会会期短，议程多，代表兼职情况多，缺乏对财政预算进行专门审查的时间和精力，而各级政府、各类机关财政执行相对随意，特别是大量体制外资金的混乱运作，成为滋生腐败的重要源头。强化全国人大及地方各级人大对财政预算审核、批准、监督的作用，加强审计机关在反腐败工作中的独立性和权威性是中国特色国家廉政体系建设的必然选择。

建设现代国家廉政体系需要强化重视发挥民营经济部门和公民社会对公共权力的制约力。民营经济部门是现代国家廉政制度体系的重要廉政支柱，只有实行反垄断、反不正当竞争的政策，取消不合理的市场准入门槛和歧视性政策，鼓励自由、公平的竞争，民营经济部门才能远离商业贿赂，消除公共采购中的行贿动机。在市场经济高度发展的今天，国家廉政体系建设还需要积极发挥公民社会监督腐败和营造健康舆论环境的作用。

建设现代国家廉政体系需要加强反腐败领域的国际合作。国际社会构成了现代国家廉政制度体系的外部“廉政支柱”，而促进反洗钱、贪官引渡、资金返还的双边或多边法律援助协议构成了国际合作机制有效运转的核心规则。当前中国进行反腐国际合作，最重要的内容是加强对腐败犯罪的国际调查与审判的合作，吸收发达国家预防和惩治腐败的成功经验。

（作者为复旦大学国际关系与公共事务学院教授）

改善政治生态的根本途径

华世平

习近平上任后，提出加强治理“政治生态”，强调法治的作用，突破口是“反腐败”。

改善“政治生态”的主要途径在于制度和法律

新政府上台伊始，在强调治理“政治生态”、反腐的同时，把“依法治国”提到了前所未有的高度。从理论上讲，制度和法律同“政治文化”即“政治生态”的关系是互相影响的。也就是说，政治制度对“政治文化”有很强的影响作用。比如，美国的官僚体系相对清廉，“官本位”现象不突出，主要不是靠思想教育，而是靠制度的约束。美国社会制度是建立在“人性恶”的基础上的，官员也不例外。美国人对官员的道德操守和自觉性期望不高，解决问题的方式主要通过制度和法律。美国的法律对政府工作人员贪污惩罚是很严厉的。美国总统的年工资只有四五十万美元，不如一些重点大学校长的工资高；美国许多州长的工资只有十几万美元，不如重点大学一些资深教授的工资高。这样就确保了从政是“公共服务”而不是个人谋私手段的性质。

从实践上讲，通过制度和法律改善“政治生态”是新政府在当前形势下作出的理性选择。从新中国成立到改革开放以前，中国政府对官僚体系的治理主要是通过正面引导和搞运动的方式。搞运动的主导力量有时是党组织，如“三反”、“五反”和“四清”；有时是群众，如“文革”。实践证明，这些方法可能造成很大的负面效应。经过三十多年的努力，中国政府宣布，一个基本适应中国需要的法律系统在2011年前后已经建立起来了，“无法可依”的状况基本结束。这给治理官僚体系提供了一个有效的工具。

以制度和法律治理“政治生态”，除去历史教训的原因以外，还同中国现代化的大环境有关，特别是三十多年来中国经济的全球化和中国的城市化。2013年中国进出口贸易占国内生产总值的45%。没有一个相对完善的法治系统，中国的经济就无法发展，因为外国投资者需要法律的保障。

中国的城市化在改革开放初期只有大约20%，现在超过了50%，超过百万人口的城市有140多个。以大城市为标志的现代社会是“陌生人”的社会，因为社会服务主要是由“陌生人”提供的，社会维系主要是靠制度和法律，而不是靠文化习俗。这同传统上的农村小镇很不同，虽然美国城市化程度很高，但美国居住在大城市里的人口并不多。比如，美国肯塔基州的路易维尔市号称美国第十五大城市，人口只有七十多万。美国的一些领导人，如约翰逊、小布什在相当程度上是靠小城镇选民的支持。美国的小城镇民风淳朴，社会秩序在一定程度上是靠文化习俗维系的。中国的大城市恐怕比美国的小城镇还需要法律和制度。

总之，靠法律和制度改善政治生态既是新政府根据历史经验做出的理性选择，也是顺应当前中国现代化的必然要求。

改善“政治生态”的长期性

治理“政治生态”是现代化过程的一部分，是一项长期的任务。这主要是因为：（1）中国的文化传统是独特的；（2）中国的现代化发展水平还不够高；（3）改造“政治生态”没有固定的模式。

首先，中国社会从传统到现代的转变关键是观念上的转变。中国传统上期望官员是“为民做主”的“清官”。由于这一传统，人们对有些官员“从政为私”反应强烈。然而，1970年代末以来，观念上的主要变化不就是给“私心”平反吗？没有对“私心”的平反，哪能有现在中国经济发展的大好形势呢？当然，不单单在中国，即使是在美国，也不能以“从政为私”为荣。美国的官场被称为“公共服务”（Public Service），同“为人民服务”字面上差不多。但官员有“私心”同为社会服务不一定是矛盾的，对“从政为私”的倾向要以制度和法律的限制和纠正为主。美国政府部门的公务员在被雇佣前要接受背景调查，不是查当事人爱不爱国，而是查犯罪记录。

对于中国人来说，靠制度和法律维系社会，不是一件容易的事情，也需要观念上的转变。因为中国自古以来就是人情社会、亲情社会。中国人传统上缺少宗教生活，如果没有人情和亲情，生活就失去了精神依托。即使现在，在北京这样的现代化大都市，人们看病也喜欢托熟人。现代化要求中国人在观念上的适应，以及精神生活的调整，这一过程必然是长期和艰苦的。

这方面，中国同美国的情况不一样。美国是移民国家。来自不同国家的移民，有着不同的宗教文化背景，社会维系没法靠文化和习俗。事实上，美国从建国初始就是依靠制度和法律。作为移民国家，美国社会就是“现代社会”，就是“陌生人”社会。美国的工作单位提倡的是“专业化”（Professionalism）。所谓“专业化”实际上就是“非人情化”、“非亲情化”。这是二百多年来美国发展比较平稳的原因之一，因为美国移民对于由“陌生人”提供服务，由非人格化的制度和法律调整人际关系感到自然，心理上用不着作太大的调整。而这一优势中国是没有的。

现代化所要求的观念上的变化是很多非西方国家都面临的挑战。比如，中国的官场病日本也有。最近有媒体发表了一篇文章《净化官场政治生态》，列举了当下中国官场中十种“常见病”。细细看来，其中至少有五种也是日本官场和职场的通病。

另外，对于包括中国在内的大部分非西方国家来说，“政治生态”的状况，比如贪腐，同现代化发展水平也有关系。根据设在德国的“透明国际”（Transparency International）对 170 多个国家的调查显示，最廉政的 20 个国家中，除去两个富庶的拉美小国巴巴多斯和乌拉圭以及城市国家新加坡外，唯一的非西方国家就是日本。这二十个国家都是经济和民主化发展程度较高的国家。中国在这 170 多个国家里是第 80 位，居中。这同中国人均国内生产总值在世界上的地位是相吻合的：根据世界银行的统计，中国国内人均生产总值在189个国家里占第84位。对贪腐的强烈感受，一定程度上与中国特定的历史文化背景有关。

虽然现代化总的方向比较清晰，如城市化和法治化，但各个国家治理官僚体制并没有一个固定的模式。在廉政方面，新加坡的做法是在强调法治的同时，“高薪养廉”，治理的效果是不错的。但这并不意味着其他国家和地区，包括东亚地区，一定要效法。比如韩国就不是，韩国的人口差不多是新加坡的十倍，但新加坡总理的工资比韩国总统工资高十几倍。在选拔官员的标准上，各国也有所不同。在日本，政府高官中大约一半是东京大学和京都大学这两所重点高校的毕业生。美国政府高官的教育背景则比较多元一些。

（作者为美国路易维尔大学政治学终身教授，陕西省“百人计划”学者）

硬作风贵在“三严三实”

吴　松

习近平同志强调：“各级领导干部都要树立和发扬好的作风，严以修身、严以用权、严以律己，谋事要实、创业要实、做人要实。”这为新形势下干部作风建设提出了目标导向。当前，每一位领导干部都应立足好本职岗位，自觉落实“三严三实”的要求，以过硬作风向党和人民交上一份合格的答卷。

在作风转变上求“严”。一是要真学。把开展好教育实践活动作为一种政治责任，大力改进学风，端正学习态度，增强学习的自觉性和主动性。坚持学以致用、学用结合、知行一致，把学习和修养的成果化为思想、化为武装、化为动力。二是要真听。深思“我是谁、为了谁、依靠谁”的问题，把听取群众意见作为找问题的关键。要把群众意见征求到位、听进心里，在政策制定和执行中反映群众愿望和人民意志。三是要真查。认真查摆个人和领导班子在“四风”方面存在的突出问题，以整风精神开展好批评与自我批评，把自己的像画准，争取彻底厘清问题。四是要真改。以问题为导向，变整改为动力，认真制定整改方案，亮出整改的具体措施办法，说到做到、马上就改。

在发挥作用中求“真”。一是增强政治意识。严守政治纪律，把精力集中在作风建设上，把视野聚焦在解决“四风”问题上，找准靶子、有的放矢。二是积极主动作为。在问题查摆、开展批评、整改落实上保持动作连贯，正视存在问题，做到即知即改、立改立行，把学习成果固化为长期管用的制度规定，转化为推动现实工作的内驱动力。三是突出问题导向。把加强调查研究和直接联系群众放在重要位置，自觉接受群众评议。做到对着镜子正衣冠，敢用烫水洗洗澡，善用猛药治治病，全面发现问题、修正自己。

在推动发展中求“实”。一要抓好落实促当前。主要体现在三个方面：改进作风抓落实，大力弘扬雷厉风行、埋头苦干、求真务实的工作作风，把抓落实的重点放在基层一线和人民群众反映强烈的突出问题上、重心放在重点项目和民生改善上；统筹协调抓落实，强化统筹协调，推进学习型服务型创新型班子建设，增强政府班子的凝聚力、战斗力和创新力；持之以恒抓落实，弘扬“钉钉子”精神，讲求“认真”二字，立足当前转作风，着眼长远建制度，让务实之功、落实之效持续体现在干事创业的实绩上。二要转变作风利长远，切实做好“五个结合”：把作风建设的深入性与推动发展的科学性结合起来，从长远谋划，多做打基础、增后劲、利长远的工作；把作风建设的长期性与制度建设的有效性结合起来，着力构建管用好用、高效长效的风纪制度体系，增强制度的刚性约束；把作风建设的规范性与深化改革的开拓性结合起来，从人民群众最期盼的领域改起，制定和实施一批新措施；把作风建设的高效性与抢抓机遇的紧迫性结合起来，把握主动权，扎实推进产业建设，夯实发展基础；把作风建设的开放性与发挥群众的主动性结合起来，把“开门搞活动”的精神延伸到群众工作中。

（作者为中共云南省保山市委副书记、市长）

以“三改”促作风转型

单锦炎

“思”是知，“观”是行，我们要“思”执政之源不忘本，“观”自身言行谋民利。重在知行合一、言行一致，才能更好取得教育实践活动的实效。

着力深化认识，解决好“怎么看”的问题

本次教育实践活动以问题为导向，以反“四风”、抓作风建设为切入点，与以往活动相比有很大的不同。主要体现在：一是此次教育实践活动从上做起，从自身抓起。作为一名基层的领导干部，往往习惯于说别人、查别人，听上面、说下面，谈宏观的多、讲微观的少，讲大道理的多、说自己话的少，讲团队工作多、讲自己思想的少，放松对自己的教育和约束，看不到自身存在的缺点和问题。因此，我们在此次教育实践活动中，首先要对自己“照镜子、正衣冠”，努力实现自我的“四个提升”：自我提升认识，增强思想自觉；自我提升境界，增强自我约束；自我提升

素质，增强自身形象；自我提升技能，增强履职能力。二是此次教育实践活动从具体做起，从小事抓起。近来，从中央到地方都出台了很多具体的文件，在以往定性号召、提倡的基础上，对婚丧嫁娶、迎来送往、文风会风等等一系列“小事”作出了具体定量的规定。可抓可管、能见实效，具有很强的针对性和可操作性，对于指导我们开展好教育实践活动，做好真抓真改意义重大。

切实转化行动，解决好“怎么干”的问题

在教育实践活动中，我们要做到边学边思边查边改，每个环节都要学、思、查、改并重，做到三个认真：一要认真反思。要通过认真研读有关书目、文章，来弥补平时学习零星化、碎片化、“读报”式的不足，强化系统学习。通过学习，认真反思我们党从小到大、从弱到强、从台下到台上的艰难历程以及一旦脱离群众、“四风”盛行会产生怎样的严重后果，从而深刻把握联系群众，保持与群众血肉联系的真正内涵。二要认真查找。通过“照镜子”，照出自身缺点，照出一身冷汗。尤其是党员领导干部，要看看自己“三个像不像”：一是看看自己像不像人，人是要有精神的，要有理想追求，不仅仅是衣食住行、吃喝拉撒的物质需求；二是看看自己像不像共产党人，有没有为民谋利，全心全意为人民服务；三是看看自己像不像共产党干部，有没有很好地起到带头示范的作用。三要认真整改。要找问题在哪里，找准、找细、找真；要问措施在哪里，对不对路，实不实，灵不灵；要看成效在哪里，群众是否满意；要看监督机制在哪里，是否标本兼

治保长效。要联系本地实际，通过“洗洗澡”、“治治病”，洗掉污垢，治好病灶。要紧贴项目，紧贴现场，紧贴民生，紧贴所有与群众息息相关的事项。“改”自己，措施有力，严肃认真，带头示范；“改”工作，实干有力，攻坚克难，加快推进；“改”作风，服务有效，真诚为民，持续常态。以这“三改”来检验自己、检验班子是否拉近了与群众的距离，是否加深了对群众的感情，是否强化了群众在心中的分量，以此进一步巩固人民创造历史的唯物史观，以人为本、人民至上的价值观和立党为公、执政为民的执政观。

（作者为中共浙江省安吉县县委书记）

中国反腐特色：以治标促治本

虞崇胜

改革开放以来，中央的反腐方针一直是坚持标本兼治的，但并未收到既治标又治本的功效。十八大后，新一届中央领导集体把党风廉政建设和反腐败斗争提到一个新高度，作出了新的重要部署，决定采取先治标后治本的新反腐策略。中共中央政治局常委、中央纪委书记王岐山曾强调，在坚持标本兼治的前提下，当前要以治标为主，为治本赢得时间。在这里，王岐山实际上提出了与以往有所不同的反腐败的新思路和新策略。

由注重治本到以治标促治本的转变，是中央反腐策略的重要调整。这种反腐败策略的转变，尽管是腐败形势倒逼的结果，但也并非心血来潮，而是深度把握反腐败规律后作出的重要决策，是有着充足科学依据的。

以治标促治本策略的科学依据

从反腐败的制度建设来看，有些制度很难说是单纯的治标或是治本。比如，正在实行的中央纪委巡视制度，其直接目的是发现和查处官员贪腐问题，也就是治标；但巡视制度作为将权力关进笼子的制度，也是治本的内容。又如，领导干部有关事项的申报公开制度，现在在部分地方开始实行，很难说清它究竟是治标的还是治本的。再如，十八大以来，各级纪委实行双重领导体制，落实党风廉政建设中的党委的主体责任和纪委的监督责任，这些制度和体制是权力运行机制的建立和创新，对于廉政建设的作用是长久而深远的，具有根本性意义，因而是治本的重要内容；但这些制度的直接作用是为强力反腐服务的，或者说是与强力反腐配套的，因而也是治标的。

同时，还有一些措施也很难说是单纯的治标还是治本，有一些举措本来就是标本兼治的。比如说人们都看到十八大以后畅通广大民众参与反腐败的渠道，现在网络发达，公民可以通过网络去进行检举。十八大以后中央就提出实名举报优先办理。还有巡视工作的创新，并且形成全国覆盖。巡视工作能够发现一些地区和部门长期存在并日益严重、隐秘性强的腐败案件，产生巨大的威慑作用。从效果上看，这些措施不仅治标又治本，是以治标的方式开始，但是最终达到了治本的目的。

随着中国反腐败向纵深发展，不少人提出，十八大以来的惩治腐败虽然取得了很大成绩，但反腐败还是要回到以治本为主，以治标为次。必须指出，这种人为地区分主次的做法不仅违反了反腐败的一般规律，而且还会葬送已经创造的大好反腐败局面。在反腐败问题上，必须明确："标本无主次，有效是关键"。反腐败的根本不在于分清什么是标什么是本，如何做到有效反腐、能够遏制住腐败发展势头才是关键。

以治标促治本策略的实践效果

十八大以来的强力反腐，并非如有的人所说的只治标不治本，而是既治标也治本，但不是为了治本而治本，而是在治标中实现治本。十八大以来虽是以治标为主，但治本的工作也切实有效地开展起来，正在逐步呈现出真正意义上的“标本兼治”。这从以下几个方面体现了出来：

其一，反腐无禁区，“刑不上大夫”潜规则被打破。以前曾有不少人议论，反腐败只敢打苍蝇、蚊子，真正的老虎不敢打。十八大以来，苏荣、徐才厚、周永康等“大老虎”纷纷被查，还有近40位省部级官员落马，并表示不会有反腐的禁区，法律面前没有不受制约的特权人物。可以说，这正是法治的真正意义所在。只有破除种种凌驾于法律之上的特权、扫除法律触及不到的所谓腐败特区，人们才会在内心里认可法治化。这种以事实树立起来的法治信心，正是治本的精神力量。

其二，反腐是依法治党和依法治国的最好实践。党的十八大以来，中央领导集体反复强调，党要管党、从严治党；治国必须治党，治党务必从严。怎么治？唯有法治。事实上，党的十八大以来的反腐，法治化是鲜明而且突出的特点。从党内法规的清理到发挥制度刚性，从按先党纪后国法的程序实践，再到一批腐败分子被依法依规惩处，深刻表明我们党的反腐法治化道路十分坚定。应该由党纪处置的坚决以党纪来处置，应该移送司法机关的坚决移送司法机关，法律该怎么判决就怎么判决，一切以事实为依据，以党纪国法为准绳；腐败不腐败，腐败程度如何，最终由党纪国法说了算。因而，党的十八大以来的反腐进程，本身就是依法治国、依规治党的重大实践。

其三，在治标同时，实体制度建设卓有成效。在实施治标促治本策略的同时，中央加快了实体制度的建设。2013 年 5 月，《中国共产党党内法规制定条例》及《中国共产党党内法规和规范性文件备案规定》对外公布，迈出了用制度约束权力的重要一步；8 月，中央政治局会议审议通过了《建立健全惩治和预防腐败体系 2013—2017 年工作规划》，构建了未来五年的反腐倡廉工作规划，提出在坚决惩治腐败的同时更加科学有效地防治腐败；11 月，《党政机关厉行节约反对浪费条例》发布实施；2014 年 1 月颁布《党政领导干部选拔任用工作条例》；2014 年 2 月发布《关于创新群众工作方法解决信访突出问题意见》；2014 年 7 月出台《关于全面推进公务用车制度改革的指导意见》。

其四，巡视工作制度化趋势越来越明显。由中央和省派员进行长期考察巡视干部的做法，在制度上是可取的，至少可以减少像过去那样出了大事才集中处理的做法，可以起到一定的防微杜渐之效。从长远来说，只要将这种派员或巡视组常驻各省市的做法加以制度化，以便随时接听本地群众和干部的反映，及时发现重要问题和线索，这对于坚决查处腐败、纠正“四风”具有其他形式不可替代的作用。

总之，“以治标促治本”即是十八大以来中国反腐败取得成效的秘笈，显示出很高的政治智慧和治国理政的艺术。“战斗正未有穷期”，在未来的反腐实践中，我们必须坚持“以治标促治本”策略，始终保持高压反腐态势，始终坚持“零容忍”政策，通过严惩腐败将腐败势头遏制住，然后逐步形成“不敢贪、不能贪、不愿贪”的反腐败体制机制，彻底改变腐败蔓延的官场生态和社会生态，最终进入“标本兼治、惩防并举”的理想状态。

（作者为武汉大学政治文明与发展研究中心主任、教授、博导）

以法治统合反腐制度体系

张立伟

十八大以来，党和国家在反腐败方面的一个主要思路，就是加强对权力运行的制约和监督，把权力关进制度的笼子里。这是对权力与制度关系的形象概括，是马克思主义权力观的生动写照。把权力关进制度的笼子里，就是把权力运行纳入制度轨道，用制度监督、规范、约束、制衡权力，保证权力正确行使而不被滥用。这些年来，我们在用制度监督制约权力方面下了很大功夫，做了不少努力，但离“把权力关进制度的笼子里”的要求还有很大差距。一些权力游离于制度的制约监督之外，违规用权、违反制度现象大量存在，权力滥用、以权谋私问题突出，严重腐败案件时有发生。究其原因，还是在于笼子本身不够完善。

制度主要应该由法律提供。按照法治的基本原理，围绕制约公权、保障私权所形成的国家法律制度体系，其科学性、完备性、严密性、有效性都是其他制度和社会规范所不具备的。因此，加强权力制约与监督，把权力关进制度的笼子里，最终还是要依赖法治。

要从法治层面来强化反腐败制度体系，至少应当做好四个方面的工作

要从法治层面来强化反腐败制度体系，至少应当做好四个方面的工作。一是将经过实践证明了有效的反腐倡廉党内规章制度和有效做法及时转化为国家法律，并以国家强制力保障实施。例如将党员领导干部财产申报方面的制度上升为国家公职人员财产公示或申报法律，扩大监督面，增强强制力；也可以考虑把中国共产党的巡视工作条例与中国的《监察法》进行有效的对接，在法律中增加规定巡视工作的内容，明确要求各地巡视组都必须将发现的问题公之于众，并且明确发现问题的整改程序，制定严格的处罚措施。

二是注重权力制约与监督方面的国家法律法规与党内规章制度的协调配合，发挥制度合力。例如将党内纪检机关案件查处方面的制度与国家检察机关惩治职务犯罪和腐败案件的法律法规协调配套起来，以法治的方式统合二者，一方面形成二者的合力，另一方面也防范出现冤假错案、侵害合法权利的现象。

三是更加注重发挥程序的作用，用法律程序来制约和监督权力运行。程序是法律之所以能够对权力起到制约和监督作用的根本。是否通过程序来规范权力也是人治和法治最为根本的区别。现代法律程序是通过理性方式所提炼出来的处理事情的程式、方法，能够有效地避免利益、偏见、情感等因素的干扰，从而更加公开公正。所以人们说程序的意义就在于能够使得正义以人们看

得见的方式实现。因此，无论是党内制度建构还是国家法律体系，都应当充分发挥程序在权力制约和监督中的作用。

四是通过法律的方式明确界定权力的性质、边界及责任。这是权力制约和监督的前提性条件。在权力的性质、边界和责任界定方面，现有的法律体系还存在不少模糊之处或者漏洞。国家政权的各个机关、机构、组织分别拥有何种权力，例如人大和人大常委会等立法机构的权限界定、国务院各部门等行政机构的权限界定、中央与地方之间的权限界定等，很多重要的权力边界并不清晰。在我国政治体制改革过程中发挥重要作用的“三定方案”，在法律性质上是不清楚的。而且，党的各级组织和部门，其权力界限也需要通过党内法规的方式加以明确，并且要与国家宪法法律所确定的政权体制相协调。只有权力边界清晰了，惩治腐败、责任追究才能够有的放矢。

通过法律的方式确保反腐败机构享有相对独立的地位

在反腐败的实践中，我国逐步形成了党委统一领导、党政齐抓共管、纪委组织协调、部门各负其责、依靠群众支持和参与的具有中国特色的反腐败领导体制和工作机制。在权力制约和监督体系中，负责反腐败和廉政建设的专门职能机构，主要有中国共产党纪律检查机关、国家司法机关、政府监察机关和审计机关以及国家预防腐败机构。这些反腐败的专门机构承担了预防和惩治腐败的主要工作任务，发挥了重要作用。

法治化的反腐败制度体系，要求这套领导体制和工作机制按照法治的轨道开展工作，特别是负有专门制约和监督职能的机构应该具有相对独立的地位。从世界各国反腐败的经验来看，独立的监督机构至关重要。联合国《反腐败公约》也把独立性定义为国家反腐败机构的重要特征，强调这对于其有效地履行职能和免受不正当的影响具有重要意义。因此，通过法律的方式确保反腐败机构享有相对独立的地位是权力制约与监督法治化的关键所在。上述我国的反腐败专门职能机构中，国家司法机关、监察机关及审计机关的独立性地位，虽有法律的明确规定，但是实践中受到各种体制机制因素的影响，其独立行使职权并没有充分的保障。党的纪律检查机关在很多时候，其相对独立的监督职能也没有得到充分发挥，现实政治实践中所谓“一把手”的权力缺乏有效监督，也从反面证明了这一问题的存在。

十八大以来，在权力制约和监督体系的构建方面，按照依法治国、依法执政的要求，采取了一系列举措强化了反腐败专门机构的独立性。十八届三中全会《决定》要求，改革党的纪律检查体制，健全反腐败领导体制和工作机制，推动党的纪律检查工作双重领导体制具体化、程序化、制度化，强化上级纪委对下级纪委的领导等等。在国家司法机关方面所进行的一系列改革，如改革司法管理体制，探索建立与行政区划适当分离的司法管辖制度，也都是强化国家司法机关依法独立行使职权的有效举措。这些改革举措的贯彻落实，将会大大提高权力制约和监督工作的力度，有效防止腐败蔓延。同时，在各专门职能机构独立性增强的前提下，还要按照法治的要求强调各专门职能机构之间的相互配合、相互制约，各自恪守权力边界，防止出现监督者无人监督、监督者自身腐败的情况出现。这对于权力制约与监督的法治化而言意义重大。

（作者为中共中央党校政法部法理室副主任）

惩治腐败亟待提升制度效力

杨雪冬

十八大以来，中国的反腐治吏举措一直保持高压态势，效果明显，“老虎”“苍蝇”一起打，得到社会各界的良好呼应。甚至有人说，现在的反腐举措找遍二十四史都难寻。作为受影响最直接的群体，官员队伍的反应则最为复杂，害怕、顾虑、郁闷、旁观、退出、支持等心态皆有，五味杂陈、暗流涌动。

官员队伍中出现的这些反应，足以说明中央大力推动的反腐治吏举措产生了巨大的震慑力。官员队伍的多样化反应，尤其是消极回应，也反映出干部管理中长期存在的松懈、放任，各项制度规定形同虚设等问题。这进一步表明加强干部队伍管理的紧迫性和必要性。毕竟，在中国的体制框架中，各级干部，尤其是领导干部发挥着非常重要的作用，他们是党和国家意志的执行者，联系党、国家与社会的纽带，更是党和国家形象的具体体现者，他们的言行举止直接关乎各项方针政策的实施效果以及党和国家公信力的改进和提高。如果他们不能对于体制保持稳定的认同，乃至忠诚，自愿承担体制变革产生的代价，那么就会制约，甚至阻碍全面深化改革目标的实现。

最近，《人民论坛》对于官员群体进行的一个调查，就生动地显示了如今官员消极心态的普遍性。官员最怕“工作上出事儿”，最郁闷“工资收入较低”，最大的顾虑是“触动利益，易得罪人”。

客观地说，官员心态及行为的调整需要一定的时间，而要形成一种适应新环境新要求的行为模式，则更需要相应的制度建设来进行激励和塑造，以激发个人行为的正能量，形成制度与个人共同调整的合力。

制度建设的前提是，必须认清和承认经过30多年的改革开放，干部队伍作为社会的组成部分，同样发生了深刻的变化。只有认识到和承认这些变化，才能提高制度建设的针对性和有效性。干部队伍的变化集中体现为：普遍受过高等教育；对世界较为了解和关注；有自己的独立分析判断能力；相当数量的人有政治抱负，但许多人也面临着城市化进程加快带来的生活压力；等等。干部队伍既有其特殊性，也和社会其他群体一样有着共同性。进一步说，随着社会的多元化，干部队伍内部呈现多样化，并且由于部门之间的差异，干部队伍的多样化更加复杂。如何在多样化的前提下，构建出共同遵循的干部行为规范，形成上下一致的基本行为模式，是检验各项制度建设的标准之一。

制度建设既要重视约束，更要加强激励。惩治腐败、加强管理，是在为干部的行为划清边界，确定禁区，但是对于各级干部，尤其是领导干部，更要加强激励，改进激励方式，提高激励的针对性和有效性。激浊扬清、弘扬正气，是制度建设，特别是干部制度建设的主旋律。发展依然是解决中国各类问题的主要手段。这就更需要通过制度建设，为干部的行为设置“安全网”、保障机制，激励各级干部多干事干实事，勇为天下先，敢于“踏石留印、抓铁有痕”。而加强激励，核心还在创造出公平公正公开的干部选拔环境，给愿干事能干事的干部更大的信任和更有利的制度条件。

除此之外，还应依靠制度预防和惩治腐败，避免选择性、随意性。惩治腐败的根本目的不是多抓几个人，而是为了最大程度地保护“好人”。现在一些干部，尤其领导干部之所以不作为，很大程度是担心言多必失、行多必误。也有相当数量的人害怕“触动既得利益”，被打击报复。这就对于如何更好地发挥惩治腐败的作用提出了新的要求。要实现预防和惩治腐败的制度化、持续化，避免出现运动式反腐，更要防止选择性反腐。要将惩治腐败限定在法律框架之中，不能蜕变为政治行动。

干部队伍是中国的一笔宝贵财富。与许多发展中国家，甚至发达国家相比，中国的干部队伍在能力、素质、敬业精神等方面都是出色的。中国改革开放事业取得巨大成就，与干部队伍的贡献是分不开的。而要全面深化改革，实现国家治理体系和治理能力现代化，更需要加快推动干部队伍的现代化。作为这个历史进程的亲身参与者，各级干部要认清形势，主动调整，这样才能最大程度地缩小个人行为与制度要求之间的距离，并且通过自身的努力，提升制度的效力。

（作者为中央编译局研究员）

反腐制度之笼的“活”与“威”

李　拓

为什么把权力关进制度的笼子这么难？为什么总有权力凌驾于制度之上的现象不断出现？这些问题需要深入思考、研究和探讨。

习近平总书记在第十八届中央纪委二次全会上的讲话中严肃指出：“要加强对权力运行的制约和监督，把权力关进制度的笼子，形成不敢腐的惩戒机制、不能腐的防范机制、不易腐的保障机制”。然而，党政机关“把权力关进制度的笼子里”并不是一件容易的事情。

权力是公共的，又叫公共权力，应该为公众服务并谋取福利。但是现实生活中却出现了行使者拿公共权力为个人谋取私利的反公共性质的腐败行为，轻则行贿受贿、营私舞弊，重则横行乡里、祸害百姓。因此，如何管住权力，就成为民众政治生活和官员执政行为中的大事。若不加大制约和惩罚力度，任其泛滥，将严重危害政治稳定和国家安全。

为权力定制合适的制度

政治权力是一种公权力，具有巨大的影响力，如果缺乏制度的约束，这种公权就会变成私权，出现权力家族化、近亲化，从而导致以权谋私、贪污腐败。因此，需要为权力定制合适的制度。

第一，全方位明确权力界限。目前我国已经开始了一场深得民心的反腐斗争，但是反腐败不仅仅是一场廉政风暴，长远看必须是一项常抓不懈的工作，而且必须常态化、制度化、法制化。为了从根本上降低腐败出现的可能性，必须建立起防止权力滥用的制度。这就要求在为权力定制制度的过程中，对权力的内容、适用范围、适用对象、适用程序和权力边界以及权力使用不当应受到的处罚等，作出明确的规定，不允许有任何半点越权出界现象发生。这样，权力有了明确的界限，就从源头上起到了约束和监督权力的作用。

第二，让人民参与制度的制定。必须给人民参与制定制度的权利，放活人民的权利是制约权力的根本之策。制度或政策在形成过程中，如果没有人民的参与，只是少数人制定，制度无论这少数人多么高尚、能力多么强，都不可避免地会有局限性。一是利益的局限性，参与者总会从自己的利益立场出发，考虑自身利益的最大化，而多数没有参与制定制度的人利益会受损；二是知识能力的局限性，公共政策和制度的制定，需要有广泛的知识，而每个参与制定制度的人都受到自身知识和能力的限制，制度缺陷就不可避免；三是信息的局限，任何一项政策的实际需求总是来自社会的实际需要，代表公众实际利益和要求的政策总是从民间社会首先萌发，且任何公共政策总是涉及广大民众的利益，公共政策应是以保护他们的起码利益为目的。只有让人民参与制定制度，制度才能最大限度地避免上述局限性。

第三，为权力定制的制度也要宽松得当。如果制度太宽，把权力关进去意义也不大，因为把权力关进去的目的是限制权力，如果关进去以后权力仍然可以肆无忌惮地“自由”活动，就和没关进去区别不大；如果制度太严或太窄，权力不能很好地发挥正当作用，甚至导致消极怠工，无所事事，或者干脆不作为，权力该有的积极性又被限制住了。

激活已有的制度并形成制约权力的制度之“笼”

为权力制定合适的制度很重要，但是激活已有的制度更重要。目前我国防治腐败的法律法规种类繁多，各种法律、规章制度多达 1200 余种，但是为什么就没有遏制住肆虐的权力？

第一，激活已有的制度。如此之多的制度却始终难以困住权力这头猛兽，问题在于制度是死的，没有被真正激活。让制度活起来，指的是让制度富有生命的“活力”，而不是灵活易变。灵活易变的“活”隐含着一种意思，就是在不同情况下，看执行制度的人的意思是什么，管制度的人的意思怎么样，制度也就跟着怎么样。在这个意义上的“活”是必须要抵制的。让制度活起来是指制度真正发挥作用，履行自身的功能，执行制度要严格按规定的程序，不能掺杂领导者私人的因素，无论什么人在制度面前必须平等，严格执行制度，维护制度。

要让制度真正活起来，首先要让人民参与制度的制定。因为人民是社会发展的主体，是创造历史的根本动力。制度要活起来，应要求在制度的形成过程中，有人民的参与。其次，全方位监督制度的执行是让制度活起来的保证。很多情况下，制度活不起来是由于为了小集团利益而敷衍制度；或因分工不清，难以追责；或因领导的个人好恶代替了制度等等。所以制度要活起来，不仅需要人民参与制度的制定，还需要人民监督制度的执行。

第二，要编织制度之“笼”。制度不是单数，而是复数，是一个体系，只有形成制度体系，才能形成真正的制度之“笼”，因为单数的制度是关不住权力的。

制度，不是某一种或者某一类制度，强调的是整个制度体系，是包括大到国家制度，小到一个单位或部门规章制度的整个制度体系。通过民主法治程序不断制定以民主法制为核心、体现以人为本、代表最广大人民根本利益的制度。当这些大大小小的制度形成一个完整体系，才是制度之“笼”。

树立制度的绝对权威

是权力大还是制度大？必须让权力小于制度，让权力服从制度。如果制度服从于权力，那就不可能把权力限制住，也难以把权力关进制度的“笼子”里。要建立制度的绝对权威，就必须使制度具有公正性，不公正的制度是没有权威可言的，公正是制度权威的前提。同时制度还必须具有神圣性，谁也不能凌驾于制度之上，超越制度之上的权力就是对制度神圣性的挑战，制度神圣性绝不允许挑战。树立制度的绝对权威，可从以下方面着手。

第一，捍卫制度的硬权力不容侵犯。制度的硬权力是指在制度面前谁也不能越雷池一步，不管是什么样级别的官员，谁违反了制度都要受到惩罚。

捍卫制度的硬权力在中国社会特别需要。因为中国社会的文化基础是人情社会，中国社会以家族血缘关系为核心，逐步外扩，形成乡情、同学之情和同事之情，并且奉行近亲疏远、区别对待的交往原则。这导致制度执行的结果因人而异，制度成为摆设。为了革除因人情而导致制度执行不力的问题，唯一的办法就是捍卫制度的硬权力。

第二，要把权力装进制度的笼子里，不能仅仅依靠官员自律。仅仅依靠自律是难以管住官员的，这就需要把权力关进制度的笼子。制度的笼子需要一切权力机构具有明确的权力分工和合作。各守各的边界，实行权力互相制衡。

第三，要让领导者遵守制度。在现实政治生活中，领导干部一般都是规章制度的指导者、操作者、拍板者，而一些人常常又是规章制度的破坏者、逾越者、规避者。为了让领导者服从制度，需要从以下三点着手。一是让领导干部接受监督。二是完善财产申报制度，增强公众和舆论对领导干部的了解。三是用制度约束执法者的执法行为和程序，使执法者做到秉公无私，“越规者，规必惩之；逾矩者，矩必匡之”。

用权力监督制度的执行

谁来监督制度的执行？制度制定好以后，如果不严格执行制度，那把权力关进制度的笼子里还是一句空话，让权力自身任性来执行制度，很容易导致制度的规定被曲解甚至扭曲，掌权者的自觉显然靠不住。这就要求对权力进行充分的监督。

（一）强化党内监督制度的执行

为加强党内监督，近年来陆续出台了《中国共产党党内监督条例（试行）》、《中国共产党纪律处分条例》、《四项监督制度》等多项党内监督条例、准则。要将这些制度贯彻执行却并不容易。

若要保证党内监督制度的执行，一方面要在全党范围内进行教育宣传，让掌握权力的干部知道，自己是在监督之下运用手中权力的，一旦权力运用不当就可能遭到查处。另一方面监督部门要把权力的责任落实到人，并终身追责。权力监督者要从内心认识到，对滥用权力者仁慈，就是对人民的不仁慈。

（二）赋予公众监督权力的权利

除了党内要执行监督制度，还要充分发挥公众对权力监督的功能。权为民所赋，公众对权力进行监督是理所当然的。但就目前的实际来看，公众并没有太多地去监督权力。其原因是多方面的，但根本在于监督权力的成本和收益不成正比。因此，要发挥公众监督权力的功能，就要减少公众可能付出的代价。

在网络时代，公众监督权力运行需要付出的直接成本，应该是不高的。但是公众作为权力监督者可能会付出较高的心理成本，比如担心遭到打击或报复。这就要求党内权力监督机构建立与公众进行保密沟通的通道，减轻公众可能承担的心理压力。

总之，要实现用制度管住权力，其发展道路不可能一帆风顺，这既需要智慧，更需要魄力。用制度管住权力的思路和方法仍需进一步探讨和完善。现阶段更重要的是，在执行管理权力的制度的过程中去探讨和完善制度。

（作者为国家行政学院中国特色社会主义理论体系研究中心主任、教授）

反腐制度设计要给人以合理期待

郑永年

中国的腐败不仅仅是官场现象，整个社会都存在着，反腐败一定要现实，法律政策都要现实

问：您如何看待近一年多来中国新一届中央领导集体高压反腐从严治吏、出重拳用重典的举措？

郑永年：官员越腐败，执政合法性就会越低。中国古代王朝兴衰的周期率也跟腐败密切相关，所以反腐败确实十分重要。但是要反腐败，首先必须分层进行。该不该反？这就要看你的目标是什么，然后一层一层来。全面反腐败很重要，但现实不可能，“苍蝇”、“老虎”哪能抓得完？更重要的是，在中国“苍蝇”、“老虎”具体是如何规定的？目前看来对此还没有明确的界限。当前腐败立案的规定，例如一些法律法规和政策性的东西，很多都已不大适应时代的发展。比如1988年规定构成贪污罪、贿赂罪的数额一般为2000元；1997年通过的刑法规定，贪污贿赂犯罪的起刑点是5000元，这一规定一直沿用至今。但是中国是人情社会，

老百姓之间送礼如今超过这一标准已属正常。就此看来，中国的腐败不仅仅是官场现象，整个社会都存在着。尤其在基层的腐败中，很多人可能已经把它当成工作中一种常态化的存在。如果不这样做的话，可能干不了什么事情。所以反腐一定要现实，法律政策都要现实，太理想化，反腐败转化不成制度优势。20 世纪 80 年代到现在有那么多反腐败条规，如果任何一条都适用，或许就没有人不腐败了。我最近几次去中国的几个地方调研，接触的很多地方官员都很担心，因为他们不知道自己哪一天会被“提溜”起来。

反腐败的第一要义不仅仅要反腐败，而要换一个思路，给清廉人一个机会

问：在近期我们所做的“官风整治十大疑惑”的调查中，不少受访者反映，此次官风整治与之前有很大不同。总体来看，给您印象最深的是什么？

郑永年：事实上，反腐败在很大程度上是从“负面”来说的政治行为，也就是你做错了事情，就应受到惩罚。“正面”的政治行为还是鼓励你去做事情。这个“做事情”一定要肯定，因为如果没人给你干活了，会更麻烦。你要知道，腐败是制度不健全造成的，制度不健全，才会有好多人去腐败，形成不腐败便没法生存的局面。所以要实行“老人老政策，新人新政策”。这方面我提了很多年了，也公开发表文章讨论过。反腐败的第一要义不仅仅要反腐败，更需要换一个思路，给清廉人一个机会。如果清

廉人的机会都没有，不腐败就没法工作，就要“出局”，不能腐不敢腐的机制建设就是一句空话。从这一点来看，十八届三中全会的提法就很好，包括禁止提拔裸官的规定，就是要给新任的人一个清廉的机会。

反腐败不是目的，清廉政府才是目的。地方官员更担心的其实是怎样改革、怎样解决问题？

问：您刚刚提到很多地方官员很担心会反到自己头上，是不是意味着对中央高压反腐，他们主要在采取一种观望态度，等待着这阵风过去？

郑永年：我觉得这不是观望的问题，这种现象确实很普遍。关键是你怎么反的问题。首先要明确的是反腐败本身不是目的，反腐败只是一个手段、一个构建新制度的手段，这点非常重要。现在反腐败大家都很赞同，但要是一直没有新制度的建设，反而可能会演变成为一种政治上的恶斗，大家互相掌握竞争对手腐败情况，我揭露你、你揭露我。

事实上，很多地方官员更担心的是怎样改革、怎样解决问题。改革难就难在要触动自我的利益，让官员自己损害自己的利益，不大可能。这也是为什么现在规定纪检部门下管一级，省的由中央来管理，市的由省来管。因为自己不会砍自己的手，只有让别人来砍。反腐败也不会是自我来反的。这进一步说明制度设计很重要，关键在于如何在反腐败的基础上使政府清廉起来——建设清廉政府才是反腐败的目的。因为抓人是很容易的，而防止新人不腐败则很难。现在这个阶段主要是把腐败分子挖出来，这其实并不是最难的。怎样预防腐败，才是更重要的。

制度的设计必须基于一个合理的区间，给人以合理的期待。如果人人都大公无私，就不需要制度了

问：调查中我们发现也有少部分的干部和公众认为反“四风”过严了，分别为22.77%和7.75%，对此您怎么看？

郑永年：任何事情走过头了，就可能会物极必反。反“四风”也好、反腐败也好，反得过头了，可能回过头来会贪得更厉害。反“四风”，问题不在于严格，而在于如何执行。现在大家支持度很高，可能是因为前面很多年贪得比较多，对一些官员来说，“减减肥”也好。总体来说，制度的设计一定要有一个合理的区间。人都是普通人，干部是普通人，公务员也是。一点自私自利都没有，什么好处都不要，怎么可能？当然，这里说的是合理合法的范围内的好处。共产党人不是特殊材料，对共产党干部的要求远远超出对常人的要求，那样会更麻烦。长期以来，中国共产党的教育给民众过高的期待，加上中国传统中，几千年来官员始终被当成道德的化身，可以不吃不喝、什么都可以牺牲，这样就给了民众一种错误的期待。现在老百姓为什么情绪很大？就是因为长期以来的教育就是共产党都是好样的，最后老百姓发现实际上并不是这样，当然会有情绪。人都是有自己利益的，没有利益就不会负责任，有利益才会负责任。制度的建立首先就要给人一个合理的期待，才能使之制度化。如果对人的期待不合理，要求

人人没有自己的利益，全部大公无私，那就没法制度化，更加不需要制度了。

我是比较同情很多普通官员的。在中国，普通官员往往都是一线政府、一线官员，县乡一级尤其如此。中国财权比较集中，钱都在中央政府手中，市政都叫基层去做。但钱从哪里来？基层官员工资上不去，政府规模又这么大，行政体制改革要如何进行？如果反腐败又没有一个明确的说法，也没有明确的界限，那么大家自然都会担心自己明天会不会就被抓起来了。十八届三中全会后，中央很积极推动改革，可是目前看不到地方上有太多的动力，很多官员可能都在观望、等待，老百姓也一样。

政府与企业的关系不能理想化，必须理性，理性就是实事求是地探索该怎么走，而理想就是这个不对、那个不对

问：据我们调查，中央从严治吏后不少企业家担心官员“不收钱也不办事”了，您觉得从严治吏会不会影响经济发展？

郑永年：政府和企业的关系不能理想化。举例来说，早期的日本也好，后来的亚洲“四小龙”也好，政府与企业都是有关系的。因为这些国家或地区都是后发型的，在发展过程中，政府扮演的角色很重要、作用也比较大。像日本和韩国，虽然不像中国这样有国有企业，但政府资助民营企业，也是一样的。政府把企业养大了，企业越来越有它的自主权，该如何转型？“政企分开”不可能百分之百实现，毕竟对于地方政府来说，这个企业是我资助

成长起来的，向它要点钱也是理所当然；对于企业而言，政府某种程度上甚至可以说相当于“父亲”的角色。怎么可能完全分开？

对这类问题，一些人往往缺乏理性的态度，太多的理想、太少的理性。理性是什么？就是实事求是地探索该怎么走。而理想就是这个不对、那个不对。在对待反腐败问题上也是同样，社会常常以理想化、道德化的方式要求官员，政府也好、左派右派也好，每一个人现在都在抢占道德制高点。每一个人把自己道德化了，似乎就没什么大问题了。这个逻辑就跟宗教极端主义类似，它也是把自己道德化了，于是惩罚的对象都是异教徒。中国这么大的社会，各种利益之间互相竞争、互相叫骂，就是从不交流。到哪个地方看都能发现有人在骂、到处充满恨：孔子有人骂，毛泽东有人骂，国民党有人骂，美国的自由女神像也有人骂。对于现在的中国来说，有很多没有解决的问题，民众特别是年轻人看到国家有好多东西没有做好，就会变得激进。比如以前两口子一起努力就可以买个小房子，现在房价那么高，再怎么努力也达不到这个最低限度，人就会变得激进起来。而当每一个个体激进化之后，整个社会就会激进化。所以对于媒体来说，最重要的就是灌输理性精神。

改革需要“顶层设计”，并未表明动力来自顶层。反腐败最终是为了推进改革，对目标一定要保持清醒的头脑

问：您觉得如何才能使从严治吏制度化？这种制度化的动力

又是从何而来？

郑永年：中国和其他国家不一样，反腐败是为了推进改革。对于那些不愿意改革的官员，可以把他调动到其他地方，同样级别也好，升一级也可以，甚至直接把搞腐败且不想改革的官员抓起来也行。这也是共产党的一种方法，尤其是在国企。如此，改革的动力从何而来？我们说改革需要“顶层设计”，并未表明动力来自顶层。十八届三中全会之后，中央组织宣讲团去推动改革，我看成效有限。回顾改革开放初期，中央还没有动作起来，老百姓就已经动起来了。安徽的家庭联产承包制也好，各地的民营化改革也好，都是如此。反腐败也是同样，我们知道多年来形成了的体制惯性是往往能干的人也容易是腐败的。所以，决策者一定要目标清晰、态度理性。尤其是依靠党内反腐败，必须界限清晰。首先务必要明确，反腐败的目标不仅仅是要把腐败官员清除出来，而且要能够使干部干活好、好干活，把改革推向前去。

现在更重要的可能是老百姓对政府的信任问题。在我看来，如今的中国已经得了改革疲乏症。哪怕政府做了很好的事、真的是要改革，老百姓还是可能不信任你。而老百姓一旦不信任你，你就一点优势也没有了。这也是为什么说弄清楚为何反腐败如此重要。反腐败可以赢得老百姓对政府的信任。但还是那句话，反腐败本身不是目的。改革只能是依靠找到突破口，在中国就叫“纲举目张”，而首先就是必须找到纲在哪里。

（作者为新加坡国立大学东亚研究所所长）

用好制度来“打虎拍蝇”

马宝成

习近平总书记指出，从严治党要坚持思想建党和制度治党紧密结合。制度不在多，而在于精，在于务实管用，突出针对性和指导性。如果空洞乏力，起不到应有的作用，再多的制度也会流于形式。反腐败既要“敢打老虎”，又要“勤拍苍蝇”，而究其根本无非就是要把权力关进制度的笼子里。从长远来看，加强制度建设，构筑关紧权力的笼子，是有效遏制腐败发生的根本，是减少或消除“老虎”、“苍蝇”的治本之策。在这个问题上，我们一定要加强相关制度建设。

比如，官员财产申报制度是预防惩治腐败的重要制度，严密的财产申报制度是发达国家预防腐败机制中最基本的措施之一。早在1769年，瑞典就颁布法律，要求每个公务员在任职之初，详细申报其个人财产，内容还要包括其家庭成员或担保人所拥有的投资和收益情况；而在任职后的财产变动，也应自动提交变动财产申报清单，并注明变动原因；政府职员必须如实填报个人财产申报表并注明财产来源，如果在有关部门调查时，不能说清财产的合法来源，该部分的财产就会被推定为贪污腐败所得，从而将受到刑事制裁。公开透明的财产申报制度，使得公民及相关监督机构可随时便捷地获得必要的信息，从而对官员形成有效的监督；再者，从官员的角度讲，财产申报制度的存在本身就在警示官员，他们的行为时时刻刻都在监管之下，因此应当严格约束自己的行为，任何额外的财产收益如果是源于自己所承担的公共职务，或者是仅仅让人产生这样的怀疑，他都会让自己努力避免陷入这种情况。当前，我们已经实行多年的领导干部个人重大事项报告制度和目前正在推动的不动产信息统一登记制度，都是很好的制度。

又如，强化巡视制度，使巡视制度常态化，也是从根本上预防和惩治腐败的重要举措。巡视制度是指中央和省、自治区、直辖市党委，通过建立专门巡视机构，按照有关规定对下级党组织领导班子及其成员进行监督的制度。党的十八大以来，中央已开展了四轮巡视。凡是去过的地方都发现了一些问题，中央巡视组成为发现问题的“尖兵”。巡视组奔赴各省份和一些央企、事业单位，所到之处均引起当地官场的震动和人民群众的热烈响应。从目前的反腐成绩来看，巡视制度所起的作用毋庸置疑。这是党内监督进一步制度化、科学化的重要标志。对于任务艰巨的“打老虎、拍苍蝇”而言，这是一个非常有效的制度。

再如，完善举报制度。举报是中国宪法和法律赋予公民对国家机关和国家机关工作人员进行监督的一项民主权利，也是发现腐败线索的重要渠道之一，是“打老虎、拍苍蝇”的有效制度。2013 年 9 月上旬开通的中央纪委官网是在原有的监察部网站、国家预防腐败局网站、国务院纠正行业不正之风办公室网站、工程建设领域专项治理工作网站和 12388 举报网基础上整合而成的。网站开通以来，举报网站统计的网络举报数量呈现明显上升之势，“人气”不断积聚。今后，在“打老虎、拍苍蝇”中，要切实利用好举报制度来发现腐败线索。

（作者为国家行政学院研究员、博导）

治理“苍蝇式”腐败的突破口

——访资深制度反腐专家　李永忠

李永忠

真正把“苍蝇式”腐败解决了，就能有效地防止“大老虎”产生

问：“老虎”地位显赫、数量有限，“苍蝇”数量众多、并不起眼，但却无处不在。那么，“打老虎”与“拍苍蝇”面临的形势有哪些不同？

李永忠：“打老虎”需要胆量。通过周永康等一批“大老虎”的落马，现在社会上对敢不敢反腐的议论已经很少了，广大人民群众对新一届党中央和中央纪委的反腐决心非常认同，也非常支持。所以说，通过“打老虎”我们可以判断，胆量的问题已经解决了。接下来“拍苍蝇”需要的是毅力，因为处理基层小官的贪腐，胆量并不是问题，关键是能不能持续地抓下去。这就是习近平总书记所说的，一个是长期的长，一个是经常的常，“拍苍蝇”要长期坚持下去，要经常抓这项工作。

另外，就是要解决怎么铲除滋生“苍蝇”的土壤、生态和环境的问题。三十多年来，腐败形势始终没有得到有效遏制，就是因为政治的、经济的、社会的一些生态和环境越来越有利于“苍蝇”的滋生，很多贪污腐败分子由“小苍蝇到豺狼再到大老虎”不断演进，就是说明了这个土壤的问题。因此说，如何从制度上铲除滋生腐败的土壤，这是一项难度极大的工作。只有依靠制度反腐，才能解决拍“苍蝇”的问题。“大老虎”数量有限，但“苍蝇”数量众多，只有铲除了“苍蝇”滋生的环境，大老虎才不会产生。从这一点说，拍“苍蝇”意义重大。打掉“大老虎”，不能防止以后“老虎”还会产生，但真正把“苍蝇式”腐败解决了，就能有效地防止“大老虎”产生。“拍苍蝇”需要智慧和毅力，这两点都是很难的。

应充分发挥异体监督作用

问：在“打老虎”中，中纪委发挥了巨大威力。下一步要拍苍蝇，就要发挥广大基层纪委的作用，然而基层纪委同样身处地方官场之中，目前来看办案动力不足。我们可以看到，哪个地方中央巡视组来了，哪个地方就会形成一波反腐高压。巡视组不来，就相安无事。那么，如何让广大基层纪委真正发挥作用？

李永忠：现在我们打“大老虎”已经有基本的章法了，那就是充分利用中央巡视组的异体监督作用。中央巡视组的办案水平并不比当地纪委高超很多，但由于中央巡视组并不被所巡视地方管辖，所以就能把收集到的很多意见直接反馈给中央，这就是异体监督的作用。只有异体监督，才能发挥高效、成本低的作用。古今中外的历史都证明了同体监督是一种低效、成本高昂的监督模式。过去一年多来的反腐案例表明，我们查处的一批省部级干部也很少是由同级纪委发现的。这并不能说明我们千千万万纪检系统工作人员的个人才干有问题，而是没能充分发挥异体监督的功效。

过去一年多，我们充分发挥中央巡视组的异体监督作用，先用中央巡视组进行火力侦察，然后再把掌握的情况和信息转交有关部门深入查处，效果很好。接下来要讨论的是，为什么基层的案件查处力度不如中纪委和中央巡视组呢？中央巡视组只是巡视省、部委、央企和高校等，但省对市的巡视要发挥同样的作用，却面临诸多障碍，这有几种情况。

第一种情况：有的省党政主要领导比较廉洁，那么异体监督就能比较好地发挥作用。而有的省委本身班子就腐败严重（比如山西），有的省委主要领导本身就是腐败分子（比如苏荣、白恩培），那么在这种情况下，这个地方就很难真正支持发挥异体监督作用，既然会“拔出萝卜带出泥”，那么省对市的巡视就会走形式、做样子，这个省的领导也就没有动力通过下派巡视组查处基层腐败。第二种情况：也许当地主要党政领导比较廉洁，但是自身能力不足，他选派的巡视组也就很可能并不得力。第三种情况：还有的领导担心在官场得罪人，所以他就会瞻前顾后、左顾右盼，采取“既不靠前站，也不往后站”的行为模式，如此，巡视的威力也只能是欠火候了。各地的巡视组不能发挥中央巡视组的作用，主要就是源于上述三种情况。

目前我国还没有地市对县的巡视制度。但是，我在调研中发现一个案例，就是云南大理的州委书记就是由纪委书记选拔上来的，他就敢于处理当地的腐败存量问题，也积极运用改革的办法铲除滋生小官贪腐的土壤，防止产生腐败增量的问题。这个案例有什么标本意义，还有待研究和论证。

当前反腐处于一种比较胶着的状态，既然胶着就需要有一个突破口

问：除了发挥纪委和巡视组的重要作用，治理基层腐败现象，从根本上铲除滋生腐败的土壤，还有哪些治本之策？

李永忠：治本之策就是习总书记2013年讲到的，把权力关进制度的笼子。2013年1月，在十八届中央纪委二次全会上，习近平总书记强调将权力关进制度的笼子。这个权力，既包括“大老虎”的权力，也包括“小苍蝇”的权力。一年后，总书记又在中纪委三次全会上提出，形成科学的权力结构，实现官员“不敢腐、不能腐、不想腐”的目标。这其中蕴含着一整套严密的逻辑关系，从下定反腐决心、到明确反腐目标，党的反腐路线图、特别是从权力反腐到制度反腐的蓝图已经绘就。

那么，什么叫科学的权力结构呢？根据我的研究，形成科学的权力结构，就要制度反腐、制度监督、制度建党，其核心就是坚决摒弃苏联模式的弊端。

苏联模式包含两个要素。一个是权力结构的问题，即集决策权、执行权、监督权于一体的权力结构。用邓小平的话说，就是

权力过分集中是苏联东欧亡党亡国、演变剧变的总病根。邓小平在三十多年前的“8·18讲话”中谈到了这个问题。苏联模式的领导体制，是一种高度集权的体制。在计划经济条件下，就已经倾向于腐败；在市场经济条件下，各级官员利用“有形之手”主导转型的“权力便利”，加速滋生蔓延腐败。因此，须通过改革实现决策权、执行权、监督权的分开，如此才能从制度上保障形成科学的权力结构。

另一个是选人用人的问题。前苏联采用的是，从上往下层层任免干部的等级授权制。这就造成了眼睛向上的上去了，领导喜欢的迅速提拔到领导身边。这就导致随着我们执政时间越来越长，我们的干部越来越不愿意，也不会向群众负责了。干部只向任命他的上级负责，这就会形成人身依附的现象。溜须拍马的官员就会越来越多，官场生态就会受到污染，普通党员和群众的意见也会越来越多，干群关系、党群关系就会越来越疏离。用这次群众路线教育实践中的话说就是，“脱离群众的现象大量存在”。

当前反腐处于一种比较胶着的状态，既然胶着就需要有一个突破口。当年邓小平推进经济改革，就是通过搞经济特区的办法。通过深圳等经济特区取得突破，经济改革就在全国逐步推行起来了。现在反腐实际上是与积极稳妥推进政治体制改革和推进依法治国紧密联系的。彻底反腐就要靠全面深化改革，要靠完善各方面制度。推进这样一个事关重大的改革课题，就需要有载体，比如通过设立反腐特区的办法探索经验，形成可复制的做法。

十八届四中全会专门研究了“依法治国”这个大课题，对依法治国做出了战略部署。未来我们完全可以也应当通过一些依法治县、依法治市的试点，来形成具体、可操作、可复制的办法。比如，四中全会提出了，我们要对审判权和执行权的分开进行试点，如果说法院这样的“条条”部门需要试点，那么“块块”也可以试点，“条块配合”可以取得更好的试点效果。

靠纪检监察系统的单打独斗来反腐的难度越来越大

问：习近平总书记指出，“有的干部身上有那么多毛病，而且早就有群众不断反映，但那里的党委和组织部门都不知道，或者知道了也没当回事，让这些人一而再、再而三被提拔起来，岂非咄咄怪事！”实践中也总能看到这种现象，一些小官长期劣迹斑斑，甚至到了当地百姓尽人皆知的地步，然而却经常安然无恙，这对官风，乃至民风、社会风气都产生了极大破坏。如何解决这个问题？

李永忠：影响基层腐败治理效果的一个至关重要的因素是老百姓的参与程度。多年来，靠纪检监察系统的单打独斗来反腐的难度越来越大，成本越来越高，战况越来越复杂。用习近平总书记的话讲就是腐败形势“越演越烈”。应对这种局面，就需要公众广泛、积极和有序的参与。要探索老百姓通过监督举报参与反腐的成熟途径，“微博反腐”、“小偷反腐”、“情人反腐”这些都是不可复制的个案。

我们有不少同志担心让群众参与反腐会导致失序，但我作为曾经查办过案件后来转向理论研究的老纪检，深以为积极有序的发动群众参与反腐，是反腐治本的重要途径。我在调研的过程中发现，江苏淮安的阳光纪检很有标本意义。淮安的阳光纪检通过在当地门户网站开辟专栏，请群众参与反腐，打破了纪委传统的办案风格，由深不可测变为触手可及。将问题置于阳光下，不仅对反腐意义重大，而且对其他政府部门造成了极大压力，政府各部门办事效率普遍提高。

实践证明了广大人民群众参与反腐败的积极性、有序性、有效性；证明了反腐败不是目的，反腐败是为了加强群众对党的拥护。

我的体会是：不搞群众运动不等于不依靠、不发动、不组织群众，群众中蕴藏着极大的改革、反腐败热情，当人民群众自发而且能够有序地参与反腐败时，就是腐败彻底得到遏制之时。对于反腐败的科学道路，我想应该是，必须坚持党委统一领导、党政齐抓共管、纪委组织协调、部门各负其责、依靠群众的支持和参与的反腐败领导体制和工作机制。

（作者为中国纪检监察学院原副院长）

反腐的法治之维

陈宇博

法治为反腐提供精神指引。反腐需要切实的制度保障，制度保障需要完备成型的体系，法治对于这样的体系能够有所担当。中国反腐的一项重要任务就是发展中国特色市场经济。市场经济发展的实践证明，系统性风险的产生与法律制度的设立缺陷相伴随。有了法治作为保障，反腐所搭建的制度平台就可以摆脱公权滥用、规则扭曲的状态。市场经济要求资源配置必须依靠市场调节，政府通过宏观调控来弥补市场失灵，这对中国这样一个具有重大计划惯性的国家是巨大的挑战。政府计划如何在市场经济经验不足的中国退出历史舞台，成为反腐成败的关键，而法治确实可以作为探索性的考虑。探索的第一步就是为市场经济建设提供有力的制度保障，以法律、法规的形式划清现阶段市场与政府职能的界限，并为今后的立法调整政府职能、建设服务型政府提供程序保障，既防朝令夕改、各自为政，也防僵化无序、止步不前。

法治为反腐寻求社会共识。在反腐浪潮中，要依靠自由来对市场竞争体制进行良性化规制，要依靠民主来确保体制反腐，要依靠平等建构不同阶层以及全体公民之间的对话平台。所以，民主、平等、自由是形成反腐共识的基本元素。现代法治理念与民主、平等、自由等要素紧密联系在一起。平等在具体生活中囊括政治权利平等、社会权利平等和机会均等，对于其内容要素的保护必须依赖于法治。“自由”是社会生命力、创造力的源泉，但是极端的自由主义将会使社会陷入无序。“哪里没有法律，哪里就没有自由；这是因为自由意味着不受他人的束缚和强暴。而哪里没有法律，哪里就不能有这种自由。”没有民主作为基础的法治可能沦为专制，没有法治作为保障的民主可能成为暴民政治。法治和民主共生共存的关系，决定了政治体制反腐的方向。通过法治，实现国家内部的整体合力，一致对外。

法治为反腐降低社会风险。反腐的目的之一是使发展成果更多更公平惠及全体人民，这将无法避免地触及既得利益集团已经占有的巨大利益。而利益差别和冲突是社会矛盾斗争和动乱的根源。历史上任何一次反腐都伴随着既得利益集团对于反腐的抵制，对这种抵制如果不加以预防，就会破坏社会秩序，成为社会震荡的源头。法治是降低这种风险的最佳方略。法治会用一套规则来调整利益关系，缓解甚至消解其所带来的潜在动乱根源。在法治的整体思考中，将会公正地调整各种不同的利益关系，有效平等地保护正当利益。一些利用权力谋取私利的特殊利益集团利用旧有体制的缺点与漏洞，通过对组织、制度、政策进行影响和干预，从而获取巨大利益并排斥其他社会成员的介入与分享。法治原则从根本角度规制政治行为的实质合理性，为搞腐败者进行利益攫取设置了障碍；深化规则意识，用制度管理工作，保障反腐顺利地进行。

当前中国很多问题的解决都得依赖于反腐。在现代文明社会，反腐的每一步都离不开法治的保障。脱离了法治，无论多么完备的反腐方案、计划、举措，都只会成为海市蜃楼。发展是目的，反腐是手段，法治是方略。没有手段无法达到目的，没有方略则无法施展手段。反腐进入深水区之后，我们不能只摸石头不过河，法治对于反腐的推动作用不可替代。反腐必须与法治相结合，才能算得上真正反腐。深化反腐的本质就是要依靠法律思维和法治方式，以强化法律治理路径来高效地推进反腐。只有依靠法治，反腐才会顺利、深入地推进。

（作者单位：中国社会科学院研究生院）

超常规用人为官场引入“清流”

公方彬

在某些特殊领域或腐败重灾区，沉疴日久，不“换血”政治、社会无以新生。面对人才短缺该如何应对？突破观念和体制瓶颈，超常规用人是关键。所谓超常规，是指以有力措施将逆淘汰出局者、因保持名节被“冷藏”者、体制外优秀分子、因条件限制未及涉腐的高素质人才选用好。

拓宽选人用人路径的深层动因

毋庸讳言，在有些领域，买官卖官较为普遍，甚至成为风气和“规则”。其原因，都是用人决断者早就蜕化变质，长期把持一方，致整个系统生态恶化，甚至异化。如同被重金属污染的土地，表面看没有多大问题，切入本质后便发现，这里生长出来的粮食已经无法食用。怎么办？必须下大力气改良土壤，并且要以超常规的方式进行，因为一盆净水可以容纳一小杯污水，而一盆污水不会因一杯清水而改善，因此，必须引入清流。清朝时，当乾隆继任大位后，所见官员大都涉腐，最终他接受了“开科取仕，引进清流”的建议，官场生态因此有所改善。

但是，考虑到有些重灾区往往属于特殊部门或领域，比如专业性、垄断性的，等等，这就决定了很难从外部引入新鲜血液。因此，就必须打破常规，突破现行体制机制限制，拓宽人才使用空间，比如重新启用逆淘汰出局者就是一种值得尝试的因应之策。

即使从选人用人制度角度分析，打破某些固定的做法也是必要的——不管是基于应急之需，还是制度创新。因为任何一种选人用人模式长期不改变，必然趋向僵化。随着形势发展变化，制约因素在增长，原来的选人用人机制的软肋就越来越突出。比如革命战争年代有打胜仗这一刚性检验标准，而单一体制下，社会关系简单，人际关系单纯，人才的能力及素质特征明显。但改革开放 30 多年后的今天，社会较前发生了巨变，体制大变化、职业大分工、人才多样化，在这种情况下如果还固守规则，只能把大批优秀人才排除在体制外，或抑制于体制内。更大的问题在于，在一个狭窄空间选拔人才，不仅会造成社会智力资源的浪费，更会强化权力寻租，也就是买官卖官。为什么一些单位反复出现“带病提拔”现象？就是因为选人用人范围狭窄，特殊情况下甚至选无可选、用无可用，又不得不选、不得不用。

放眼世界上一些体制机制灵活的国家，一些做法就颇富启示意义。新加坡人民行动党长期执政，其秘诀在于拥有对优良人才的选拔机制。他们做到了不拘一格，且十分灵活，其中最具特色的是他们将社会上的成功人士吸纳到党内，尔后委以重任。这些人社会形象好，富于号召力，每选入一个，必影响一片，与此同时又及时淘汰不合格者，从而虽党员人数不多，但影响力很大，执政基础扎实。反观我们，看似最优秀的人才都集中在党内，但真正涉及到各级核心领导群体，则都是在较为独立和封闭的系统内运行，可选择的人并不多。所以，盘活我们的人才资源，优化选人用人机制，以有效措施拓宽选人用人渠道和空间是很关键的。

这方面，一些历史经验也值得借鉴。革命战争年代的一些做法自不必说，“文革”结束后的一些做法就具有启示意义。当时我们党干部老化，一些人深陷帮派体系，短期内仅靠旧有的选人空间无法实现更新，于是邓小平下决心超常规用人，包括在教师中选拔一批人走上领导岗位。这个方式虽然被实践证明有利有弊，但却满足了一时之需。今天，我们未必不存在这样的困境，特别是在一些领域，因为个别贪官把持用人权日久，迫使一些人不得不走“潜规则”之路。

现阶段优化选人用人的路径和对策

第一要以有力措施选好用好四种人才。一是选用好逆淘汰出局者和被潜规则“冷藏”者。这属于应急之策，但也可以发展完善为制度性措施。这一对策不仅满足特殊阶段的人才需要，更能产生价值导向的作用，即让保持道德形象者仍能回归主流。西方官员为什么有人因道义责任而辞职？未必因为道德高尚，很大程度上社会评价机制使然，因为保持了道义形象就保住了下一场竞争的入场券。我们为什么没有几人主动引咎辞职？因为不管何因，出局后再无入局之可能。所以，打破出局与入局的壁垒，对于改善官场生态和价值取向大有裨益。

二是把体制外的成功人士、优秀分子纳入体制内。这属于用人制度上的突破，也应当是必要选择。因为较其他领域，我们的党政官员的选拔范围更狭窄，一般只能在党政系统内进行选拔。难以突破这个限制。不能将体制外的优秀人才选拔到较高的领导岗位上来，主要原因是受制于观念。所以，在当下用人之际，确有必要更新观念，打破体制内与体制外的壁垒，将经济、文化等领域卓有成就和影响的优秀分子，包括海外华人、外籍人士吸收进来。这其实也是维护党执政之举，从政治或执政的角度考量，这类优秀人才若改造旧体制会比一般群众的力量大得多。

三是起用一批尚未被“潜规则”污染的优秀人才。这属于制度完善、渠道畅通前的权益之计。由于社会转型等方面的原因，今天已经没有哪个领域绝对纯净，但相比较而言，尚未掌握实权或资源分配权力很少的领域，总体涉腐较浅。所以，从国家智囊体系或大学的专家教授中选拔一批人，直接充实领导岗位，或许是一股清流。要做到这一点，需要克服传统观念。或许会说他们无“从政经验”。其实，无“从政经验”原本就是一个错误命题，所谓“不会当官”是潜规则盛行的环境和语境之下的理由；当规则清楚时，从政能力还是要看智慧。为什么西方国家的专家教授及各色人等都可以入阁，甚至当总统、首相？就是因为制度完善之后，要手腕便失去了市场，人人都得依法办事。我党的执政也应该以此为参考。

第二要努力把人大和政协打造成官员成长的舞台和路径，以此改变小范围选领导干部的弊病。这是治本之策，因为“两个固化”即“后备军”制度及重要岗位与非重要岗位不流动，已经严重影响了优秀官员的脱颖而出。前者讲的主要是以往“圈定一部分人”，进行特殊关照和培养，作为选拔“接班人”的模式；后者指党政系统主要官员，特别是各层级要职多产生于几个重要部门。过早圈定一部分人其实并不利于人才成长，中国历代王朝的储官模式都导致谨慎有余，创新不足；而小范围产生或“近亲繁殖”不利于竞争，却容易形成势力范围和利益集团，客观上会排斥更多优秀人才的进入。要解决这些问题，可采取两步走：先让官声好、民众认可度高、已经转入二线的官员回归一线。目前其实已经在这样做，但应扩大范围；此后实行选人用人制度改革，将突破口放在人大政协这一政治舞台，逐步将其打造成官员孵化器，让各种人才到这里来表现，参与竞争，最终实现优选。

第三要把体制改革与淘汰高级别涉贪官员结合起来，以“拆庙撵方丈”方式实现高级官员群体优化。政治权力运行不能搞理想主义，很多情况下是力量博弈的结果，这就需要借助艺术的手段。比如对那些身居要职、已经失去道义形象、但囿于各种制约因素无法让其去职者，可考虑借国家和军队体制改革淘汰之。简单讲，就是将体制改革与淘汰高级别官员结合起来，搞“拆庙撵方丈”，待时期成熟再重建庙宇。这种做法看似付出了较大的代价，但对于一些特殊领域，尤其积弊甚重的领域，又是不得已而为之的选择。

（作者为国防大学教授）

把好“五关”　斩断用人腐败

姚　桓

要从源头上解决问题，当然要加强对权力的制约和监督，除此之外，重要的是把好入口，选好干部，防止隐患。恰恰在这一关键问题上，多年来用人方面的不正之风乃至腐败现象屡禁不止。总结经验教训，一个重要问题是必须把坚持党的领导与发扬民主有机结合起来，并从制度上加以落实和保障。

如何认识党的领导与发扬民主相结合

首先在认识论上，要正确认识党的领导与发扬民主的辩证关系，防止片面性。党管干部是坚持党的领导、巩固执政地位的战略举措。问题在于，党的领导在任何时候都要通过各级党组织工作体现，而党组织又由人组成，无论怎样强调党的领导、集体领导，归根结底是落实到“人选人”。人是有局限性的，在选拔干部这一重大问题上，既会有“看人走眼”的片面性，又可能掺杂个人考虑和私心杂念，完全做到客观公正很难。因此，发扬民主极其重要。在我们国家，人民的民主权力不能只体现在人民代表大会的任免权上，也要体现在党的干部工作的一些具体环节中。另一方面，民主又不是万能的，近年来的实践表明，干部工作中的民主改革探索也容易出偏，有些群众仅仅从眼前利益、个体利益的满足出发衡量干部，“只要对我有利，就是好干部”。何况由于信息不对称，群众也难以完全准确地了解干部。离开党的领导去高谈民主，不仅难以纠正不正之风，也给一些不良分子可乘之机。所以，唯一的出路是坚持党的领导与发扬民主相结合。

其次要解决的认识问题是，在选人中上下意见不一致怎么办？人是世界上最复杂的物种，其思想、行为是多样的，优点往往和缺点相联系，因而对人的理解最难，加上信息、角度、利益关系不同、价值取向不同，对人的看法上下不一致是正常的。出现这种现象，可能是党组织存在官僚主义或者个别领导用人取向不对；或者是一些群众不了解情况、存在情绪化因素；或者干部在工作中得罪了人。更大的可能是上下两方面的意见都有片面性。这种不一致恰恰可以成为互补。一些群众对干部的看法是有片面性和情绪化因素的，需要党的引导；同时，党组织了解干部也往往只看到他在领导面前表现的一面，忽视他对群众的态度、感情。党组织了解干部，往往侧重干部的政治思想、工作表现和工作业绩，而他的品德、做人如何却看不到或看不清、看不深，因为有些干部往往把他最好的一面展示给领导，一些缺陷、一些致命的缺陷在领导面前有所收敛，而面对下面的群众则毫无顾忌。我认为，这些年选拔干部工作中的一个教训是只重视所谓的政治思想（其实是表面会谈一堆套话、表态、站队很机灵）而忽视了品德，听其言而忘记观其行。在这方面，群众的眼睛是雪亮的，尤其是在干部的人品、做人方面，可以发现组织部门看不到的问题。因此，应当把选拔干部作为在党的领导下贯彻群众路线的过程，看作深入了解干部的过程，看作党委成员、组工干部提高选人用人水平和能力，向群众学习又引导群众、提高群众民主素养的过程。认识达到这个高度，就不会为“上下看法不一致”而来回摇摆、裹足不前。

党的领导与发扬民主相结合，需要科学、周密的制度去保证、落实

一是明确规定选拔干部的各种程序，包括动议、民主推荐、组织考察、民意测评、讨论决定、公示、任命等各个环节的具体做法。在这里，一定要把民主推荐、民意测评作为必要性程序而不是选择性程序；唯此，方能杜绝“由少数人选人、在少数人中选人”现象。

二是在民主推荐、民意测评中要充分发挥党委（党组）的领导和把关作用。这种领导和把关作用，主要体现在确保民主推荐、民主测评风清气正。包括：向参加者宣传党的干部方针政策、干部标准，实事求是地介绍干部，及时纠正过程中出现的拉票、贿赂、串通一气、打击别人抬高自己等问题。民主推荐不能定框框，民意测评更不能做“引导性提示”或者任何暗示。既要支持和鼓励群众讲真话、心里话，又要教育群众认识到，讲真话不是情绪化，而是理性化，认识到选拔干部是重大政治问题，关系到党、

国家全局和本单位事业发展，关系到群众切身利益。要把党的领导落实到准确、充分地汇集民意、提高民主质量上。

三是明确规定在考察候选者时，除考察思想政治、工作业绩工作能力、廉政表现外，还要了解候选者的政治品德和人品，了解他对党和人民是否忠诚，如何做人。因为如果干部对党和人民不忠诚、讲假话、缺乏做人基本道德，其思想觉悟是根本靠不住的。这方面的考察有难度，但也有一些办法，如把品德人品问题细化，了解候选者对上对下态度是否反差过大、常和哪些人交往、在“八小时之外”干些什么，是否热衷于搞关系网，是否敢讲真话、不虚伪，心胸是否开阔，对他人进步是否嫉妒，是否有同情心、是否幸灾乐祸，等等。

四是切实用好民主推荐、民意测评结果，坚持“多数群众不拥护，不能提拔”。这一条是中央早已经明确的，应视为选拔干部的“底线”。问题在于，对于“多数群众”的认定，常常与民主推荐、民主测评的范围有关。应当适当扩大民主推荐、民主测评参加者的范围，以验证是否得到群众公认。为尊重民意，可以考虑规定，一次民意测评未通过，要经历较长时间才能再次启动选拔程序；两次民意测评未通过，不再列入考察对象。同时，既要充分重视多数群众意见，也不能忽视少数人包括个别群众的意见，要在准确了解干部情况和群众意见基础上，全面、客观、辩证地分析干部的德才表现。对于与事实有出入的群众意见，在选拔干部工作结束后，要进行解释、说明，这同样是尊重民意、贯彻群众路线。总之，做到“不唯书、不唯上、不唯我，也不简单唯下，要唯实”。

五是把任前公示作为选拔干部的最后一道关口，认真把关，而不能当作形式。任前公示时提意见的往往是少数人、个别人，但要充分重视，特别是在廉政、品德人品方面的意见。发现问题认真核实，对一些问题线索也要严肃对待，深入调查，如果一时搞不清楚，暂时不考虑任命。和平时期的任命干部，情况不清楚应延缓一段时间，一般不会影响工作，相反，匆忙任命则可能造成后患无穷。

（作者为中国延安干部学院兼职教授、中共北京市委党校教授）

多管齐下把住选人用人关

刘　霞

2014 年修订后颁布的《党政领导干部选拔任用工作条例》体现了党对干部任用一以贯之的德才兼备、以德为先的标准；又充分体现出干部标准的时代内涵；体现了正确的用人导向，把过去的原则性标准具体化操作化；体现了新的选拔任用制度防范庸官贪官的预防性功能。可称为史上最严标准、最多关口的选人用人规定。

2013 年 6 月召开的全国组织工作会议提出“着力培养选拔党和人民需要的好干部”，并明确了好干部的标准：“信念坚定、为民服务、勤政务实、敢于担当、清正廉洁”。以此为重要遵循，2014 年修订后颁布的《党政领导干部选拔任用工作条例》（以下简称《干部任用条例》），在选拔任用党政领导干部的基本条件和资格方面，突出了理想信念要求；政治立场、政治态度、政治纪律要求；坚持原则、敢于担当要求；加强道德、作风修养的要求；树立正确政绩观，做出经得起实践、人民、历史检验实绩的要求。《干部任用条例》在我国干部队伍建设方面将发挥积极而重要的作用。

《干部任用条例》是深化党的建设制度改革的一项重要组成部分，它构筑起了科学有效的干部选人用人新制度

干部人事制度改革是党内外高度关注的一个重要问题，三中全会《决定》对深化干部人事制度改革作了具体部署。总的原则就是坚持党管干部原则，坚持五湖四海、任人唯贤，支持德才兼备、以德为先，坚持注重实绩、群众公认，发挥各级党组织领导和把关作用，树立正确的用人导向。在深化干部人事制度改革方面，着眼于构建科学有效的选人用人机制，培养选拔党和人民需要的好干部，建设高素质执政骨干队伍。《干部任用条例》从选拔任用原则、选拔任用条件、动议、民主推荐、考察、讨论决定、任职、依法推荐、提名和民主协商、公开选拔和竞争上岗、交流、回避、免职、辞职、降职、纪律和监督等等多个环节，对选人用人进行了完整的制度设计和安排。相对于之前的有关规定，在制度设计的完整性、针对性、操作性、有效性上有了较大突破，必将有力促进我国党政干部队伍的健康发展。

《干部任用条例》在制度建设上推出不少亮点，回应了人民群众长期广泛关注的热点问题

对选拔任用领导干部的基本资格作出了硬性规定

条例第七条首先对领导干部作出了六项基本素质条件规定，

对政治立场、理想信念、工作作风、岗位能力、党性作风等多个方面提出了要求。第八条则从在岗任职年限、学历、培训、身体、党龄等七个方面作出了硬性规定：提任县处级领导职务的，应当具有五年以上工龄和两年以上基层工作经历；提任县处级以上领导职务的，一般应当具有在下一级两个以上职位任职的经历；提任县处级以上领导职务、由副职提任正职的，应当在副职岗位工作两年以上；由下级正职提任上级副职的，应当在下级正职岗位工作三年以上；一般应当具有大学专科以上文化程度，其中厅局级以上领导干部一般应当具有大学本科以上文化程度；应当经过党校、行政院校、干部学院或者组织（人事）部门认可的其他培训机构的培训，培训时间应当达到干部教育培训的有关规定要求；具有正常履行职责的身体条件；符合有关法律规定的资格要求；提任党的领导职务的，还应当符合《中国共产党章程》规定的党龄要求。这些规定明确而硬性，都是可衡量、可比较、可操作的。这表明，凡是没有达到上述任职条件的人员将不予进入提任名单。

对“破格”提拔干部作出了限制性规定

条例的一大亮点是首次对“破格”提拔干部作出了综合性规定。第九条还从任职年限上作出了明确规定：任职试用期未满或者提拔任职不满一年的，不得破格提拔，不得在任职年限上连续破格，不得越两级提拔。一段时间以来，不时有突击提拔、后门提拔、火箭提拔等等出格提拔干部的新闻见诸媒体，引起社会舆论阵阵哗然。因为没有明确的可操作性的资格标准，使人事腐败有机可乘、有空可钻。为堵住这一腐败漏洞，条例明确规定了破格提拔的限制条件，这将有力防止“破格”提拔变成“出格”提拔。

对选拔任用“裸官”说“不”

条例第二十四条明确规定六种人不得列为考察对象：群众公认度不高的；近三年年度考核结果中有被确定为基本称职以下等次的；有跑官、拉票行为的；配偶已移居国（境）外；或者没有配偶，子女均已移居国（境）外的；受到组织处理或者党纪政纪处分影响使用的；其他原因不宜提拔的，而其中最为人称道的是对“裸官”选拔任用说“不”。“裸官”问题之所以引起社会关注，是因为这些人“赤条条来去无牵挂”。在国内当官期间贪赃枉法、为所欲为，风头不对，马上溜之大吉，跑到国外，致使国家蒙受巨大的经济、安全损失。而且由于种种原因，许多贪官逍遥法外，难以受到应有的法律制裁，产生了极其恶劣的后果。虽然不是所有“裸官”都腐败，但“裸官”的确是腐败案件中的高危人群，他们在一般经济案件中占40%，占贪污受贿挪用公款类案件比例高达80%。据北京市检察院披露，近30年约有4000贪官人均席卷约1亿元赃款外逃。而中国目前有多少“裸官”，还没有正式的官方统计数据。但有学者研究认为，从媒体曝光的情况看，现在有118万官员配偶和子女在国外定居。为加大预防犯罪，对“裸官”禁止选用任用是必要的。因为“裸官”是贪官的高危人群，贪欲因无后顾之忧而更无所畏惧。有学者认为，从理论上讲“裸官”存在三大问题：首先，一般官员收入有限、能长期供养家人在国外学习生活，其资金来源的正当性值得怀疑；其次，官员将大量资产转移国外，一定程度上有着资金外逃的问题；最后，由于“裸官”的家人或财产在国外、很容易受到国外的监控，某种情况下也可能危及国家安全。当然，不可否认，在当代社会，人人都有迁移的自由和权利。但官员不同于普通人，他们居有公共职位、掌握公共权力，对他们的道德要求和行为规范理应受到更加严格的要求，这也是对其职业伦理和政治责任的基本要求。“裸官”问题不解决，将严重影响到社会大众对公权力的信任，对官员忠诚国家、忠诚人民的整体判断。因此，一旦成为“裸官”，便在担任公职上存在瑕疵、存在风险，为防患于未然，理应作出限制。可喜的是，对“裸官”清理已经在全国各地陆续展开，许多“裸官”已经被免除任职。在一些国家，“裸官”也是无法被公众所接受、允许的。例如 2012 年俄罗斯通过了一项禁止公务员、国家官员及其配偶和未成年子女拥有海外资产的法律。根据此项法律草案，俄罗斯各级公务员、国会议员、现役军人以及内务部、联邦司法系统、联邦毒品控制部门、调查委员会、检察官办公室和海关的雇员都将受新法约束，这些公务人员及其配偶和未成年子女均不得在海外拥有不动产、银行账户和证券，除非证明海外账户的资金是用于公务活动、医疗或学术研究目的，方可按例外论处。根据全俄民意研究中心进行的民调，63% 的俄罗斯人认为这样的法案可以帮助打击贪污腐败、减少资本外逃。

对官员“复出”作出明确规范

《干部任用条例》就官员“复出”作出了明确规范。第五十九条规定：引咎辞职、责令辞职和因问责被免职的党政领导干部，一年内不安排职务，两年内不得担任高于原任职务层次的职务；同时受到党纪政纪处分的，按照影响期长的规定执行。近年来，官员“复出”的问题同样引起了广大干部群众和社会舆论的广泛关注。人们不时可以看到，被问责的官员要么异地做官、要么沉寂几个月不降反被提拔，产生了极为恶劣的社会影响。修订后的条例对这一问题进行了规范，堵住了这一选任漏洞，从而体现了从严治党、从严管理干部的要求。

巡视机构和相关部门有了“发言权”

《干部任用条例》第三十一条规定：考察党政领导职务拟任人选，应当听取考察对象所在单位组织（人事）部门、纪检监察机关、机关党组织的意见，根据需要可以听取巡视机构和其他相关部门意见；对拟提拔的考察对象，应当查阅个人有关事项报告情况；对需要进行经济责任审计的考察对象，审计部门要进行审计。这表明，在对干部进行考察时，不仅所在单位的组织部门、纪检部门、党组织有话语权，审计部门、巡视机构和其他相关部门等也有了“发言权”。这避免了由本单位单一方面“说了算”

的局面，拓宽了考察新渠道，其中巡视机构在近年来反腐查处活动中所展现出来的威力是人人可见的。此外，“个人有关事项报告”也将发挥作用。负责干部考察的机构，可以查询、核实个人有关事项报告。中央组织部已经下发了《进一步做好领导干部报告个人有关事项工作》的通知，不仅要求领导干部要如实报告个人有关事项，也要求后备干部也要报告个人有关事项，并重点进行抽查。相信这一系列举措将有力把住干部选拔任用的关口，并强化对干部的监督管理。

强有力的制度要由纸面变为现实，同样需要强有力的执行力

如何确保《干部任用条例》真正运行和落实到位，还需要构建起一道有力的监督围栏。2014 年 1 月，中共中央组织部出台了《关于加强干部选拔任用工作监督的意见》，要求各地区各部门贯彻落实党要管党、从严治党方针，严明组织纪律，严格选人用人监督，大力营造风清气正的用人环境。确保严格按规定的原则、标准、条件、资格、程序和纪律办事，做到有规必依、执规必严、违规必究。明确指出，要严厉查处违规用人行为，坚决整治用人上的不正之风，对违反组织人事纪律的实行“零容忍”、坚决不放过，发现一起、查处一起。对跑官要官、拉票贿选、买官卖官、违规用人、说情打招呼等问题，一律从严查处。还要求建立倒查机制，强化干部选拔任用责任追究。对违反规定用人等失职渎职行为，不仅查处当事人、而且追究责任人，一查到底、问责到人。加大公开监督力度，对违规用人案件，要予以通报、曝光，发挥警示震慑作用。这些措施鼓舞人心，我们有理由相信，新的《干部任用条例》出台将开启我国干部队伍建设的新一页：对加强公务员队伍建设，提高领导干部素质能力将发挥积极作用；对确保执政党执政为民，实干兴邦必将产生深远的重要意义。

（作者为中国人事科学研究院人才队伍建设研究室主任）

参考文献

《党政领导干部选拔任用工作条例》，中国法制出版社2014年版。

转型期中央与地方权力分配难题待解

燕继荣

从政府规模与治理方式的角度来说，有一个两难的问题：到底是分权好，还是集权好。在一般意义上来说，分权是一个方向，就是把政府的权力下放给社会，把中央的权力下放给地方。为了激活社会的活力、激发地方的自主性，作出很多市场化、分权化的改革。但是，过去几十年，我们这样的分权改革也暴露出很多问题。比如说，地方的差异性造成了国家的很多方面不统一、不一致、不均衡等。这成为中国未来发展的一个很大的问题。而另一种声音认为，政府应该集权。从上个世纪90年代后期，集权化的呼声越来越强，到现在更加强调“顶层设计”，集权化成为了一个新的取向。到现在，我们实际上还在讨论一个久远的话题：“统”和“分”的关系。过去总有一个观点，即中国治理的特点是“一统就死，一放就乱”，总是在“统—分—统”这样的怪圈中循环。我们今天的两难实际上就是还没有跳出“统”和“分”这样的思维模式的怪圈。

细化权力类型、偏重横向分权有助于摆脱中央地方两难怪圈

要走出这个怪圈，就要对权力的类型和内容做科学、细致、合理的划分。首先在政府和非政府的关系方面，什么要“统”，什么要“分”，政府的功能要体现出来；在大政府的概念上，“统”和“分”主要更多地体现在“各尽其职，各尽所能”，能保证各个功能既独立，又协调运作；在小政府的层面，主要表现在上下层级之间的协调性，不同地区和政府间的配合；在社会建设方面，要建设政府与社会间的良好关系。公共服务需要让渡出去，让社会处于自我运行的状态，这是一个基本的原则。如果把这些关系处理好的话，也就是在一定意义上走出了“统—分—统”恶性循环的怪圈。原来，我们的思路是“统”和“分”二者择一，现在我们应该辩证地看待二者的关系。如果我们对权力不同的类型和不同的组合形式进行进一步科学、合理的研究，就会发现，一个合理的政府应该对有些权力进行统一和集中，有些权力必须要下放，而且下放到哪一级要有合理、合法的说明。在美国的联邦制度中，哪些是联邦政府的责任、应由联邦政府出钱、出力、出人，哪些是地方政府的责任，这些都是很清晰的。当然，中国比较复杂，地方上又分得很细，这样就形成一个权力结构的多层次分类的架构，如何才能走出这个怪圈呢？具体地说，还是要回答政治学的基本问题，什么属于国家的权力，什么属于地方的权力，什么属于机构的权力，把这些要区别开来。国家的权力是属于整个共同体的，涉及整个利益共同体的结构，属于国家的权力应该

是统一的、一致的，理所当然地要由最高权力机关来行使、掌控；进一步来说，什么样的权力才属于国家的权力，我认为军队、司法（统一的法律体系下，不同地方可以有差别这种说法显然是错误的）、公民权利等应该是全国范围内都要统一。就地方而言，经济发展采取哪种方式，应由地方自主地来做选择。中央可以出台一个整体的国家发展规划战略，基于这个规划战略，各地政府要做适当的选择，不能违背这个战略，我想这是一个理想的状态。

具体而言，说到“分权”，在纵向方面，我们倾向于等级制这样的结构，这是基本上保持不变的。因此，在横向的方面，应该有更多地考虑。“分权”既可以表现为纵向结构的分权，又可以表现为横向结构的分权。我们一直认为“分权”仅仅是指纵向层面的，所以就一味地将中央的权力下放到地方，这可能会下放过头，比如说司法的地方化显然是不合理的。就横向的分权而言，我们在同一个层面上把党委书记的权力做得很大，导致其他横向的权力弱化，这也不恰当。所以，要进一步做区别，才有可能走出这个怪圈。一味重视纵向分权容易造成一个问题，即地方权力的集权化和中央权力的分权化该如何平衡。只有同样重视横向的权力架构，才能让地方权力形成一个平衡的架构，可以实现互相制约，而我们在这方面欠缺考虑。这样就造成了：把中央的权力分化得越多，地方所截留的权力就越多。这是一个很大的问题。造成这个问题的真正原因是没有考虑横向的分权。中央将权力下放给地方党委的同时，也应该将权力下放给地方政府、人大等机构或组织。在地方上完全可以进行权力制衡时，才能形成一个合理的架构。假设中国是一个董事集团公司，30几个省、市、自治区也就是 30 几个分公司。那么中央就是一个董事会，董事会可以采用集权的方式，但是分公司可以依据自己的实际情况进行一定程度的分权架构。因此，怎么把分权的原则更好地体现出来，怎么在制度的架构上有更好的设计，这是最关键的。分权必须发挥其不能被取代的作用，尤其是在中国这样一个高度集权的体制下，把改革总的方向界定为分权，这是可以理解的。但关键的问题是，对分权要有一个制度性的架构，要有纵向和横向两个方面的考虑，这也符合政治学理论本身的学科逻辑。

权力分配是国家治理和改革的基础

一个国家发展都架构在良好的权力分配基础之上，我们现在就应该把良好的架构通过宪法的方式规定下来。宪法的体制被认为是一个国家的基础架构，宪法的质量取决于宪法的原则，宪法的原则里都是关于公民权利、关于政府权力架构的基本约束。这么看来，一个良好的政府公共权力的架构、公共权力和公民权力间的权力分配，是一个国家进行治理和进行改革的基础。从现实的角度来说，国家“统—分”的权力结构如果不能处理好的话，国家发展就会出现很大的问题。比如分离主义、分裂主义，包括某些集团、某些人群的恐怖主义行为，说到底也是和权力架构、权力分配有很大关系的。这些问题的存在就是因为没有处理好“统和分”的关系，什么领域是中央该管的，什么领域是地方可以自治的，什么领域是必须承担义务的，什么领域是地方和个人来治理的。如果这些权力有一个明确的规则和界定的话，那么，不少问题就会消解。换句话说，权力结构优化是治理结构的问题。权力结构如果不能很好地得以架构，国家治理就会存在各种各样的隐患。

在未来，理想的权力分配应该是国家有完整的领土权力，货币是统一的，司法是一致的，公民权利是一致的，选择的道路是统一的，外交是统一的，军事是统一的，中央政府应该对以上领域进行统一的管辖；地方的权力则属于经济、社会生活、地方秩序的层面和范畴，这是基本的原则。就现实层面来说，中央和地方的关系究竟何去何从，这还要取决于国家处于哪个发展阶段，也取决于中央地方的互动状态。所以，这是一个变动的过程。像美国等发达国家的制度，已经把地方和中央的权力架构相对固定化了，它采用联邦制将其稳定下来。我们现在处于一个社会转型的变动期，还没有探索出一条很理想的制度性的框架，所以一些地方才会表现出不满情绪。极个别的倾向或不满情绪比较激烈，表现出分离主义的倾向；比较温和的，就产生出了“上有政策，下有对策”等隐晦的方式。这些现象都说明，我们还未达到一个合理的“统—分”制度架构以及中央和地方的平衡状态，所以中央和地方的权力分配一直处于变动之中。我们应该设计一套稳定、成熟的制度，这套制度有更大的包容性，同时中央又应有更大的自主性，中央和地方之间的权力分配应该呈现相对均衡的态势。而且，这套制度在纵向与横向的权力平衡中，更应该偏重横向的权力分配。下放权力之前实际上都要考虑到横向的分权，中央任何权力的下放不希望促成地方“诸侯”的形成，所以要考虑到地方承接权力的主体是谁，以及地方的权力谁来制约等问题，这些问题的解决都是未来我们寻求中央地方关系平衡的一个努力方向。

（作者为北京大学政治学系主任，政府管理学院教授、博士生导师）

以中央权威克服地方本位主义

姚　桓

改革开放前，由于实行高度的一元化领导和集中统一的计划体制，各地区、单位执行政策的自由裁量空间有限，变通余地很小，政策执行往往能够“一竿子插到底”。在特殊情况下，中央可以采取“三级会议”的办法贯彻政策指令，1962 年的七千人大会就是典型。当时的弊端是，国家统得过死，一刀切，地方缺乏积极性主动性，经济缺乏活力。那时的所谓“地方主义”也存在，但不突出。随着市场经济的发展和相应的简政放权，“地方主义”、“分散主义”、“本位主义”等急剧发展膨胀，中央政令在执行中大打折扣。政令执行的过程中出现了中央统一规划部署，地方变相打折执行的多种问题。中央整体部署，地方过度集权，对中央政令形成软阻力，影响了整体利益的实现。

政令执行过程中地方过度集权的表现

政令执行过程中地方过度集权的表现可以概括为以下几点：

——从地方保护主义和局部利益出发，实用主义地解释和传达中央政令，并“选择性”执行。在宣传方面，有利于自己的就大张旗鼓地讲，不符合自己意图的极力淡化甚至隐瞒封杀，导致中央政令在传达的过程中不完整。执行过程中，有利于地区、单位的内容就落实、照办；维护整体利益、要求地方做出某种牺牲的内容就搁置、舍弃，使政令变得支离破碎，乃至精神实质被歪曲。

——在“从实际出发，创造性执行中央精神”的正确口号下大搞变通，塞进地方主义、本位主义的私货，结果，“情况特殊”、“要符合实际”成为不执行中央政令的挡箭牌，“创造性”成为“歪曲性”。利用政策执行和政策检查中的不完善之处，打擦边球，钻空子，使不执行政令得到“合法性”

——搞“土政策”，以花样繁多的“对策”应付政策，以致“对策”完全取代政策，久而久之，老百姓已经把“对策”误认为是政策。更有甚者在一些“保护伞”庇护下，以软磨硬泡等手段拒不执行中央政令。

——在加快发展和大胆改革旗号下违法行政；文明执法成为口号，暴力执法相当普遍，对正常执法粗暴干涉。征地拆迁中暴力执法尤其突出。有的地方官员公然讲“没有强拆就没有新农村”、“我不懂拆迁法，也不按拆迁法办事”。不顾中央三令五申，违背国家法规，利用行政权力干预市场，乱收费、乱罚款；设置流通壁垒，严关设卡，增加歧视性收费项目，抬高外地产品和服务进入本地的“门槛”和成本。保护本地区企业的经济违法行为，对其经济违法行为姑息迁就，阻扰查处，破坏司法公正。

——对中央政令阳奉阴违，谎报地情民情，封锁消息，欺上瞒下，报喜藏忧。结果让上情下达与下情上达都遇到障碍，让中央、上级不能了解真实情况，群众干部不了解中央精神，致使错误迟迟不能纠正，违纪行为得不到纠正和追究。

政令执行过程中地方过度集权的危害

中医认为“痛则不通，通则不痛”。中央政令不畅通，在执行时遇到梗阻，甚至被扭曲，是中国社会大步前进中的倒退现象，是全面建成小康社会实践中的负能量，从政治、经济各方面讲都危害甚烈。

——影响社会主义优越性的充分发挥，妨碍国家集中力量办大事；不利于处理改革中复杂的利益关系，影响顶层设计的落实。邓小平曾指出，“社会主义国家有个最大优越性，就是干一件事情，一下决心，一做出决议，就立即执行，不受牵扯。我们说经济体制改革全国就能立即执行，我们决定建立经济特区就可以立即执行，没有那么多相互牵扯，议而不决，决而不行。就这个范围来说，我们的效率是高的。我讲的是总效率。这个方面是我们的优势”[①]。同样，这些年国家在应对金融危机、处理突发事件、进行抗震救灾方面取得巨大成绩，都因为发挥了集中力量办大事的优势。如果各行其是，中央政令不能及时、准确执行，优越性会大打折扣。政令受阻让顶层设计难以落地，使有利于全局也从根本上有利于局部的大政策被各地的地方主义、本位主义做法所

① 《邓小平文选》第3卷，人民出版社1994年版，第240页。

抵消、互相拆台；互惠共进变成了互害双输。

——削弱中央权威，埋下不稳定的隐患。政令不畅通削弱中央政府权威，影响在改革、发展中保持稳定。歪曲政府职能，冲击现代治理体系的建立。

——破坏市场秩序，妨碍社会主义统一国内市场的完善。这种统一的国内市场需要打破地区割据、行业垄断和市场封锁，实行市场运行规范化，保证不同市场主体权利平等和机会均等，交易过程公平安全，各种市场要素能够自主流动，基础设施为不同主体提供有效服务。只有这样，才能降低交易成本，保证公平竞争，从而让劳动、技术、管理和资本的活力竞相迸发，让创造财富的一切源泉充分源流，以造福于人民。在统一国内市场的完善过程中，需要中央强有力的宏观调控，需要以中央权威克服各地区的地方保护主义。在这一关键问题上缺项，恶性竞争会破坏市场秩序，出现劣币会驱逐良币的“逆淘汰”，导致经济效益低下，资源浪费严重，违背发展社会主义市场经济的初衷。

——影响党风廉政建设效果，为不正之风和腐败推波助澜，使惠民爱民政策效果递减或者被歪曲，损害群众利益和党群关系。一些群体性事件发生，一个重要原因是地方干部歪曲政策以权谋私，严重侵害群众权益而群众又无处申诉。

——在对外开放中削弱中国的整体竞争力。在当今日趋激烈的国际竞争中，一个国家的国际竞争力不再仅仅取决于某一方面的物质资源、技术资源和人力资源，更取决于综合国力，综合国力能否发挥，则取决于该国政府执行力的强弱。作为共产党领导的社会主义国家，本来应该在这方面具有优势，前提是各地区执行统一的中央政令。如果各地区目光短浅，各行其是，以邻为壑，不但难以发挥优势，还会自我打架，使自己在竞争中打败自己。近年来国家在对外贸易中吃了不少这样的亏。

总之，如果政令不畅通的问题不解决，十八届三中全会、四中全会制定的改革蓝图将难以实现，原有的改革红利也会逐步耗尽。发展下去，将会严重影响整个国家的运转与管理；削弱中国共产党的动员组织能力；一些“天高皇帝远”之处可能出现“土围子”，甚至造成民怨沸腾。这绝不是危言耸听。如何有效解决这个问题，使中央政令畅通全中国，成为保证下一步改革成功的关键性措施。这也是执政党面临的巨大挑战。

（作者为中国延安干部学院兼职教授、中共北京市委党校教授）